KB024888

돈이 들어오는 무재고 위탁판매 쇼핑몰

돈이 들어오는 무재고 위탁판매 쇼핑몰

초판 인쇄일 2022년 4월 4일
초판 발행일 2022년 4월 11일
5쇄 발행일 2024년 11월 28일

지은이 전진수
발행인 박정모
등록번호 제9-295호
발행처 도서출판 혜지원
주소 (10881) 경기도 파주시 회동길 445-4(문발동 638) 302호
전화 031) 955-9221~5 팩스 031) 955-9220
홈페이지 www.hyejiwon.co.kr
블로그 blog.naver.com/hyejiwon9221

기획·진행 김태호
디자인 조수안
영업마케팅 김준범, 서지영
ISBN 979-11-6764-011-6
정가 16,000원

돈이 들어오는
무재고 위탁판매 쇼핑몰

ONLINE MARKET

혜지원

머리말

판매 경험이 중요한 온라인 창업

온라인 창업을 하려는 예비 창업자 분들의 대부분은 자사몰 또는 오픈마켓으로 시작을 하려 합니다. 그러나 꼭 쇼핑몰을 만들지 않아도 상품을 판매할 수 있는 방법은 다양합니다. 우리가 익히 아는 쇼핑몰 플랫폼뿐만 아니라 네이버 블로그나 인스타그램, 카카오톡 등에서 고객들과의 직접 소통을 통해 판매할 수도 있고, 중고나라, 당근마켓 등 판매자인 동시에 소비자가 되기도 하는 플랫폼에서 판매할 수도 있습니다.

판매할 상품이 있고, 누군가에게 설득력 있게 소개할 수 있다면 누구나 판매자가 될 수 있습니다. 판매를 위한 진입장벽이 낮아진 것입니다. 하지만 이는 판매하고자 하는 아이템을 판매하는 사람들이 많아져서 경쟁이 치열해졌다는 것을 의미하기도 합니다. 그렇다면 지금 온라인 쇼핑몰 사업은 레드오션일까요, 블루오션일까요?

분명한 점은 쇼핑몰은 레드오션이라는 것입니다. 지금 우리는 코로나19와 디지털 혁명이라는 거대한 물결을 함께 타고 있습니다. 이제는 쇼핑 문화도 예전과 많이 달라졌습니다. 오프라인보다는 온라인으로 쇼핑하는 것이 일상이 되었으며, 소비자와 판매자를 잇는 다양한 플랫폼이 여기저기서 생기고 있습니다. 어디서도 찾을 수 없던 제품을 연구 개발하여 새롭게 출시하는 것이라면 모르겠지만, 기존에 있는 제품을 판매한다면 치열한 경쟁 속에 남들과 똑같은 방법으로 진입한 것입니다.

판매를 통한 제품 선별 능력과 전략 파악이 중요

온라인 세계에 처음으로 발을 딛는다면 우선 판매 경험을 쌓는 것을 추천드립니다. 판매 경험을 쌓고 시스템을 이해하면 더 큰 세상이 보입니다. 판매 경험을 통해 판매 가능 제품을 선별하는 능력을 키워야

하며, 경쟁 우위에 서기 위한 전략이 무엇인지를 알아내려고 노력해야 합니다. 가능하다면 제품업체들과 소통하려고도 해야 합니다. 단지 제품을 저렴하게 납품받기 위한 것이 아니라, 제품을 만드는 사람들의 생각과 방향을 알아야 온라인 세계를 감각적으로 이해할 수 있습니다. 그리고 무엇보다도, 나는 판매자가 될 수 있는가를 냉정하게 진단해야 합니다.

예비 창업자의 판매 경험을 쌓기 위한 길라잡이

이 책은 온라인 창업을 하기를 원하시는 분들께 판매 경험을 쌓게 해 드리고 싶어서 만들었습니다. 생소할 수도 있지만 접근하기가 쉬운 위탁판매 방식으로 재고 부담 없이 다양한 제품을 판매하고 테스트해 볼 수 있습니다. 나에게 맞는 카테고리는 어떤 것인지, 트렌드에 맞는 제품은 어떤 것인지를 이론이 아닌 실제로 팔아보며 알게 되기 때문에 위탁판매를 부업으로 삼는 데 있어서 많은 도움이 될 것입니다. 만약 시간이 없다면 하루에 1시간만 실천해 봐도 충분합니다.

세계적인 브랜드를 만들기 위한 첫 시작이 판매 경험 쌓기라고 생각합니다. 다양하고 많은 정보들이 쏟아지지만, 그렇기에 신뢰도가 없는 정보에 휘둘리지 않아야 합니다. 필요한 정보를 잘 선택하여 단계적으로 접근하며 방향성을 제대로 잡는 것이 중요합니다. 그 첫 스텝에 이 책이 길라잡이가 되었으면 합니다. 이 책을 선택해 주셔서 진심으로 감사드립니다.

전진수 올림

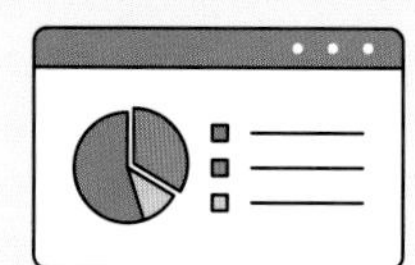

들어가기에 앞서

쇼핑몰 사업, 어려워 보이나요? 아닙니다. 누구나 쉽게 시작할 수 있습니다. 지금부터 소개하는 무재고 위탁판매 시스템은 쇼핑몰 운영자가 가질 수밖에 없는 많은 고민을 줄여 주고 시간을 절약하게 해 줄 것입니다. 운영 시스템이 정말 쉽게 구비되어 있어 운영자는 아이템 선정에 꼭 필요한 리서치 능력을 향상시키는 것과 고객 관리를 위한 커뮤니케이션 능력을 키우는 것에만 집중하면 됩니다. 기존에는 쇼핑몰 운영 시스템을 만들기 위해 많은 돈과 노력이 필요했었습니다. 그러나 지금은 쇼핑몰 운영을 위한 시스템을 무료로 제공받을 수 있으며 아이템 또한 스피드고시스템을 활용하여 단시간에 수만 개의 제품을 세팅하여 팔 수 있게 되었습니다. 판매하려고 하는 소비자에게 맞는 제품을 스토어에 잘 진열하고 운영하는 부분에 집중한다면 쇼핑몰을 통해 원하는 수입을 만들 수 있습니다.

위탁판매를 통해 제품 공급과 구매가 어떻게 일어나는지를 먼저 배우면 전반적 흐름과 자신이 갖추어야 할 것이 무엇인지 명확히 알 수 있습니다. 판매자, 소비자, 위탁배송 업체로 구분하여 간단한 표로 살펴보겠습니다. 전반적인 과정은 다음과 같습니다.

❶ 판매자가 위탁배송 제품 세팅 → ❷ 소비자가 제품 구매 → ❸ 판매자가 위탁배송 업체에 발주 → ❹ 위탁배송 업체에서 제품 발송, 운송장 번호 판매자에게 발송 → ❺ 판매자가 운송장 번호 입력, 배송 완료

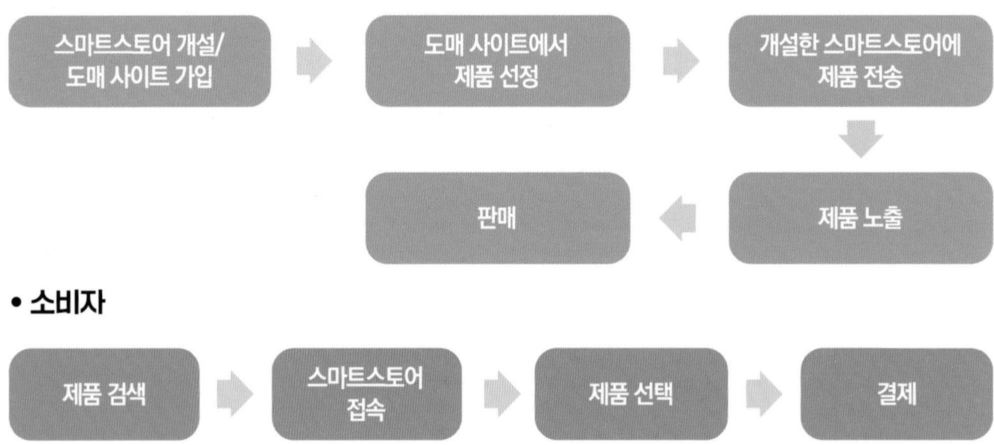

• **위탁배송 업체**

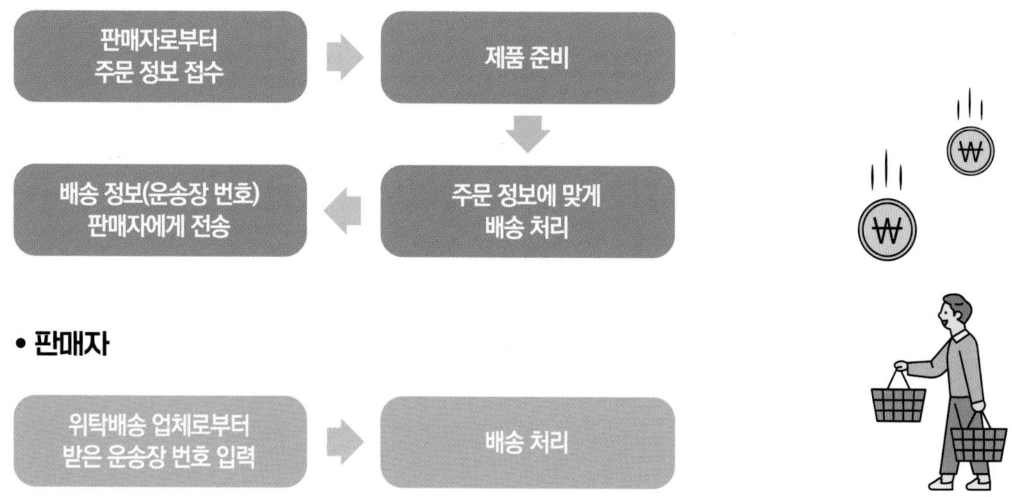

위의 표를 보면 조금 복잡해 보일 수도 있습니다. 그런데 위의 단계가 자동 시스템으로 구현되어 있다면 어떨까요? 도매매에서는 수동 위탁배송의 불편함을 덜고자 조금 더 편리한 시스템을 만들어 놓았습니다. 그 이름이 바로 '스피드고전송' 프로그램입니다. 이 프로그램과 연동된 플랫폼은 현재 스마트스토어, 쿠팡, 11번가, 신세계닷컴, 롯데온, 카페24, 위메프 총 7개로, 각각의 플랫폼을 편리하게 운영할 수 있게 되었습니다. 판매자들이 더 많은 플랫폼으로 정보를 전송할 수 있도록 요구하고 있기 때문에 빠르게 많은 플랫폼으로 확장될 것으로 예상하고 있습니다.

[현재 스피드고전송기로 제품 전송이 가능한 플랫폼]

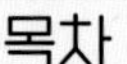

머리말 • 4

들어가기에 앞서 • 6

Part 01 쇼핑몰 사업 시작을 위한 준비

01 | 쇼핑몰 사업을 시작하기 위해 필요한 역량 • 14

02 | 온라인 쇼핑 동향 이해하기 • 18

03 | 소비자의 세계 이해하기 • 21

04 | 나의 생각 검증하기 • 26

05 | 쇼핑몰 이름 정하기 • 37

06 | 사업자등록증 및 통신 판매업 신고 • 40

- 1 사업자 등록 • 40
- 2 통신 판매업 신고 • 41

07 | 쇼핑몰 사업 계획서 만들기 • 43

- 1 사업 요약 • 43
- 2 시장 분석 • 44
- 3 예산 계획 • 44
- 4 인력 구성 • 45
- 5 상품은 어디서 공급받고, 어떻게 촬영할 것인가? • 45
- 6 어떻게 홍보할 것인가? • 46

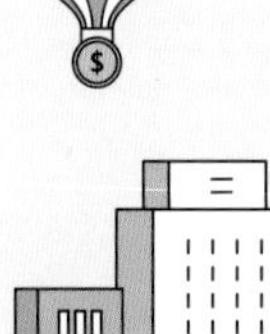

Part 02 무재고 위탁판매 사업 시작

01 | 무재고 위탁판매 사업이란? • 52

02 | 스피드고전송기란? • 58

03 | 도매매 사이트에 가입하기 • 60

04 | 스마트스토어에 가입하기 • 63

1 입점 절차 알아보기 • 63

2 스마트스토어의 장점과 수수료 • 66

05 | 도매 사이트와 스마트스토어 연동하기 • 71

06 | 스피드고전송기로 상품 전송하기 • 74

1 스마트스토어에 상품 하나씩 전송해 보기 • 74

2 상품 일괄 전송하기 • 79

Part 03 쇼핑몰 운영을 위한 디자인 실습

01 | 픽슬러 에디터로 합성 기술 익히기 • 86

1 픽슬러 에디터 열고 닫기 • 87

2 어두운 사진 밝기 조절하기 • 91

3 이미지 선택 및 합성 기술 익히기 • 94

4 소스 라이브러리를 활용하여 사진에 글씨 쓰기 • 103

5 도장 도구와 복구 브러시 도구를 활용하여 이미지 복제 및 제거하기 • 108

6 템플릿 기능을 활용하여 손쉽게 인스타그램 포스트 만들기 • 112

02 | 미리캔버스로 상세페이지 완성하기 • 116

1 미리캔버스 가입하기 • 117

2 로고 만들기 • 119

3 원하는 이미지 크기 설정 및 디자인하기 • 126

4 제품 상세페이지 디자인하기 • 131

5 이벤트 팝업 만들기 • 136

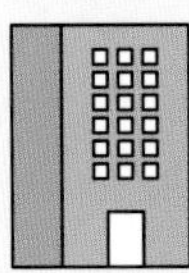
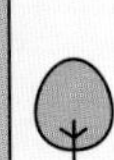

Part 04 위탁판매를 위한 스마트스토어 필수 기능 이해

01 | 스마트스토어 대표 이미지 설정 • 142

02 | 스마트스토어 테마 설정 • 145

03 | 스마트스토어 상품 등록하기 • 148

04 | 효과적인 주문 처리 및 배송 방법 • 155

05 | 위탁배송 상품 배송 처리 방법 • 157

06 | 주문 취소가 접수된 경우 진행 방법 • 164

07 | 구매 확정 내역 확인 및 구매 평 관리 • 166

Part 05 스마트스토어 광고 설정

01 | 럭키투데이 광고 진행 • 172

1 럭키투데이 광고란? • 172

2 럭키투데이 등록 상품 필수 조건 • 173

3 럭키투데이 제안 등록하기 • 173

02 | 검색 광고 이해하기 • 179

1 네이버 검색 광고의 특징 • 179

2 마케팅 목적에 맞게 선택할 수 있는 다양한 광고 방식 • 179

03 | 스마트스토어 쇼핑 광고 등록하기 • 182

1 네이버 광고센터 가입하기 • 182

2 스마트스토어 쇼핑 광고 등록 • 186

04 | 스마트스토어 검색 광고 등록하기 • 195

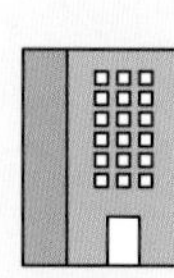
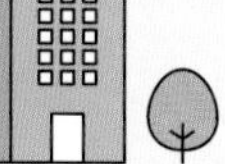

Part 06 브랜딩을 위한 네이버모두와 스마트스토어 연동

01 | 네이버모두란? • 208

02 | 네이버모두가 지원하는 기능 • 211

03 | 네이버모두로 제작된 홈페이지를 보며 나만의 스토리보드 만들기 • 215

1 네이버모두로 제작된 홈페이지 방문하기 • 215

2 나만의 홈페이지 스토리보드 만들기 • 217

04 | 네이버모두 홈페이지 만들기 • 219

05 | 스마트스토어 연동하기 • 227

06 | SNS 연동 설정하기 • 234

Part 07 사업 확장! 쿠팡 연동하기

01 | 쿠팡에서 판매 준비하기 • 240

1 쿠팡 수수료 이해 • 240

2 쿠팡 판매자 가입하기 및 관리자 접속 • 242

02 | 쿠팡에서 판매 시작하기 • 245

1 도매매와 쿠팡 연동하기 • 245

2 스피드고전송기로 쿠팡에 상품 전송하기 • 247

3 쿠팡 주문 배송 처리 방법 • 251

03 | 쿠팡 채널 광고하기 • 255

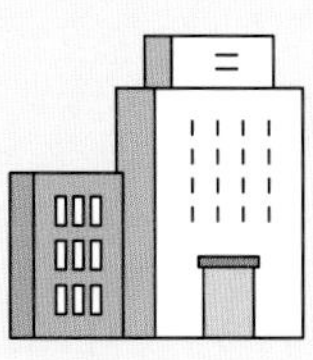

Part 01

쇼핑몰 사업 시작을 위한 준비

쇼핑몰 사업을 시작하려면 아이템, 소비자, 판매 플랫폼, 각종 서류, 사업 계획서 등 준비해야 하는 사항들이 여러 가지 있습니다. 시작 단계에 앞서 어떻게 준비하면 좋을지를 함께 생각하며, 기본적인 사업 계획서를 완성해 봅시다.

1 쇼핑몰 사업을 시작하기 위해 필요한 역량
2 온라인 쇼핑 동향 이해하기
3 소비자의 세계 이해하기
4 나의 생각 검증하기
5 쇼핑몰 이름 정하기
6 사업자등록증 및 통신 판매업 신고
7 쇼핑몰 사업 계획서 만들기

쇼핑몰 사업을 시작하기 위해 필요한 역량

쇼핑몰 사업은 공간과 시간의 제약을 받지 않고 원하는 방법으로 운영을 할 수 있다는 큰 장점이 있습니다. 그렇지만 운영자가 게을러지면 원하는 목표에 도달하기 위해서는 오랜 시간이 걸릴 것입니다.

많은 시간을 쓰지 않고 효과적으로 사업을 진행하기 위해서는 사업을 하기 전에 나는 어떤 역량이 강한 편인지, 어떤 것을 잘할 수 있는지 진단을 해 보는 것이 중요합니다.

쇼핑몰 진행을 위해 필요한 능력에는 쇼핑몰 MD, 마케팅, 디자인, 사진 촬영, C/S 등이 있습니다. 이 외에도 다양한 역량이 필요합니다. 그렇다면 모든 역량을 다 갖춘 다음 시작해야 할까요? 그렇지는 않습니다. 그중에 내가 가지고 있는 가장 큰 강점을 주로 이용하여 시작하면 됩니다. 다른 능력들은 사업을 하며 보강해 나가거나, 다른 인력의 도움을 받으면 됩니다. 어떤 경우에는 CEO 역량만 갖고 시작하는 경우도 있습니다. 대부분은 처음에 1인 창업자로 시작해서 각 분야의 구성원을 갖추어 사업을 확장합니다.

직책	업무 내용	필요한 역량
쇼핑몰 CEO	쇼핑몰 전체 콘셉트를 정립하고 경영 전반을 관리	#리더십 #경영 철학
쇼핑몰 MD	시장 조사를 통해 판매·기획 전략을 수립하고 판매를 촉진	#트렌드 감각 #데이터 분석 능력
마케터	쇼핑몰 홍보를 위해 SNS 등 적합한 홍보 채널을 공략하고 관리	#콘텐츠 감각 #기획력
웹 디자이너	콘셉트를 살리며 소비자의 시선을 끄는 상품 상세페이지 등 제작	#디자인 감각 #창의성

[쇼핑몰 사업을 위한 구성 인원]

저는 처음에 혼자 상품 소싱과 사진 촬영, 디자인해서 쇼핑몰에 등록하는 일을 밤낮없이 했습니다. 그러다 제가 제일 어렵다고 생각했던 디자인 일을 외주로 맡기고, 일이 많아지면서부터는 채용을 해서 진행하는 방식으로 사업을 확장했습니다. 이와 같이 처음에는 혼자, 이후에는 핵심 인력을 구성하여 운영을 하다가 사업이 잘 되면 포장, C/S 등의 인원 충원을 진행하며 사업을 확장합니다.

하지만 이번에 함께 구축할 무재고 위탁판매 시스템의 경우는 혼자서도 충분히 사업을 진행할 수 있습니다. 무재고 위탁판매 방식이란, 온라인 도매 사이트 또는 제조업체에서 제공받은 상품 정보와 이미지로 쇼핑몰에 상품을 진열하고 홍보한 후에, 주문이 들어오면 주문서를 온라인 도매 사이트 또는 제조업체에 보내고 제조업체 또는 온라인 도매 사이트를 이용해 배송 처리를 하는 방식을 말합니다.

처음부터 사입을 하며 판매하는 판매자도 많지만 최근 일반적인 쇼핑몰 창업 단계는 재고 부담 없는 위탁판매로 판매하며 쇼핑몰에 대한 감을 잡은 후에 사입판매, 제조판매로 가는 추세입니다. 모두가 위탁판매 먼저 시작하는 것은 아니지만 정확한 아이템이 정해지지 않았거나, 온라인 판매 방식을 이해하고 싶을 경우에는 재고 부담 없이 시도해 보는 것이 좋은 방법이라고 생각합니다.

[일반적인 쇼핑몰 창업 단계]

책에서 이야기하는 무재고 위탁판매 방식은 도매 사이트에서 상품 디자인 및 MD 추천 등 다양한 방법으로 내가 할 수 있는 일을 대신 해 놓았기 때문에 별도의 인원 구성을 하지 않아도 됩니다. 뒤에서 실전으로 제품을 등록해 보는데, 진행해 보면 정말 쉽게 쇼핑몰에서 판매할 상품을 보기 좋게 선정하고 구성할 수 있다는 것을 알 것입니다. 쇼핑몰 시작을 위해서 우리는 아이템을 보는 눈만 있으면 됩니다.

여기서 잠깐! 위 내용을 이해했다 하더라도 바로 너무 빠르게 진행하기보다는 일단 나에게 정말 창업 소질이 있는지 검증 절차를 거쳐 보는 것을 추천드립니다. 저도 강의 현장에서 자신감 있는 분들을 많이 만납니다. 그럼 어떤 근거에 의해 현재의 자신감이 나오는 거냐고 질문을 꼭 드립니다. 3가지를 말씀해 달라고 하는데 2개 이상 말씀하시는 분들은 많지 않았습니다. 물론 잘하실

수 있겠지만 그래도 최소한 창업 소질이 있는지 적성 검사를 통해 진단해 보는 과정을 거치며 잠깐의 생각하는 시간을 가져도 늦지 않다고 생각합니다.

워크넷 홈페이지(https://www.work.go.kr)에 접속한 후에 [직업·진로] 메뉴에서 [성인용 심리검사 실시] 항목을 클릭합니다.

아래와 같이 심리 검사 항목이 나옵니다. 창업적성검사 항목의 [검사실시]를 클릭하여 적성검사를 시작합니다.

※ [검사실시] 버튼을 클릭하여 검사를 실시할 수 있으며, 검사 도중 중단되어도 당일에 한해 이어서 실시가 가능합니다.

심리검사명	검사시간	실시가능	검사안내	결과예시	검사실시
직업선호도검사 S형	25분	인터넷, 지필	안내	예시보기	검사실시
직업선호도검사 L형	60분	인터넷, 지필	안내	예시보기	검사실시
구직준비도검사	20분	인터넷, 지필	안내	예시보기	검사실시
창업적성검사	20분	인터넷, 지필	안내	예시보기	검사실시 ❶ 클릭
직업가치관검사	20분	인터넷, 지필	안내	예시보기	검사실시
영업직무 기본역량검사	50분	인터넷, 지필	안내	예시보기	검사실시
IT직무 기본역량검사	95분	인터넷, 지필	안내	예시보기	검사실시

창업적성검사를 받고 나면 최종 진단을 볼 수 있습니다. 창업 적합성에 대한 진단 결과가 아래처럼 나오고 해당 결과에 대한 결과 해석이 나옵니다.

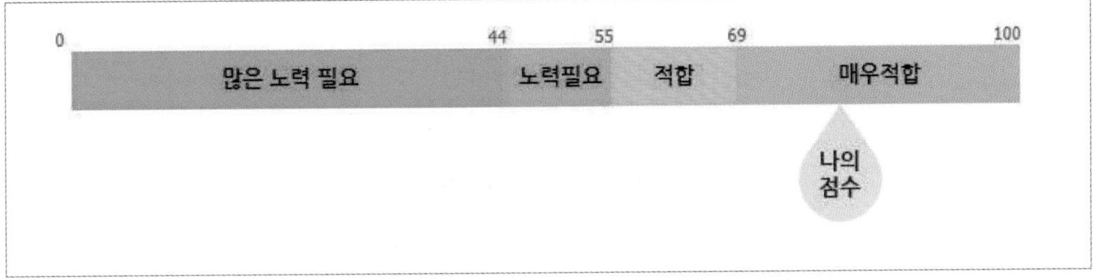

결과 해석 예시

귀하는 기업가로서 갖추어야 할 역량을 매우 높게 갖추고 있습니다. 따라서 귀하는 창업에 성공할 가능성이 매우 높은 편입니다.

그러나 이 결과가 창업을 하면 반드시 성공한다는 것을 의미하지는 않습니다. 창업의 성공은 자금이나 창업 아이템, 경기 등에 영향을 받으므로 여러 가지 변수를 신중하게 고려해야 합니다.

위 내용 외에도 세부적으로 많은 진단을 볼 수 있습니다. 창업 업종 진단 결과도 나오니 내가 지금 생각하고 있는 분야와 맞는지 한 번쯤 적성 검사를 해 보는 것을 권장합니다.

온라인 쇼핑 동향 이해하기

쇼핑몰 아이템 선정 전에는 통계청 사이트에 접속하여 온라인 쇼핑 동향을 먼저 살펴보는 것을 추천드립니다. 아이템에 따라 PC, 모바일에서의 판매 동향을 볼 수 있고, 전년 대비 온라인에서 많은 수요를 보이는 아이템이 어떤 것인지도 볼 수 있습니다.

온라인 쇼핑 동향에 대한 통계청 조사에 따르면 2021년 6월 기준 온라인 쇼핑 거래액은 15조 6,558억 원으로 전년 동월 대비 23.5% 증가했습니다. 구체적으로는 음식 서비스의 다양화, 가정 간편식 선호, 새벽 배송 확대 등의 영향으로 음식 서비스(57.3%), 음·식료품(35.7%) 부문이 큰 폭으로 올랐으며, 가전제품의 대형화·프리미엄화와 에어컨 등 계절 가전의 판매 증가 등으로 가전·전자·통신기기(17.6%) 부문도 많이 오르는 등 2조 9,775억 원 증가했습니다.

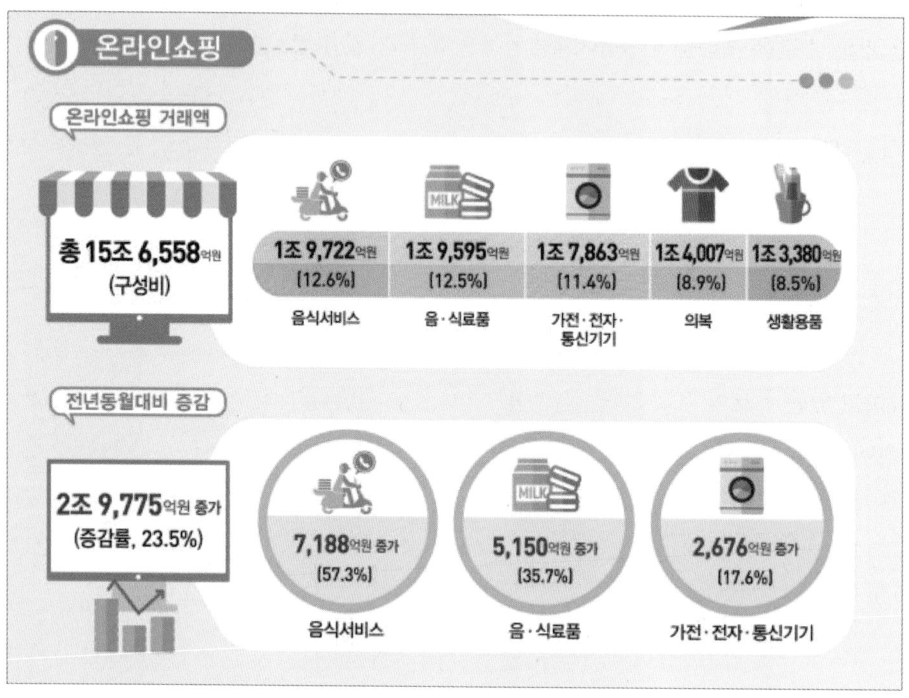

[온라인 쇼핑 거래액(출처 : 통계청)]

모바일 쇼핑 거래액은 10조 9,951억 원으로 전년 동월 대비 30.1% 증가했습니다. 구체적으로는 음식 서비스(97.3%), e-쿠폰 서비스(88.2%), 아동·유아용품(82.2%), 애완용품(80.5%) 순으로 거래액 비중이 증가했습니다.

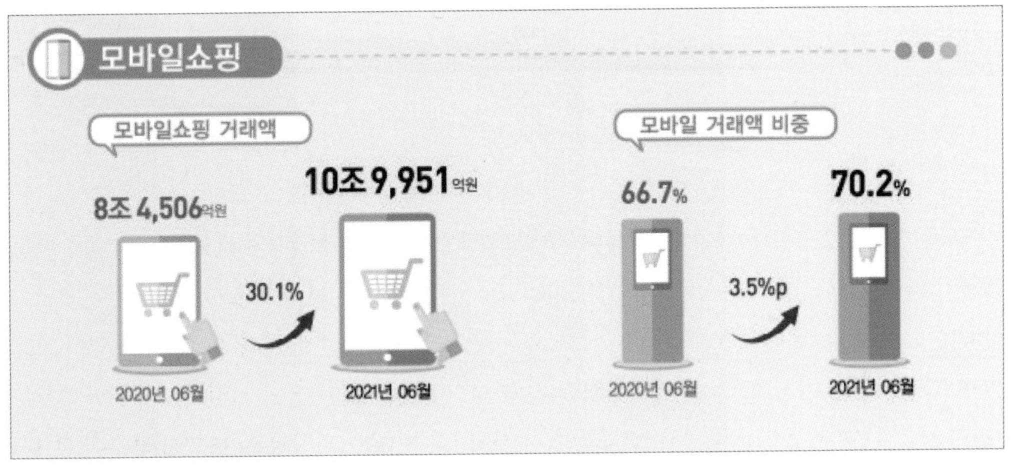

[모바일 쇼핑 거래액(출처 : 통계청)]

통계청 자료로 기본적인 쇼핑 동향을 확인하면 어떤 제품군이 인기가 많은지, 그중에서 내가 판매해도 괜찮을 것 같은 제품군이 있는지를 1차적으로 가려 낼 수 있습니다. 예를 들어 모바일에서는 아동 및 유아용품, 애완용품 등을 많이 거래하는데 자신이 반려견을 키우고 있다면, 반려견 관련 제품을 모바일로 검색하는 소비자에게 판매해도 좋겠다는 생각을 가지고 접근하는 것입니다.

동향을 파악한 후에는 실제 판매되는 스마트스토어를 통해 판매 동향, 고객층을 알아보며 판매하려고 하는 아이템과 타깃을 조금 더 구체화합니다. 이미 운영 중인 스마트스토어 중에 같은 아이템을 판매하고 있는 스토어에 접속하여 통계를 미리 볼 수 있습니다. 해당 스토어에 접속한 후에 스토어 카테고리 항목에서 [더 보기]를 클릭하면 [판매자 정보] 항목이 있습니다. [판매자 정보] 항목에서 해당 스토어를 방문하는 연령대를 미리 볼 수 있습니다.

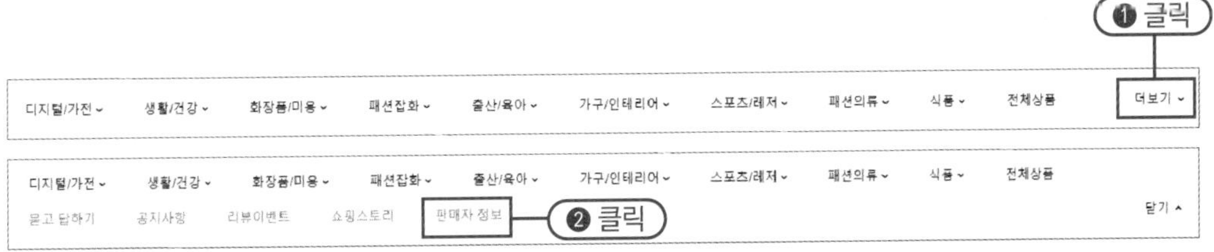

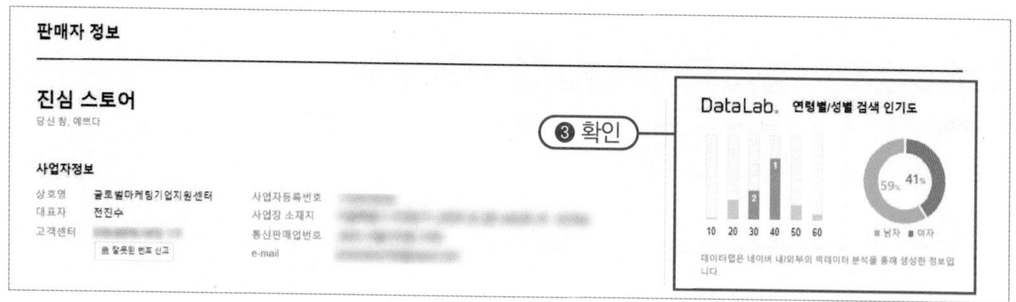

[스마트스토어 판매자 정보에 표시된 정보]

이와는 별도로 도매 사이트에 접속하여 카테고리별로 가장 많이 판매되고 있는 아이템은 어떤 것인지 파악합니다.

[도매매 사이트의 인기 상품 100]

이 외에도 오픈마켓 및 네이버 쇼핑, 오픈마켓 베스트 페이 등 다양한 곳에서 쇼핑 동향을 확인합니다.

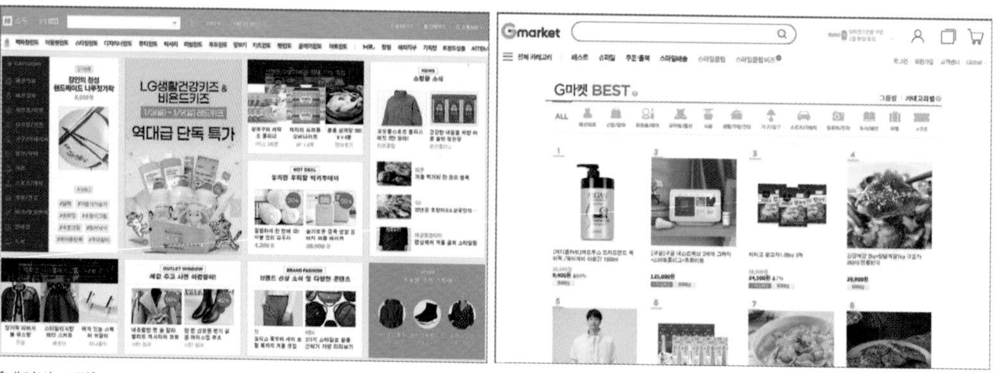

[네이버 쇼핑]

[G마켓 베스트]

소비자의 세계 이해하기

통계 수치를 살펴보는 것과 별도로 온라인 검색 사이트를 열고 그동안 검색하고 방문했던 사이트들을 체크하면서 내가 어떤 방법으로 사이트에 가서 구매했는지를 분석해 보는 시간을 갖는 것이 중요합니다. 그것이 바로 나의 고객이 될 사람들이 하고 있는 검색 패턴이라고 볼 수 있기 때문입니다.

검색 창에 검색어를 쓰는 패턴은 크게 두 가지입니다. '키워드'로 검색과 '구어체'로 검색입니다.

❶ 키워드로 검색 : 피부케어
❷ 구어체로 검색 : 피부에 좋은

키워드로 검색할 때와 구어체로 검색할 때를 비교해 보면 자동 완성부터 다르다는 것을 볼 수 있습니다. 주로 모바일에서 구어체로 검색을 하며, 구어체로 검색하는 경우에는 지식IN 또는 블로그를 통해 정보를 얻게 됩니다.

한번 네이버 화면을 열고 피부케어 제품을 구매한다고 가정해 보겠습니다. '피부케어'를 키워드로 하여 검색을 해 봅니다. 그다음 '피부에'와 '피부에 좋은'을 입력해 봅니다. 키워드와 구어체로 검색을 하면 자동 완성 내용부터 다르다는 점을 알 수 있으며, 구어체라고 해도 '피부에'와 '피부에 좋은' 역시 둘에 대한 검색 과정에서 자동 완성되는 내용이 다르다는 것을 볼 수 있습니다. 검색을 다양하게 해 보며 고객들이 찾는 대표 키워드와 세부 키워드는 무엇인가를 찾아보는 시간이 필요한 이유입니다.

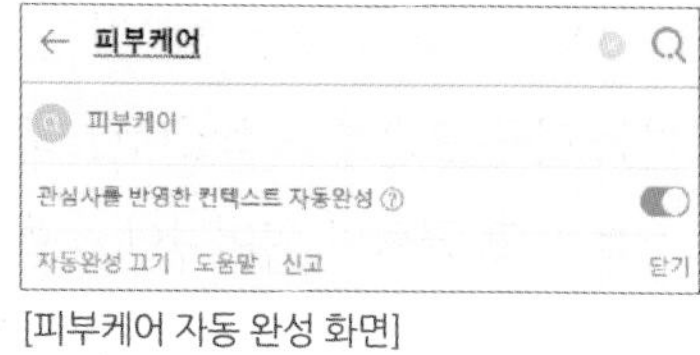

[피부케어 자동 완성 화면]

SKT 93% 오전 12:32

피부에

- 피부에 좋은 음식
- 피부에 빨간점
- 피부에 좋은 영양제
- 피부에 좋은 차
- 피부에 붉은반점
- 피부에 오돌토돌
- 피부에 좋은 과일
- 피부에 묻은 염색약
- 피부에 염색약
- 피부에 좋은 비타민

관심사를 반영한 컨텍스트 자동완성

자동완성 끄기 도움말 신고

SKT 94% 오전 12:33

피부에 좋은

- 피부에 좋은 음식
- 피부에 좋은 영양제
- 피부에 좋은 차
- 피부에 좋은 과일
- 피부에 좋은 비타민
- 강아지 피부에 좋은 음식
- 피부에 좋은 즙
- 피부에 좋은 빨강석류

관심사를 반영한 컨텍스트 자동완성

자동완성 끄기 도움말 신고

자동 완성 키워드는 네이버 로직에서 이용자가 찾아보려고 하는 의도에 맞는 단어를 보여주는 기능입니다. 키워드의 앞과 뒤에 자연스럽게 따라올 수 있는 키워드 조합이 되는 경우에는 여러 개의 자동 완성 키워드가 나오기도 하며, 조합이 안 되는 키워드는 검색한 하나의 키워드만 나오게 됩니다.

다음으로는 키워드를 통해 검색된 화면을 봅시다. 파워 링크, 파워 콘텐츠, 쇼핑 영역, 블로그 글 등 다양한 링크가 있습니다. 여러분은 주로 어떤 부분을 클릭하는지 체크해 보세요.

검색된 결과를 보면 섬네일 이미지와 제목이 눈에 띕니다. 섬네일 이미지와 제목은 클릭을 유도하는 아주 중요한 요소입니다. 고객이 첫 번째로 만나는 곳은 섬네일 이미지 또는 제목인데, 이 요소를 보고 클릭이 일어나야 구매로까지 이어질 수 있기 때문입니다. 검색 결과들의 섬네일 이미지와 제목, 상품 가격 등을 자세히 보며 내가 어떤 것에 끌리는지, 무엇을 클릭하는지 확인해 봅니다. 다음 장에서 데이터 분석을 하며 지금 갖고 있는 생각을 검증하는 절차를 갖습니다. 지금은 소비자를 이해하는 단계로, 그동안 내가 소비할 때 어떤 방법으로 소비를 했는지를 확인해 보는 단계입니다.

[피부케어를 검색했을 때 나오는 블로그 글]

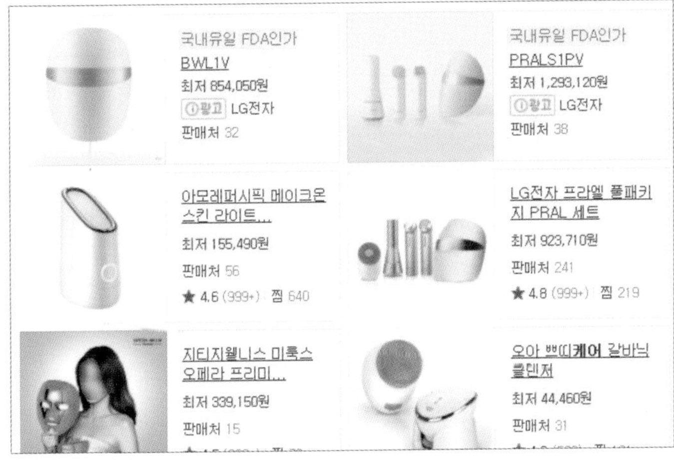

[피부케어를 검색했을 때 나오는 쇼핑 리스트]

클릭을 해서 들어가 봅시다. 대표 페이지가 나오는 경우도 있고, 제품이 있는 페이지로 바로 이동되는 경우도 있습니다. 이를 랜딩 페이지라고 하는데 역시 중요합니다.

홈케어로 고민끝 S2ND · 공식몰 단독 기획세트

http://www.s2nd.co.kr N Pay + 3%

할인 **전제품 할인 진행 중!**

마스크 속 민감한피부 생크림마스크로 관리! 최대57%, 사은품증정

올인원 톤업크림	12,900원부터
쿠션 56% 할인	16,900원부터
틴트 41% 할인	8,900원부터

광고집행기간 25~36개월

[섬네일]

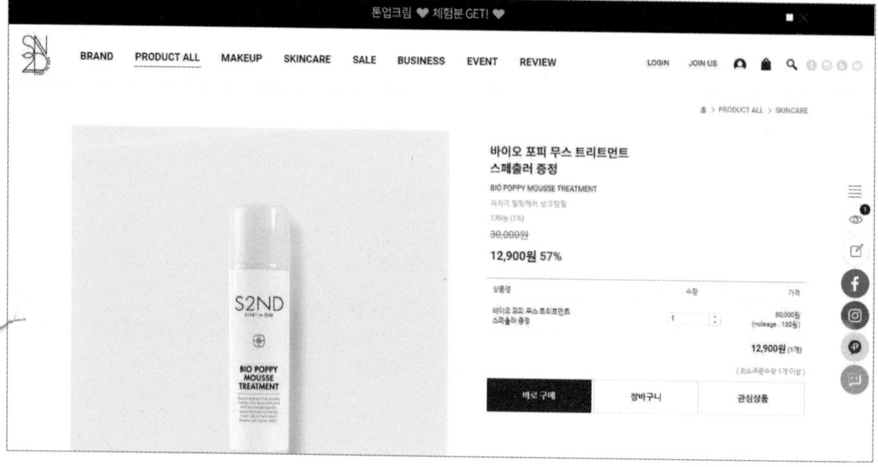

[랜딩 페이지]

한 걸음 더! 운영 Tip

랜딩 페이지는 위와 같이 광고를 클릭하거나 상품을 클릭했을 때 최초로 보게 되는 페이지입니다. 랜딩 페이지의 경우 광고에서 이야기한 내용을 바로 볼 수 있게 구성해야 합니다. 불필요한 내용 없이 방문자가 원하는 것을 최대한 빠르게 달성할 수 있게 만들어야 하는 것이 핵심입니다.

여러분이 광고를 클릭했을 때, 만약 클릭한 상품이 보이지 않으면 페이지에 머물러 있지 않고 바로 페이지를 닫는 경우가 많을 것입니다. 평균적으로 보면 하나의 사이트에 머무는 시간은 3~5초도 안 되는 경우가 많습니다. 찾고자 하는 자료가 바로 보이지 않으면 이탈하는 것입니다.

그렇기 때문에 제품을 등록할 때는 소비자에게 잘 어필하기 위해 섬네일, 제목, 상세 설명 등 소비자의 눈에 보이는 요소들을 전부 신경 써야 합니다. 특히 고관여 상품은 더 많은 부분을 신경 써야 됩니다. 고관여 상품은 제품 구매에 있어서 자신이나 타인에게 미치는 영향이 큰 상품을 말합니다. 예를 들어 누군가에게 선물할 제품을 구매하려고 한다면 가볍게 사기보다는 좀 더 많은 시간과 생각을 들여 구매할 것입니다. 또는 몸이 아파서 건강 보조 식품이나 건강 관련 제품을 찾는다면 많은 비용을 지불하고도 해당 제품이 필요한 경우 구매를 할 것입니다. 고관여 상품의 경우 가격이 비싼 제품이 많습니다. 가격이 비싼 제품은 섬네일, 제목, 상세 설명 등을 통해 고객이 신뢰감을 받을 수 있도록 더욱 신경 써야 합니다.

고관여 상품 외에도 개인적인 만족감에 의해 구매하는 경우도 많이 있습니다. 제가 판매했던 상품 중에 빨래 바구니 상품이 있습니다. 판매를 할 때는 이 패브릭 빨래 바구니는 빨래 바구니의 용도로만 활용될 것만을 상상했었습니다. 그러나 막상 제품을 판매해 보니 소품을 담거나, 야외에 나갈 때 바구니로 사용하는 등 구매자들이 다양하게 사용하는 것을 알고 깜짝 놀랐었습니다.

[고객의 구매평에서 얻는 지식]

어떤 경우에는 제품을 구매해 행복하다 또는 힐링이 되는 것 같다처럼 심리적인 부분도 작용합니다. 이는 결국 소비란 각자가 추구하고자 하는 목표가 다를 수도 있다는 것입니다. 상세페이지 및 섬네일 등을 만들 때는 이처럼 소비자의 여러 상황을 고려하여 다양한 사례, 사용 용도와 방법 등을 상세히 만들면 판매량을 올릴 수 있습니다.

04 나의 생각 검증하기

내가 생각한 아이템이 잘 판매될 수도 있지만, 잘 안될 수도 있다는 가정하에 검증 단계를 거쳐 보기를 권장합니다. 다른 사람들의 데이터와 온라인을 통해서 수집된 데이터를 기반으로 나의 생각, 나의 아이템을 한 번 더 정리하는 시간은 꼭 필요합니다.

쇼핑몰을 운영하는 분들을 보면 내가 잘하는 것 또는 좋아하는 것이라고 생각해서 시작한 경우도 있고 주변에 누군가가 제품을 제공해 줄 테니 판매해 보라고 권유해서 시작한 경우도 있습니다. 어떤 경우든 우선 검색 사이트 또는 데이터를 분석할 수 있는 사이트를 통해서 현재의 검색량과 실제 구매량은 얼마나 되는지 체크를 한 번 정도는 꼭 해야 됩니다.

이 과정은 고객을 설득한다기보다는 나를 설득하는 과정이라고 보면 됩니다. 나는 설득되는지, 제품의 가격은 마음에 드는지 등 우선 고객의 입장이 되어서 나에게 질문해 보는 것입니다. 검색량 파악을 할 때는 네이버의 데이터랩이나 구글의 검색어 트렌드를 이용하면 좋습니다. 네이버 데이터랩에서 검색어 트렌드에 궁금한 키워드를 입력하면 해당 키워드에 대한 정보를 볼 수 있습니다.

주제어에 검색어를 입력하고 [네이버 검색 데이터 조회]를 누르면 검색어에 해당하는 1년 동안의 검색량을 볼 수 있습니다.

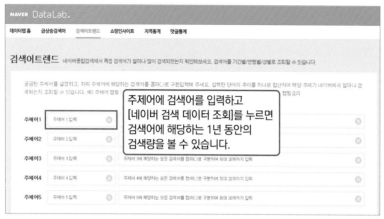

[네이버 검색어 트렌드
https://datalab.naver.com/keyword/trendSearch.naver]

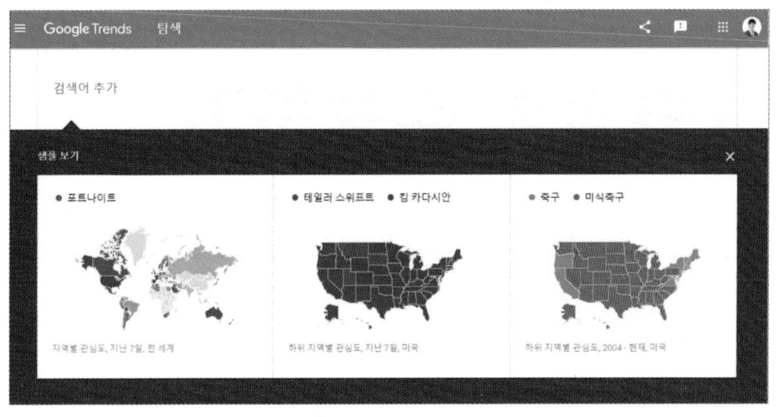

[구글 트렌드 https://trends.google.co.kr]

검색어로 머그컵과 티셔츠를 입력하여 검색해 보면, 머그컵은 검색량이 가을부터 증가하기 시작하여 겨울에 최고로 높게 올라가는 것을 볼 수 있습니다. 반면 티셔츠는 4~6월에 최고로 높게 올라가는 것을 볼 수 있습니다. 이처럼 계절과 연관성이 있는 상품을 취급할 때는 진입하는 시기에 따라 매출에도 큰 영향이 있습니다.

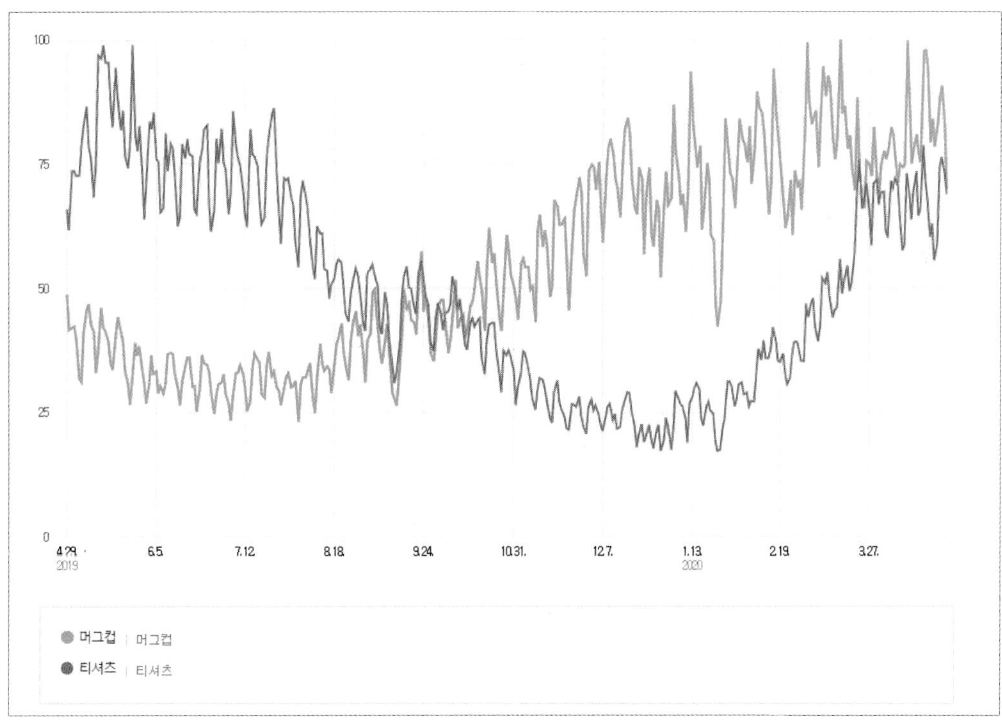

[머그컵과 티셔츠를 검색한 결과]

네이버의 쇼핑인사이트를 통해서는 검색어에 대한 통계를 볼 수 있습니다. 또한 접속한 기기 및 성별, 연령별 검색 트렌드도 세부적으로 볼 수 있습니다.

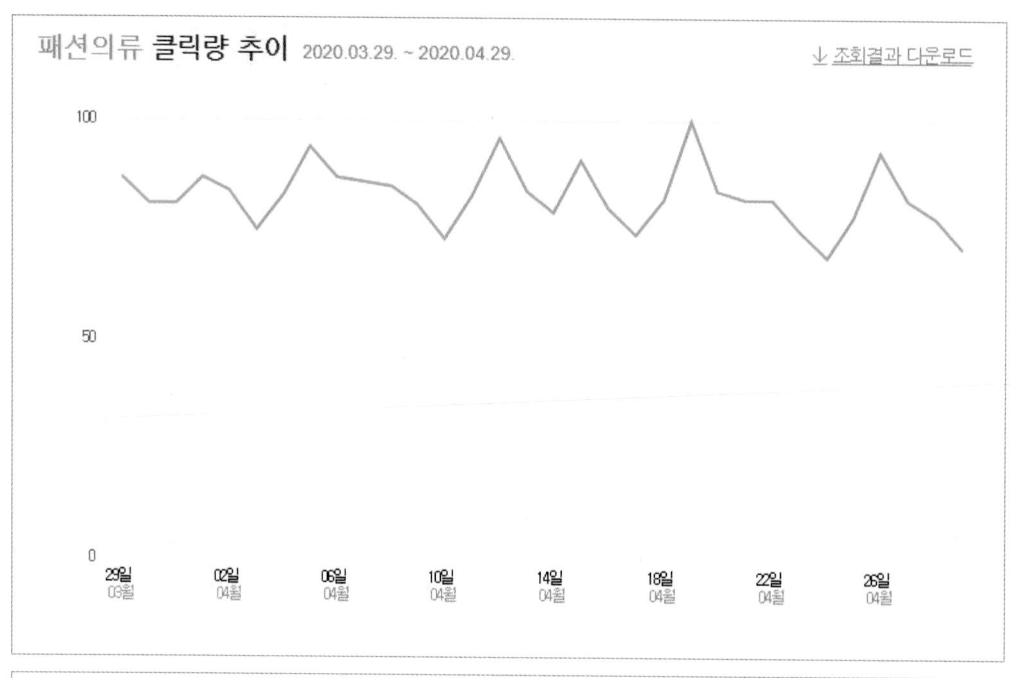

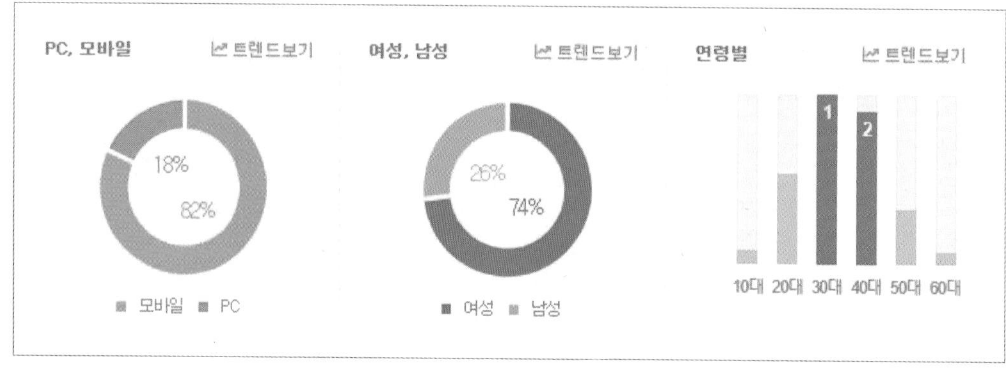

이번에는 네이버 쇼핑에서 관심 있는 제품을 검색해 봅니다. 맨투맨을 검색한 결과 3,810,493건이 판매되는 것을 볼 수 있습니다.

저 수가 모두 나의 경쟁 상품이라니, 너무 많죠? 이를 통해 무엇을 알 수 있을까요? 바로 세부 키워드의 중요성입니다. 검색량 대비 판매되고 있는 상품이 많으면 판매하려고 하는 제품을 세부적으로 분석하여 타깃에 맞는 세부 키워드를 작성하여 판매를 해야 합니다.

예를 들어 맨투맨 중에서도 옆트임 맨투맨을 판매한다고 가정해 봅시다. 검색어에 옆트임 맨투맨을 검색해 보면 검색량이 10,915건이 나오는 것을 볼 수 있습니다. 옆트임 맨투맨도 결국 맨투맨이니까 키워드를 맨투맨으로 잡으면 3,810,493건이 1차 경쟁 대상이 되지만, 옆트임 맨투맨이라는 세부 키워드를 잡으면 경쟁 대상이 확연히 줄어드는 것입니다.

그래서 판매하려고 하는 상품의 대표 키워드와 세부 키워드에 대한 정리를 하고 시작하는 것이 좋습니다. 관련 상품을 검색하며 키워드별 제품 판매 수량을 정리하고 판매하려고 하는 상품의 키워드 전략을 세워야 합니다.

대표 키워드는 검색량은 많지만 구매 전환율은 적습니다. 너무 많은 제품이 검색되기 때문에 타깃이 명확하지 않아서 접속하더라도 구매하지 않고 이탈할 확률이 높습니다.

키워드를 구체적으로 분석하기 위해서는 다양한 키워드 분석 도구를 이용합니다. 인터넷 주소에 아이템스카우트(https://www.itemscout.io) 주소를 입력하고 이동하면 아래와 같은 화면이 나옵니다. 키워드란에 특정 키워드를 입력하면 한 달 검색 수 및 연관 키워드 검색량을 볼 수 있습니다. 저는 '키작남'이라는 키워드를 입력해 봤습니다. 이를 통해 키작남 쇼핑몰 검색량이 많다는 것을 알 수 있습니다.

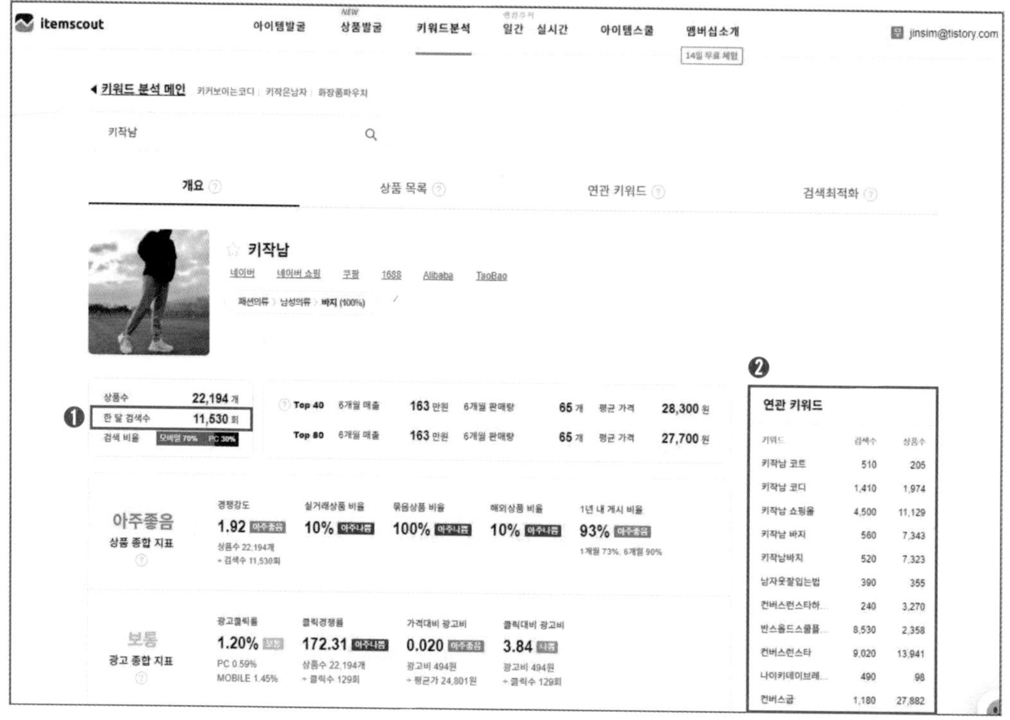

❶ 검색수 : 한 달 동안 키작남을 검색한 수를 표시합니다.

❷ 연관 키워드 : 키작남과 관련성 있는 키워드를 표시합니다. 연관 키워드를 통해 새로운 아이템을 발굴하거나, 세부 타깃에 대한 목표를 세우기도 합니다.

세부 키워드는 구체적인 아이템을 구매해야겠다고 생각하는 확실한 목표가 있는 고객이 검색하기 때문에 검색량은 대표 키워드에 비해 적지만 구매 전환율은 높은 편입니다. 저도 키가 작은 편이기 때문에 옷을 구매할 때는 남성 의류 쇼핑몰 키작남에 접속하여 구매하는 편입니다. 저는

콤플렉스를 해결해 준다면 가격이 조금 비싸도 구매하는 편입니다. 키작남의 경우에는 저 같은 사람들을 타깃으로 설정하고, 그에 맞게 세부 아이템을 구성한 것이죠. 더 세부적으로 구분하여 명확한 타깃에 맞는 상품부터 판매하기 시작하면 조금 더 빠른 시간 안에 매출을 만들 수 있습니다.

[타깃이 명확한 키작남 사이트 http://www.smallman.co.kr]

이번에는 분석 사이트 중에 판다랭크를 통해 블루투스 이어폰을 실제로 검색하고 찾아보는 연습을 해 보겠습니다. 판다랭크에 접속하여 검색 창에 블루투스 이어폰을 입력합니다.

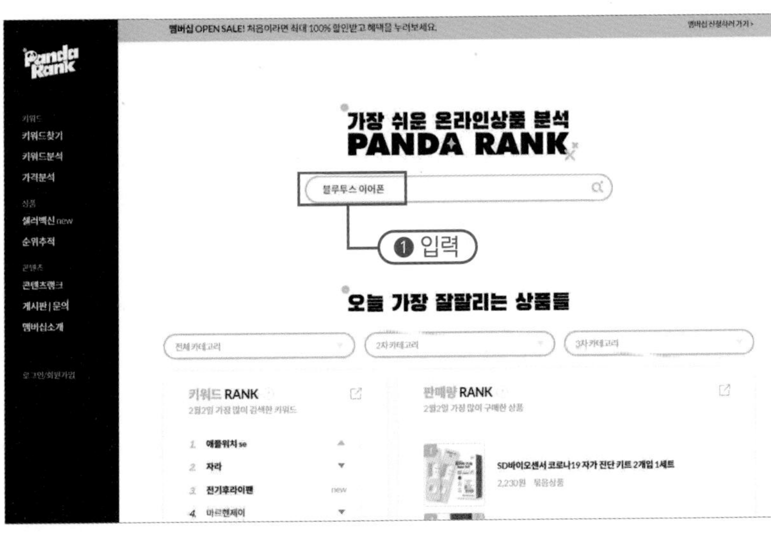

검색 결과에서 [엑셀 다운로드]를 클릭하면 엑셀로 정리된 파일을 볼 수 있습니다. 엑셀 데이터를 추가적으로 가공하여 분석하고 싶은 상품을 정리합니다.

다운로드받은 엑셀 파일을 열어 보면 키워드 정보, 광고 입찰가, 연관 키워드, 연관 검색어, 키워드 상위 상품 등이 정리된 것을 볼 수 있습니다. 그중에서 연관 키워드와 연관 검색어가 중요합니다. 소비자들이 어떤 검색어로 제품을 찾고 있는지를 분석해 볼 수 있기 때문입니다.

만약 블루투스 이어폰을 판매한다고 가정해 보겠습니다. 여러분이라면 어떤 키워드들을 선정하면 좋겠다고 생각하시나요? 누군가는 제품 키워드에 블루투스 이어폰이라고만 입력할 수도 있습니다. 그럼 가성비 무선 이어폰이라고 입력하는 소비자에게는 우리 제품이 노출되지 않습니다. 하지만 누군가는 이 이어폰의 가격을 파악하고 '가성비 무선 이어폰'이라는 키워드를 추가할 수도 있습니다. 가성비 무선 이어폰이라는 키워드를 추가한다면 상대적으로 낮은 경쟁률 덕분에 오히려 세부적인 타깃에 더욱 다가갈 수 있습니다.

검색량의 수를 확인해 보면, 이어폰은 20,700건이고 가성비 무선 이어폰은 2,180건입니다. 사람들이 '가성비 무선 이어폰'보다 '이어폰'을 10배 이상 더 많이 검색하는 것을 볼 수 있습니다. 검색량이 많은 대표 키워드의 경우 물론 검색하는 사람은 많으나 경쟁이 치열하여 상위에 노출되기가 어렵습니다. 반면 '가성비 무선 이어폰'은 검색량이 적더라도 세부 키워드로 검색하는 구매자

	A	B	C	D	E	F
1	키워드	검색량(PC)	검색량(Mobile	상품량	경쟁률	쇼핑전환
2	블루투스이어폰	12,000	144,600	1,125,651	7.18	1.66
3	이어폰	20,700	56,800	3,766,602	48.6	1.16
4	가성비무선이어폰	2,180	9,370	31,365	2.71	2.19
5	무선이어폰추천	2,280	9,680	1,105,281	92.41	1.82
6	버티컬마우스	13,800	23,300	86,011	2.31	0.62
7	무선이어폰	4,300	98,100	1,105,281	10.79	1.53
8	ACTTO	1,900	2,840	235,868	49.76	0.07
9	게이밍이어폰	10,800	17,100	118,700	4.25	0.58
10	블루투스키보드	19,700	57,300	523,453	6.79	0.15
11	컴퓨터용품	400	1,670	3,272,196	1,580.77	1.25
12	버즈프로	10,000	51,100	144,663	2.36	0.08
13	인이어이어폰	2,410	5,830	102,230	12.4	1.25
14	플립북	2,220	6,630	8,304	0.93	0.81
15	무선키보드	19,500	43,600	818,619	12.97	0.69
16	노이즈캔슬링이어폰	2,280	9,640	48,908	4.1	1.26
17	골전도블루투스이어폰	4,050	27,300	72,045	2.29	2.25
18	아이폰이어폰	4,180	23,700	137,508	4.93	2.59
19	저렴한이어폰	10	40	3,766,602	75,332.03	2.83
20	가성비블루투스이어폰	1,350	4,240	32,500	5.81	1.72
21	마우스손목받침대	2,780	4,540	106,055	14.48	1.32
22	이어폰브랜드	220	900	10,226	9.13	2.85
23	마우스패드	28,200	47,600	1,245,504	16.43	0.62

키워드 정보 | 광고 입찰가 | 연관 키워드 | 연관 검색어 | 키워드 상위 상품

[분석된 내용이 엑셀로 정리된 모습]

를 타깃으로 키워드를 설정한 것이기 때문에 상위에 노출될 확률을 높일 수 있어서 판매량을 올릴 수 있습니다.

가성비 무선 이어폰 키워드가 새롭게 발견한 키워드라고 하면 해당 키워드를 사용한 제품들이 잘 판매되고 있는지 네이버 쇼핑란에 검색하여 확인해 봅니다. 검색 결과, 아래와 같이 많은 제품이 잘 판매되고 있으며, 제목에는 가성비 무선 이어폰 키워드가 함께 있는 것을 볼 수 있습니다.

해당 제품들의 정보와 후기를 보고 경쟁을 해도 될 것 같다는 생각이 들면 가성비 무선 이어폰 키워드를 함께 적용할 수 있는 제품을 찾아서 판매하는 것을 목표로 해 봅니다. 이렇게 찾아본 제품을 도매매 사이트에서 검색해 봅니다. 도매매 사이트 활용에 대해서는 뒤에서 살펴볼 예정이어서 여기에서는 제품 검색만 진행해 보겠습니다.

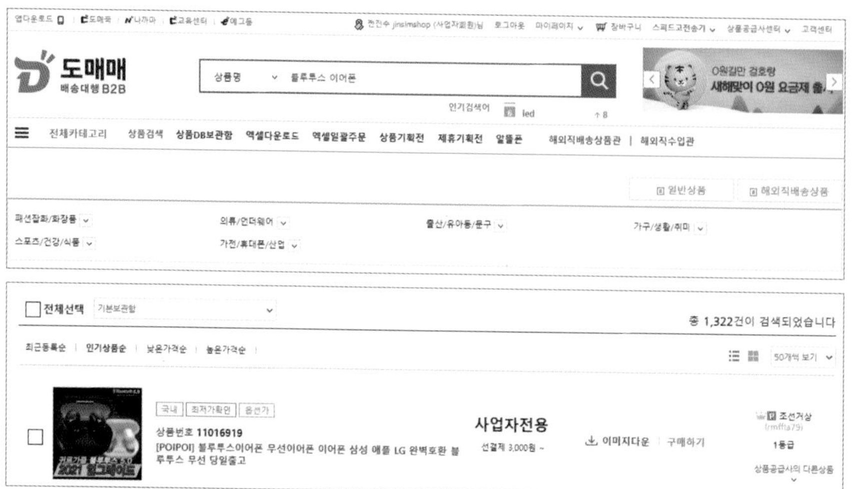

블루투스 이어폰 검색 결과, 1,358개의 제품이 검색된 것을 볼 수 있습니다. 해당 제품 중에 마음에 드는 제품을 스마트스토어에 전송하여 판매하면 됩니다. 원하는 키워드를 좀 더 구체적으로 엑셀에 정리하여 해당 키워드에 맞는 제품을 찾는 연습을 합니다.

원하는 키워드 : 가성비 무선 이어폰, 게이밍 이어폰, 노이즈 캔슬링 이어폰

	A	B	C	D	E	F
1	키워드	검색량(PC)	검색량(Mobile	상품량	경쟁률	쇼핑전환
2	블루투스이어폰	12,000	144,600	1,125,651	7.18	1.66
3	이어폰	20,700	56,800	3,766,602	48.6	1.16
4	가성비무선이어폰	2,180	9,370	31,365	2.71	2.19
5	무선이어폰추천	2,280	9,680	1,105,281	92.41	1.82
6	버티컬마우스	13,800	23,300	86,011	2.31	0.62
7	무선이어폰	4,300	98,100	1,105,281	10.79	1.53
8	ACTTO	1,900	2,840	235,868	49.76	0.07
9	게이밍이어폰	10,800	17,100	118,700	4.25	0.58
10	블루투스키보드	19,700	57,300	523,453	6.79	0.15
11	컴퓨터용품	400	1,670	3,272,196	1,580.77	1.25
12	버즈프로	10,000	51,100	144,663	2.36	0.08
13	인이어이어폰	2,410	5,830	102,230	12.4	1.25
14	플립북	2,220	6,630	8,304	0.93	0.81
15	무선키보드	19,500	43,600	818,619	12.97	0.69
16	노이즈캔슬링이어폰	2,280	9,640	48,908	4.1	1.26
17	골전도블루투스이어폰	4,050	27,300	72,045	2.29	2.25
18	아이폰이어폰	4,180	23,700	137,508	4.93	2.59
19	저렴한이어폰	10	40	3,766,602	75,332.03	2.83
20	가성비블루투스이어폰	1,350	4,240	32,500	5.81	1.72
21	마우스손목받침대	2,780	4,540	106,055	14.48	1.32
22	이어폰브랜드	220	900	10,226	9.13	2.85
23	마우스패드	28,200	47,600	1,245,504	16.43	0.62

키워드 정보 | 광고 입찰가 | 연관 키워드 | 연관 검색어 | 키워드 상위 상품

이번에는 [키워드 상위 상품] 탭을 클릭합니다. 키워드를 노출한 스토어 중 높은 판매를 보이는 스토어에 방문하여 어떤 제품을 판매하는지 벤치마킹합니다. 노이즈캔슬 키워드가 보이는 상품의 링크를 클릭해 봅니다.

	A	B	C	D	E
1	상품명	구매수	리뷰수	판매가	URL
2	갤럭시버즈2/라이브/프로 무선 블루투스 이어폰 이어폰	0	47	95000	=naver&utm_medium=organic&utm_campaign=sh
3	브리츠 BlingPOP 무선 블루투스 이어폰 블루투스5.1 C타입충전	143	80	29900	.com/outlink/itemdetail/5555673208
4	QCY T13APP 무선 블루투스이어폰 ENC 노이즈캔슬	17552	6879	18500	er.com/main/products/5795304120
5	삼성전자 갤럭시 버즈2 완전 무선 블루투스 이어폰 노이즈캔슬링 ANC SM-R177	10495	3786	117000	er.com/main/products/5784186512
6	애플코리아 정품 에어팟 프로 3세대 당일발송	6353	3978	279900	er.com/main/products/5229887575
7	삼성전자 갤럭시버즈 프로 완전 무선 블루투스 이어폰 노이즈캔슬링 ANC SM-R190	2016	4517	150000	er.com/main/products/5331205326
8	팟 13세대 아이나인팟 프로 블루투스 무선 이어폰 가성비 아이폰 갤럭시 샤오미	2986	10148	22000	er.com/main/products/4539943119
9	어팟 한쪽 에어팟프로 왼쪽 오른쪽 유닛 단품 본체 에어팟 2세대 1세대 충전케이스	12040	13354	54000	er.com/main/products/4853687578
10	삼성전자 갤럭시 버즈2 블루투스 이어폰 SM-R177	1146	310	125730	er.com/main/products/5957076033
11	아이리버 TWS 코드리스 완전 무선 블루투스 이어폰 IR-TWS100 S3	1423	784	39780	er.com/main/products/3772649590
12	삼성 갤럭시버즈2 라이브 프로 무선 블루투스 이어폰 (제이유디지탈 버즈)	0	30	99000	duct_detail.php?product_no=4973476&pip=naver
13	정품] QCY T7 T10 T11 T13 T16 블루투스 이어폰 무선 노이즈 캔슬링 국내AS 오늘출고	3143	3557	18500	er.com/main/products/5357757813
14	삼성 레벨유2 Level U2 넥밴드 블루투스 이어폰	1108	553	40300	er.com/main/products/5229183332
15	펜톤 TSX 다이아팟 무선블루투스이어폰	3976	2239	35800	er.com/main/products/4815752740
16	이팟 프로 10세대 블루투스 무선이어폰 에어썸프로 특가 아이폰 갤럭시 샤오미 호	3326	2848	39000	er.com/main/products/5069026252
17	Apple 에어팟 3세대 2021년형 (MME73KH/A)	6719	2414	239000	er.com/main/products/5985541143
18	삼성전자 갤럭시 버즈 프로 무선 블루투스 이어폰 ANC 노이즈캔슬링 SM-R190	1205	2688	150000	.com/outlink/itemdetail/5326896732
19	람쏘 LS-SL50 블루투스 5.1 무선 이어폰	1738	1262	84070	er.com/main/products/5280841287
20	애플정품]애플 에어팟 3세대 or 프로 or 2세대 유선 & 무선충전 택1 블루투스 이어폰	78	80	167970	er.com/main/products/4596072497
21	DIVINUS 블루투스이어폰 무선 이어폰 디비누스 오스티아 라이트	1311	1152	31900	er.com/main/products/5712077690
22	큐씨와이 최신형 블루투스 무선 이어폰 QCY T13 QCY T17 QCY T17S	349	47	19500	er.com/main/products/6149528137
23	[당일발송] 애프터샥 에어로펙스/ 샥즈 오픈런 골전도 블루투스 이어폰 AS800	906	2597	175000	er.com/main/products/4618175302

키워드 정보 | 광고 입찰가 | 연관 키워드 | 연관 검색어 | 키워드 상위 상품

아래와 같이 링크에 해당하는 스토어가 나오는 것을 볼 수 있습니다. 해당 제품의 후기 및 가격, 상세페이지를 분석하며 어떤 부분에 경쟁력이 있는지, 어떤 키워드를 쓰고 있는지 등의 자료를 정리합니다.

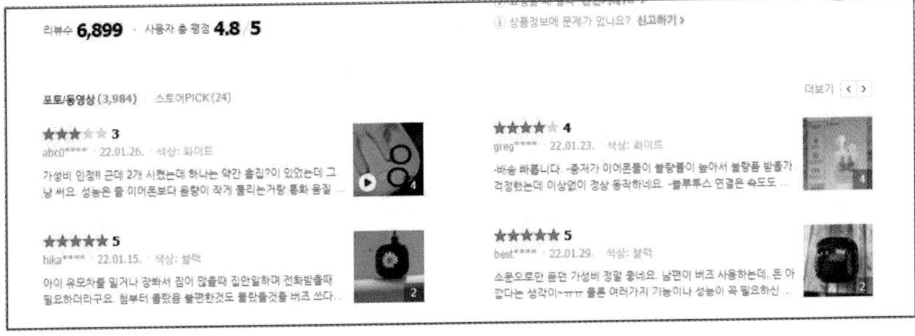

앞에서 언급한 키워드 분석 사이트 외에도 다양한 사이트가 있습니다. 몇 가지를 사용해 본 후에 사용자와 맞는 사이트를 선택하여 사용하며 나의 생각이 맞는지 검증을 해 보기를 추천드립니다.

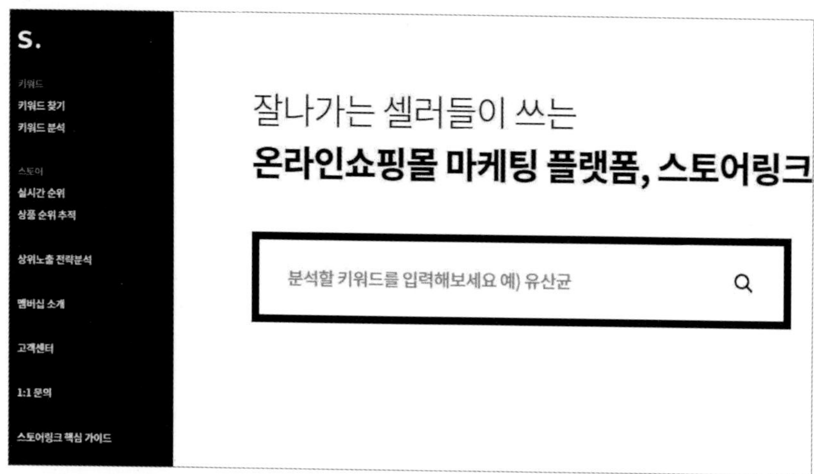

[스토어링크 https://storelink.io]

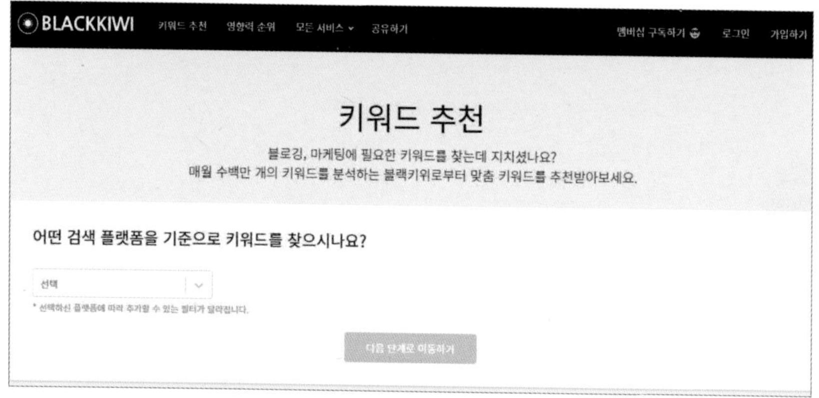

[블랙키위 https://blackkiwi.net]

쇼핑몰 이름 정하기

쇼핑몰을 시작하려면 사업자등록증과 통신 판매업 신고를 해야 합니다. 사업자등록증에는 회사 이름(쇼핑몰 이름)이 들어가야 하고 통신 판매업 신고 과정에서는 인터넷 주소(도메인)가 필요합니다. 그러니 시작 단계에서 회사 이름도 정해야겠죠. 회사 이름을 뜻하는 브랜드를 잘 정해야 하는 것은 당연한 일입니다. 하지만 구체적인 과정 없이 아무렇게나 떠오르는 이름으로 정하거나 본인이 좋아하는 이름으로 하는 경우가 많이 있습니다. 이러한 잘못된 접근은 지양해야 합니다.

이름을 결정할 때의 원칙은 다음과 같습니다.

❶ 사이트의 이미지와 느낌, 제공할 상품에 맞게 만듭니다.
❷ 읽기 쉽고 발음이 편리한 것을 만듭니다.
❸ 한 번 듣고 기억할 수 있는 것을 만듭니다. 적절한 아이콘을 이용하면 더욱 좋습니다.
❹ 한글을 영어로, 영어를 한글로 표기할 시 스펠링 또는 발음에 문제가 없도록 합니다.
❺ 모음과 모음 또는 자음과 자음이 연속으로 오지 않도록 합니다.
❻ 타깃 고객의 성별, 연령대에 초점을 맞춥니다.
❼ 상표를 등록하여 지적 재산권을 보호받을 수 있는 것으로 만듭니다.

회사 이름과 도메인을 정하는 과정에서는 다른 사람이 상표 등록을 했는지 찾아보며 정해야 합니다. 잘못하면 사업자를 내고 사업을 하다가 같은 상표를 쓰고 있다고 경쟁사에서 내용 증명을 보내거나 법적인 문제를 제기하는 경우가 생길 수 있습니다.

상표 등록 여부는 특허 정보넷 키프리스 홈페이지에 접속하여 [상표] 항목에서 확인이 가능합니다.

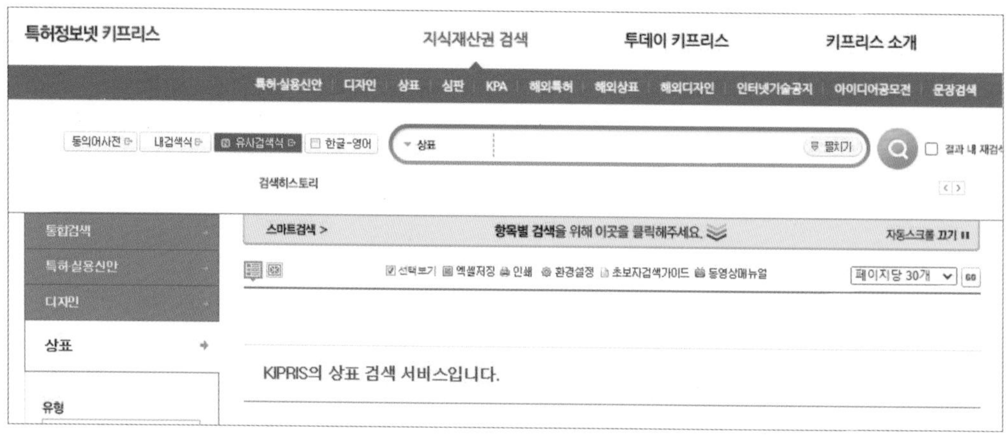

[키프리스 http://www.kipris.or.kr]

확인한 결과, 같은 상표를 쓰고 있는 사람이 없다면 도메인 등록을 시작합니다. 도메인은 쇼핑몰의 성격 및 아이템의 특징을 잘 표현해 줄 수 있는 이름이면 좋습니다. 그리고 방문자들이 쉽게 기억할 수 있는 이름이어야 합니다.

도메인은 인터넷 사용자들이 다른 컴퓨터와 통신을 하기 위해 사용하는 영문자로 표현된 주소 체계입니다. 최근에는 한글로 표현된 도메인 주소도 가능합니다. 일반적으로 홈페이지 주소, URL(Uniform Resource Locater)이라고 하는 것은 전부 도메인입니다. http://www.jinsimstore.com 등의 주소가 도메인인 것입니다.

도메인 등록 사이트에 접속하여 원하는 도메인을 검색한 후에 등록을 진행할 수 있습니다. 대표적으로 카페24(https://hosting.cafe24.com)에 접속하여 [도메인 등록] 메뉴를 클릭합니다. 도메인 검색 항목에 원하는 도메인을 입력한 다음 [도메인 검색]을 누릅니다. 등록 가능 여부를 확인한 후에 등록을 할 수 있습니다.

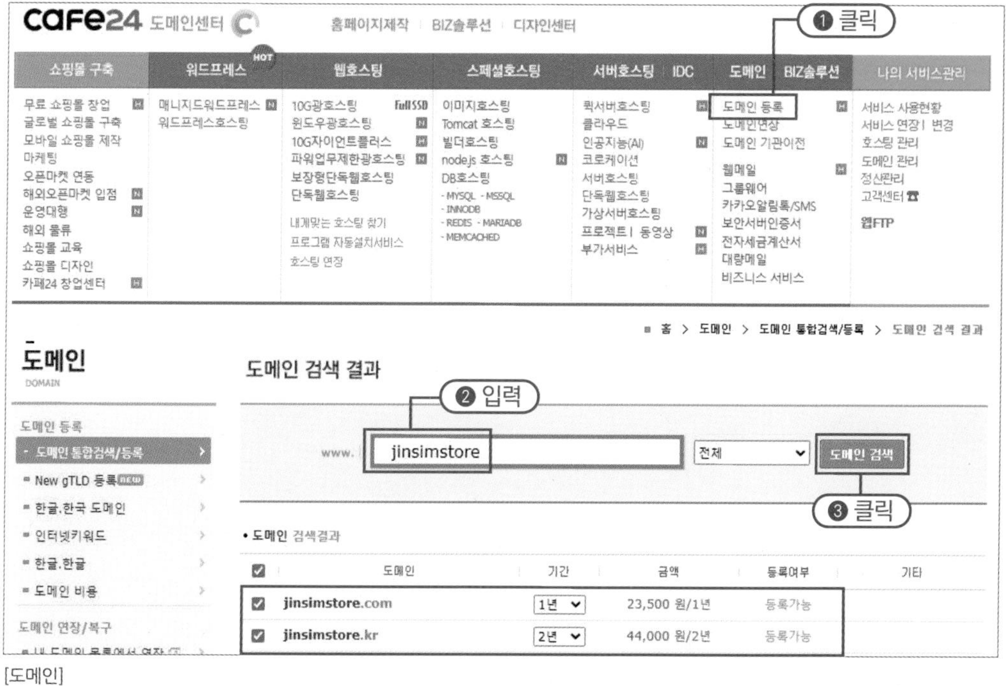

[도메인]

도메인 선정 방법

- 기억하기 쉽고 부르기 좋기 위해서는 우선 짧아야 합니다. 쉬우면 쉬울수록 좋습니다.
- 쇼핑몰명과 도메인은 일치시키는 것이 좋습니다.
- 문자(A~Z), 숫자(0~9), 하이픈(-)의 조합으로만 만들 수 있습니다.
- 영문자의 대소문자 구분은 없습니다.
- 길이는 최소 2자에서 최대 63자까지 가능합니다.

사업자등록증 및 통신 판매업 신고

온라인 쇼핑몰 사업을 시작할 때는 2가지 방법이 있습니다. 먼저 사업자 등록을 하고 진행하는 방법과 처음에는 사업자등록증 없이 진행을 해 보다가 나중에 사업자 등록을 하는 방법입니다. 스마트스토어의 경우는 개인 판매자로 시작할 수 있기 때문에 사업자등록증 및 통신 판매업을 신고하지 않아도 진행할 수 있습니다. 그렇지만 세금 문제가 있으며 마케팅 진행 시에 제한적으로 진행할 수밖에 없기 때문에 사업자등록증을 발급받고 진행하기를 권장합니다.

1 사업자 등록

온라인 쇼핑몰을 운영하기 위해서는 사업자 등록을 신청해야 합니다. 다만 스마트스토어는 개인 판매자로 판매를 할 수 있기 때문에 사업자 등록이 필수는 아닙니다. 사업자등록증은 사업을 시작한 날로부터 20일 이내에 구비 서류를 갖추어 사업장 소재지를 담당하는 세무서의 납세 서비스 센터에 신청하거나 홈택스(HomeTax)에서 온라인으로 신청할 수 있습니다. 온라인으로 신청할 때는 공인 인증서를 이용하여 로그인한 후에 신청을 할 수 있습니다.

공인인증서를 이용해서 홈택스 사이트에 로그인한 뒤, [신청/제출]을 클릭하여 국세청에서 주관하는 민원사무를 인터넷으로 신청 또는 제출할 수 있는 기능을 제공하는 신청/제출 페이지로 이동하여 신청합니다.

2 통신 판매업 신고

인터넷 쇼핑몰을 운영하는 업체는 의무적으로 관할 시, 군, 구청 지역 경제과에서 통신 판매업(영업 허가증)을 신고해야 합니다. 통신 판매업 신고는 정부24(https://www.gov.kr/)를 통해 신청이 가능합니다. 온라인 쇼핑몰 판매자의 경우 통신 판매업을 신청해야 하지만 스마트스토어에서 개인 판매자로 신청하여 판매할 때는 통신 판매업 신고를 하지 않아도 됩니다.

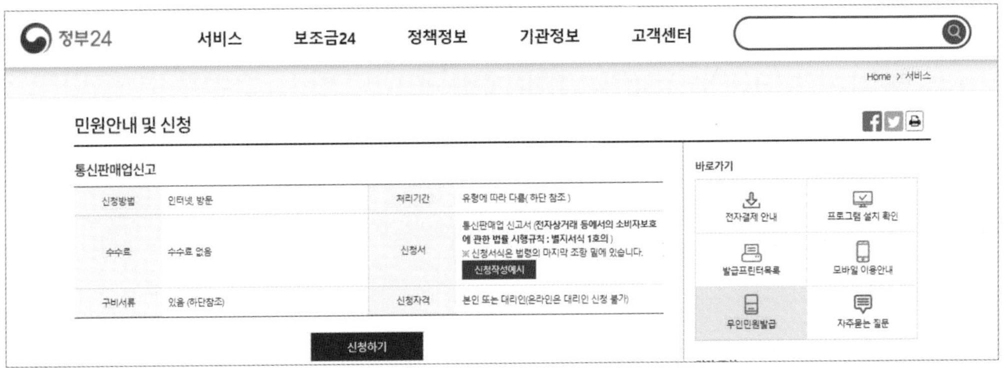

한 걸음 더! 운영 Tip

통신 판매업 신고를 할 때 추가로 제출해야 하는 서류가 있습니다. 바로 구매안전서비스 이용 확인증입니다. 구매안전서비스 이용 확인증은 은행 또는 오픈마켓에 가입하여 발급받을 수 있습니다. 농협을 예로 든다면 앞에서 발급받은 사업자등록증을 갖고 농협에 방문하여 사업자통장과 OTP를 발급받은 후에 농협 홈페이지에서 발급 신청이 가능합니다. 오픈마켓을 통해 발급받는다면 스마트스토어에 가입한 후에 스마트스토어 판매자 센터의 판매자 정보 페이지에서 발급받을 수 있습니다.

구매안전서비스 이용 확인증

1. 상호 :
2. 소재지 :
3. 대표자의성명 :
4. 사업자등록번호 :

위의 사업자가 『전자상거래 등에서의 소비자보호에 관한 법률』 제13조 제2항 제10호에 따른 결제대금예치 또는 같은 법 제24조 제1항 각호에 따른 소비자피해보상보험계약등을 체결하였음을 다음과 같이 증명합니다.

1. 서비스 제공자 : 농업협동조합중앙회
2. 서비스 이용기간 :
3. 서비스 제공조건 :
4. 서비스 등록번호 :
5. 서비스 이용 확인 연락처 :

[농협 구매안전서비스 이용 확인증]

구매안전서비스 이용 확인증

1. 상 호 :
2. 소 재 지 :
3. 대표자의 성명 :
4. 사업자 등록번호 :

위의 사업자가 『전자상거래 등에서의 소비자보호에 관한 법률』 제13조 제2항 제10호에 따른 결제대금예치 또는 법 제24조 제1항 각호에 따른 소비자피해보상보험계약 등을 체결하였음을 다음과 같이 증명합니다.

1. 서비스 제공자 : 네이버파이낸셜 주식회사
2. 서비스 이용기간 : 2019년 11월 01일(서비스 이용신청일)
3. 서비스 제공조건 : 스마트스토어센터 판매이용약관 및 전자금융거래 이용약관에 따름
4. 서비스 등록번호 : 제 A17-191101-1323 호
5. 서비스 이용확인 연락처 : 1588 - 3819 / https://sell.smartstore.naver.com
6. 호스트 서버 소재지 : 경기도 성남시 분당구 야탑동 343번지 2호 KT-IDC 5층

네이버파이낸셜 주식회사 

[스마트스토어 구매안전서비스 이용 확인증]

쇼핑몰 사업 계획서 만들기

이제는 앞에서 살펴본 내용을 기반으로 사업 계획서를 완성해 봅시다. 사업 계획서는 전체적인 사업의 진행 방향과 목표를 미리 정해 두기 위해 작성합니다. 다양한 관점으로 고민하며 작성된 사업 계획서는 쇼핑몰을 체계적으로 구축할 수 있는 길잡이가 됩니다. 쇼핑몰을 운영하면서 발생하는 실수를 줄일 수 있으며 더 좋은 방향으로 나아갈 수 있는 기준이 됩니다. 또한 외부 업체에 협력을 구할 때나 기관 등에 서류를 제출할 때도 중요합니다. 어떤 일이든 성공 뒤에는 열정과 땀방울이 있습니다. 사업 계획서를 작성하면서 성공한 미래를 그려 보세요.

1 사업 요약

핵심 : 판매하려는 아이템을 선정하고 쇼핑몰의 분위기와 전체적인 구성을 그려 봅니다.

• 어떤 쇼핑몰을 시작할 것인가?

예) 여성 의류 판매 쇼핑몰을 해 보자.

* 어떤 콘셉트로 할 것인가?

예) 귀여운 콘셉트로 갈 것인가, 섹시한 콘셉트로 갈 것인가?

* 상품 구성은 어떻게 할 것인가?

예) 의류와 함께 신발, 액세서리 등도 판매할 것인가?

2 시장 분석

핵심 : 판매하려는 아이템의 타깃을 명확하게 설정합니다.

• **선정한 아이템이 시장에서 잘 팔리는가?**

→ 선정한 아이템이 온라인에서 잘 판매되고 있는지를 조사합니다. 네이버 쇼핑, 구글 쇼핑, 오픈마켓 베스트 상품 분석 및 판다랭크와 같은 트렌드 분석 사이트를 활용하여 전반적인 트렌드를 조사합니다.

• **앞으로의 시장 전망이 좋은가?**

예) 오프라인 의류 숍이 있으나, 시간적인 면을 고려해 편히 구매할 수 있는 인터넷 의류 쇼핑에 대한 선호도가 높아짐

• **선정한 아이템을 판매할 목표 시장은 어디인가?**

예) 인터넷을 사용하는 20~30대 직장인

3 예산 계획

핵심 : 온라인 쇼핑몰 운영을 위해 들어가는 비용을 산출하고 예산을 설정합니다.

• **얼마의 비용을 투자할 것인가?**

→ 얼마의 투자로 얼마의 이익을 거둘 것인지 예산 계획서를 미리 세워 정확한 창업 목표를 수립합니다.

• **비용이 들어가는 것에는 어떠한 것들이 있는가?**

예) 쇼핑몰 디자인, 각종 신고, PG사 이용, 택배사 이용, 박스 구매 등

• **운영에 필요한 서비스 계약에 따른 비용과 상품 사입, 재고 등 상품에 관한 비용과 광고 집행에 따른 비용 등은 얼마나 되는가?**

• **월별 예상 매출은 얼마인가?**

→ 월별 매출 규모를 예상하여 손익이 얼마나 될 것인가를 정리합니다.

4 인력 구성

핵심 : 온라인 쇼핑몰 운영을 위한 인원 구성을 합니다.

- **몇 명의 인원이 일해야 하는가?**

→ 꼭 해야 하는 일들을 확인하고 인력을 배치하여 쇼핑몰을 몇 명으로 운영해야 하는지 파악합니다.

예) MD, 마케터, 디자이너, 촬영, 고객 관리, 배송 관리, 재무 등

5 상품은 어디서 공급받고, 어떻게 촬영할 것인가?

핵심 : 확정된 아이템을 어디에서, 얼마만큼 구매할 것인지를 계획합니다.

- **어디에서 사입할 것인가?**

예) 동대문이나 남대문 시장에서 사입할 것인가? 인터넷 도매로 사입할 것인가?

- **아이템은 몇 개씩 구매할 것인가?**

예) 대량으로 구매해 놓을 것인가? 소량으로 구매 후 주문이 오면 추가로 구매할 것인가?

- **상품 촬영은 어떻게 할 것인가?**

예) 스튜디오를 빌려 실내 촬영할 것인가, 야외 촬영할 것인가?

- **상품 코디는 어떻게 할 것인가?**

예) 코디 후 상품을 구매할 것인가, 구매 후 상품을 코디할 것인가?

6 어떻게 홍보할 것인가?

핵심 : 쇼핑몰에 적합하고 비용 대비 효율이 높은 광고를 선정하여 계획합니다.

- **쇼핑몰을 홍보하기 위해 무엇을 할 것인가?**

예) 키워드 광고, 홈페이지 등록, 마켓 입점, 지식인 등 쇼핑몰을 널리 알릴 수 있는 홍보 방법을 골라 보자.

- **매출을 올릴 수 있는 방법은 무엇일까?**

예) 다양한 이벤트, 고객 감동 기획전 등 고객의 관심을 이끌어 낼 수 있는 마케팅 계획을 세우자.

[사업 계획서 작성 예시]

회사명	진심스토어
대표	전진수
사업장	서울시 가산동
연락처	02-000-0000
쇼핑몰 url	http://www.jinsim.co.kr / http://smartstore.naver.com/jinsimstore100
사업 개요	바쁜 현대인들에게 필요한 나만의 힐링 공간은 집이다. 스마트한 기기로 채워진 공간이 아니라 친환경 디자인의 원목 자재와 시간이 지나도 재사용할 수 있는 재료들로 만들어진 인테리어 소품들로 채워진 집. 자연과 더불어 편안하고 안락한 공간은 미니멀 라이프를 추구하는 30, 40대 전후의 여성들에게 감성 충전이 될 것이다. 작지만 실용적인 소품들, 오래 두고 보아도 유행에 민감하지 않는 레트로 감성 인테리어. 결혼과 출산, 육아로 지친 여성들에게 소확행이 될 수 있을 것이다.
목표 고객	30대 후반~40대 초반 감성 인테리어를 원하는 고객
상품 공급	온라인 도매 사이트, 자체 제작 상품의 비율을 늘려갈 계획
자금 계획	초기 운영 자금 : 무재고 판매 방식으로 최소 비용(0~100만 원) 쇼핑몰 디자인 비용 등 : 직접 제작(의뢰하는 경우 30~50만 원) 마케팅 비용은 3개월에 걸쳐 단계적 투자
마케팅 계획	네이버, 다음 키워드 광고 SNS 광고
일정	1개월 이내에 사이트 구축 2개월 이내에 상품 리스팅 3개월 이내에 검색 사이트 등록 완료 및 SNS 세팅

구상하고 있는 내용을 정리할 때 추천하고 싶은 프로그램이 있습니다. 바로 마인드 맵입니다. 마인드 맵 프로그램을 활용하면 시각화를 빠르게 할 수 있습니다.

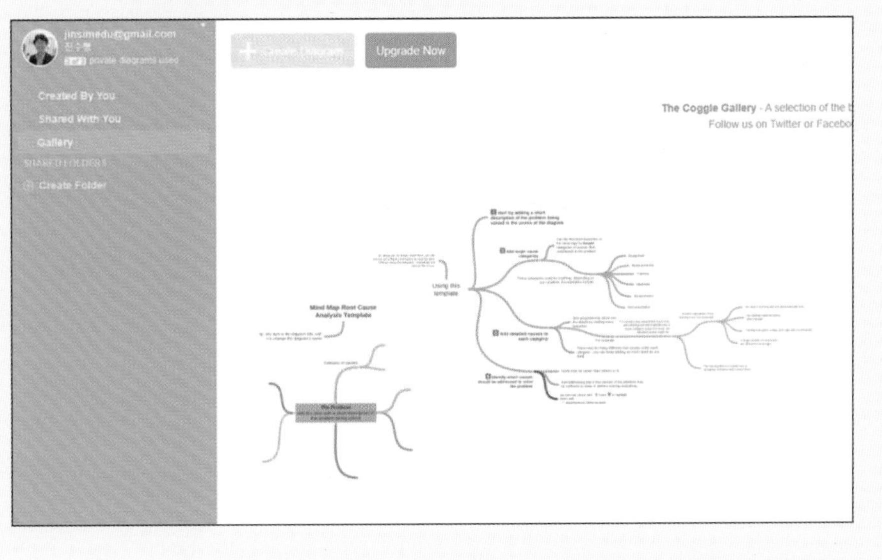

[나만의 사업 계획서 만들기]

회사명	
대표	
사업장	
연락처	
쇼핑몰 url	
사업 개요	
목표 고객	
상품 공급	
자금 계획	
마케팅 계획	
일정	

한 걸음 더! 운영 Tip

1. 쇼핑몰에서 자주 사용하는 용어

- **표 고객 :** 판매자가 판매하는 아이템의 주 소비 계층을 의미합니다.
- **웹마스터 :** 웹 서버 구축 및 홈페이지 운영 전반에 걸쳐 실무적인 책임을 지는 관리자를 말합니다.
- **결제 시스템 :** 쇼핑몰에서 상품 구매 후에 대금을 지불하는 시스템으로 카드, 무통장 입금, 계좌이체, 핸드폰 결제 등이 있습니다.
- **PG(Payment Gateway) :** 인터넷상에서 금융 기관과의 거래를 대행해 주는 서비스로 신용 카드, 계좌이체, 핸드폰 요금 결제 등 다양한 결제 서비스를 제공해 주는 지불 전문 회사입니다.
- **SSL(Secure Sockets Layer) :** 인터넷 상거래 시 필요한 개인정보를 보호하기 위한, 개인정보 유지 프로토콜입니다. 즉, 최종 사용자와 가맹점 간의 지불 정보 보안에 관한 프로토콜입니다.

2. 제품을 사입할 때 사용하는 사입 용어

사입은 장사에 필요한 물건을 구입하는 것을 말합니다. 쇼핑몰을 키우다 보면 사입을 통해 물건을 매입하게 될 때도 있을 것입니다. 사입에만 사용하는 용어들을 알아보겠습니다.

고미	사이즈당 묶음	와끼	제품의 옆 부분
나오시	불량 상품 지칭	완사입	구매부터 반품까지 모두 책임을 지면서 사입하는 것을 의미
깔	상품의 색상	오바록, 인타록	면 티셔츠나 청바지 옆구리 안쪽을 보면 절개한 부분의 원단이 풀리지 않게 하기 위해 봉제 실을 엮어서 박음질하는 것
다이마루	면제품	이미	모조품(짝퉁)이라는 의미
단가라	가로로 스트라이프가 들어간 무늬	장끼	세금계산서가 아닌 그날 사입한 영수증
대봉	비닐 중 제일 큰 사이즈의 비닐	직기	정장이나 청바지의 원단을 의미
땡땡이	점이 새겨져 있는 것	큐큐, 나나인찌	와이셔츠나 청바지의 단추 구멍을 만드는 작업
매입장끼	반품을 해서 그 매장에 묶이게 된 돈의 액수를 기재한 영수증	탕	원단의 염색(색상)에서 사용하는 말
물먹었다	잘 안 팔린다는 의미	파스	상품을 만드는 기간이나 재료의 소진 기간
미송	상품이 일시 품절되었을 때 상품의 값을 먼저 지불하고 상품은 나중에 받는 것 (=우선 구매권)	후레아	가장자리의 주름 장식
민수	국내 판매용 제품	사입삼촌	도매처에 사입을 한 상품들을 배송해 주는 사람
샤넬라인	스커트의 길이가 무릎 밑까지 오고 허리 라인은 허리 밑으로 내려간 스타일	시야게	제품의 봉제가 끝나 출고하기 전에 실밥 따기, 아이롱, 이상 여부 확인 등을 하는 것
시재	매장에서 가지고 있는 잔돈		

Part 02

무재고 위탁판매 사업 시작

본격적으로 무재고 위탁판매 방식으로 쇼핑몰 사업을 시작해 보겠습니다. 핵심은 도매매 사이트와 스마트스토어를 연동하고 스피드고전송기를 활용하여 도매매 제품을 스마트스토어로 전송하는 방법입니다. 시스템적인 부분에 대한 이해도가 높아지면 그다음부터는 아이템 선정에 집중하면 됩니다. 우선은 시스템에 대한 이해를 이번 파트에서 소개하겠습니다. 많은 분들이 궁금해하셨던 위탁판매 방식과 스피드고전송기에 대한 내용을 기준으로 알려 드리겠습니다.

1 무재고 위탁판매 사업이란?
2 스피드고전송기란?
3 도매매 사이트에 가입하기
4 스마트스토어에 가입하기
5 도매 사이트와 스마트스토어 연동하기
6 스피드고전송기로 상품 전송하기

무재고 위탁판매 사업이란?

이전에 쇼핑몰을 운영하기 위해서는 판매하려고 하는 상품을 사입하여 판매해야 했습니다. 그에 반해 무재고 위탁판매 방식은 아이템을 사입하지 않고 도매 사이트에 등록되어 있는 상품의 이미지 및 정보를 다운로드받아 운영하고 있는 쇼핑몰, 스마트스토어, 오픈마켓, SNS 채널 등에 편리하게 업로드하여 판매가 가능한 방식입니다. 미리 사입을 하지 않기 때문에 재고 부담 및 초기 투자 비용이 들지 않습니다. 전체 흐름도는 ① 판매자가 위탁배송 제품 세팅 → ② 소비자가 제품 구매 → ③ 판매자가 위탁배송 업체에 발주 → ④ 위탁배송 업체에서 제품 발송, 운송장 번호 판매자에게 발송 → ⑤ 판매자가 운송장 번호 입력, 배송 완료로 이루어집니다.

위탁판매를 하기 위해서는 일단 도매 사이트를 잘 알아야 합니다. 도매 사이트에서 제공하는 상품 이미지를 내가 운영하고자 하는 플랫폼에 등록하여 판매하는 방식이 위탁판매의 핵심이기 때문입니다. 편리한 위탁판매 시스템을 갖추고 있는 대표 사이트로는 도매매가 있습니다. 도매매 외에도 도매토피아, 오너클랜, 온채널, 셀링콕 등 다양한 사이트가 있습니다. 그중 도매매는 판매 관리가 편리하게 되어 있는 사이트여서 셀러들에게 인기가 많습니다.

[도매매 https://domemedb.domeggook.com]

국내 상품부터 해외 상품까지 다양한 상품을 직접 확인할 수 있으며, 스피드고전송기를 활용하여 상품을 손쉽게 자신의 판매 플랫폼에 세팅할 수 있습니다.

[도매매 해외 수입관 - 해외에 있는 상품을 구매 신청하여 수입할 수도 있습니다]

도매매 외에도 많은 상품들을 위탁판매할 수 있는 도매 사이트에 접속하여 판매하려고 하는 상품이 있는지 살펴보고 여러 도매 사이트의 상품을 병행하여 판매해도 됩니다. 하지만 초기 창업자는 여러 사이트에 대한 이해도가 없기 때문에 실수를 할 수 있습니다. 판매 경험을 조금 쌓은 후에 확장하는 것을 추천합니다.

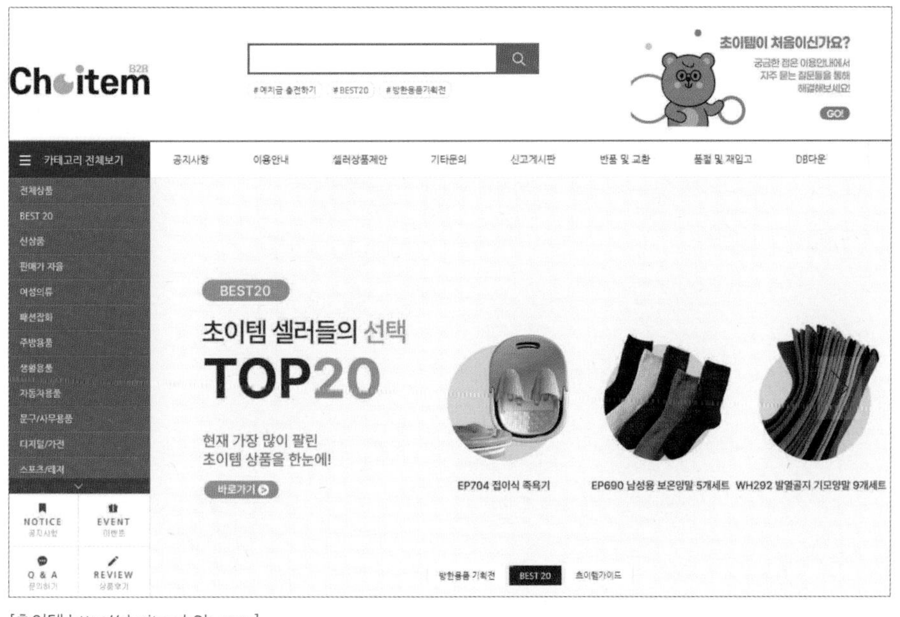

[초이템 http://choitemb2b.com]

[도매토피아 https://dometopia.com]

[오너클랜 https://ownerclan.com]

앞에서 살펴본 종합몰 도매 사이트 외에 아이템별 전문 도매 사이트도 있습니다. 애견용품을 전문적으로 판매하는 바니펫, 인테리어 소품을 판매하는 소꿉노리, 여성의류 도매 단하루 등 종류도 다양합니다.

[바니펫 http://bonniepet.co.kr]

[소꿉노리 https://www.soggupnoli.com]

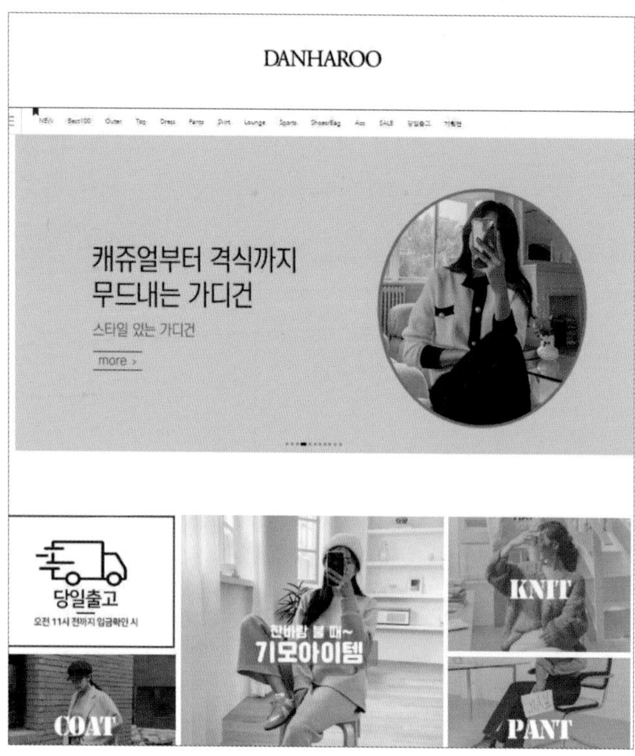

[단하루 http://www.danharoo.com]

위탁판매 사업을 시작하기 전에 아이템을 제공해 주는 사이트 및 판매하고자 하는 아이템에 대한 분석의 시간을 갖고 아래에 정리해 놓은 위탁판매 방식의 장점과 단점도 다시 한번 꼼꼼히 살펴보기를 권장합니다.

위탁판매 사업의 장점

❶ 재고 없이 가능
❷ 초기 자본금이 들지 않음
❸ 운영하는 마켓의 상호로 배송
❹ 새로운 상품 업데이트
❺ 상품 이미지 제공
❻ 무료로 사용 가능
❼ 완벽한 반품 처리

위탁판매 사업의 단점

위탁판매 사업은 장점이 많은 사업입니다. 그러나 단점으로는 판매하는 상품의 재고 관리가 힘듭니다. 잘 나가던 상품을 배송하려고 위탁판매 업체에 발주를 하면 재고 없음으로 발송을 못하게 되는 경우도 있습니다. 그렇기 때문에 위탁판매에서 제일 중요한 것은 재고 관리입니다. 특히 주력으로 판매하는 상품은 재고를 미리 체크하여 광고를 진행할 것인지, 상품을 다른 상품으로 전환할 것인지에 대해 계획을 세우는 것이 좋습니다.

셀러오션은 온라인 쇼핑몰 창업자 분들이 정보를 공유하는 커뮤니티입니다. 좋은 자료가 많이 올라오고 있으며, 위탁판매 업체를 찾을 때도 도움이 됩니다. 많은 사람들이 자유롭게 글을 올리는 곳이다 보니 간혹 제품이 비싼 가격에 올라오는 경우도 있으니 잘 판단하여 자료를 보시기를 바랍니다.

02 스피드고전송기란?

스피드고전송기는 도매매의 상품을 스마트스토어, 쿠팡, 11번가, 신세계닷컴, 롯데온 등의 마켓에 쉽게 전송하는 서비스입니다. 상품 이미지를 다운로드받아서 원하는 마켓에 올리는 방식이 아니라 도매매에서 스피드고전송기를 클릭하면 원하는 마켓에 상품이 바로 진열되는 방식입니다.

도매매 오른쪽 상단에 있는 스피드고전송기 메뉴를 클릭하여 사용을 하면 됩니다. 메뉴의 이름에서도 알 수 있듯이 스피드고전송기를 활용하면 1회에 500개씩 원하는 제품을 전송할 수 있습니다. 인터넷 환경에 따라 조금 다를 수는 있는데 거의 5분 안에 모두 전송이 됩니다. 좋은 제품을 선정하여 500개 단위로 연속하여 전송하면 바로 진열이 되어 판매가 시작됩니다.

스피드고전송기의 대표적인 기능은 상품 등록, 품절/판매 중지, 가격 변동 상품 관리, 주문 수집, 간편한 도매매 주문, 송장 전송입니다.

[스피드고전송기의 지원 시스템]

판매하려고 하는 마켓을 스마트스토어로 가정해 본다면, 스마트스토어에서 판매하기 위해서는 아래의 5단계를 거쳐서 제품 등록을 완료하면 됩니다.

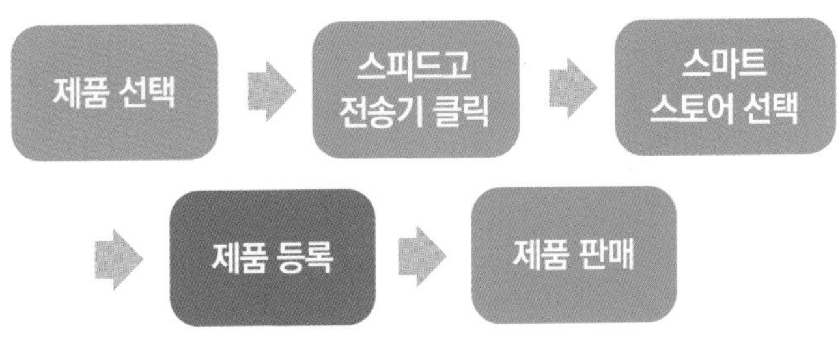

[스피드고전송기로 스마트스토어에 상품 전송 시의 과정]

스피드고전송기를 사용하려면 도매매에 가입이 되어 있어야 합니다. 다음 페이지에서 도매매에 가입을 하고 사업을 시작하기 위한 준비를 진행하겠습니다.

03 도매매 사이트에 가입하기

도매매 가입을 하기 위해 인터넷 주소에 https://domemedb.domeggook.com/을 입력하고 이동합니다. 오른쪽 상단에 있는 [회원가입]을 클릭하여 회원가입을 진행합니다.

회원가입 페이지로 이동하면 기본 회원 정보를 입력하고 회원가입을 완료합니다.

아이디, 비밀번호, 메일 주소를 입력하고 가입을 하면 일반 회원으로 가입이 완료됩니다. 판매가 가능한 회원으로 전환되기 위해서는 휴대폰 인증을 받고 개인 정회원으로 승인을 받으면 제품을 등록하여 판매할 수 있는 권한을 받습니다. 세금 계산서 발급 및 전문적인 판매를 위해 기업 회원으로 승인받기 위해서는 사업자등록증을 제출해야 합니다.

한 걸음 더! 운영 Tip

최근 쇼핑몰 사업을 시작한 셀러 중에 도매매를 먼저 접하고 추후 도매꾹을 접하는 경우가 있습니다. 도매꾹과 도매매는 같은 회사입니다. 도매꾹이 먼저 시작되었고 도매꾹에서 더 전문적으로 제조업체와 온라인 쇼핑몰 판매자를 연결해 주기 위한 사이트로 도매매를 개발한 것입니다. 그리고 도매매에서 온라인 쇼핑몰 사업자의 운영 관리를 쉽게 할 수 있게 만든 프로그램이 스피드고전송기 프로그램이라고 보면 됩니다.

만약 스피드고전송기 프로그램을 사용하지 않고 제품을 하나하나 등록하여 판매하는 방식으로 진행할 때는 도매꾹을 이용해도 됩니다. 차이점은 도매꾹은 도매와 소매 판매를 동시에 하는 사이트이고, 도매매는 B2B 위탁판매 전문 사이트입니다. 도매꾹은 소매도 함께 하다 보니 일반 사용자도 접속하여 구매하는 경우가 있습니다. 단점으로는 상품 대부분은 2개 이상 구매해야 합니다.

[도매꾹에서 구매 시 최소 수량은 2개]

사업자등록증 없이 판매를 경험하기 위해 블로그, 인스타그램, 스마트스토어, 카카오톡 등에 도매꾹의 상품을 올려서 판매 경험을 쌓고, 그 후에 본격적으로 진행할 때 도매매 등을 활용하여 상품 정보를 대량으로 등록하면서 판매하는 방법도 있습니다. 개인적인 목표와 방향에 따라 다양한 형태의 판매 방식을 설계할 수 있습니다. 일정 수량 이상 구매해야 한다는 점도 내가 위탁판매하는 곳에서의 최소 구매 수량을 도매꾹에서의 해당 제품 최소 구매 수량과 맞춰 놓으면 문제되지 않습니다. 도매꾹도 위탁판매가 가능하며, 도매꾹에 배송 정보를 입력할 때 운영하는 쇼핑몰 이름을 입력하면 입력한 쇼핑몰 이름으로 배송 처리가 됩니다.

04 스마트스토어에 가입하기

도매매의 스피드고전송기를 활용하여 상품을 판매하기 위해서는 판매할 수 있는 채널에 가입이 되어 있어야 합니다. 스피드고전송기를 사용할 수 있는 판매 채널은 스마트스토어, 롯데온, 신세계닷컴, 11번가, 쿠팡, 위메프, 카페24로 현재는 7개이며 지속적으로 늘리려 하고 있습니다. 책에서는 스마트스토어를 기준으로 진행하기 위해 스마트스토어 가입 단계부터 알아보겠습니다.

스마트스토어 입점 절차는 6단계로 이루어져 있습니다. 가입 신청을 했다면 가입 승인 전에 미리 상품 등록이 가능합니다. 가입 승인이 되었다면 본격적인 판매 활동 전에 미리 판매 계획을 짜면서 충분히 연습하기를 바랍니다.

1 입점 절차 알아보기

1단계 가입 신청

스마트스토어 입점을 위해 첫 번째로 가입 신청을 해야 합니다. 스마트스토어의 회원가입 유형은 국내 개인 판매 회원, 국내 사업자 판매 회원, 국외 거주 회원으로 구분하여 가입할 수 있습니다.

2단계 서류 제출

국내 개인 판매 회원, 국내 사업자 판매 회원, 국외 거주 회원은 각각 회원 구분에 맞춰 별도의 서류가 필요합니다.

1) 국내 개인 판매 회원

국내 개인 판매 회원의 경우 별도의 서류 심사는 없으나, 미성년자는 보호자 또는 법정 대리인의 동의 확인서를 제출해야 합니다.

2) 국내 사업자 판매 회원(개인 사업자 또는 법인 사업자)

다음과 같은 별도의 서류가 필요합니다. 가입 신청을 할 때 선택한 사업자 구분(개인 사업자 또는 법인 사업자)에 맞추어 상기 관련 서류를 7일 이내에 스마트스토어 고객 센터(심사 담당자 앞)로 보내야 최종 가입 승인 처리가 됩니다.

개인 사업자 / 간이 사업자	법인 사업자
사업자등록증 사본 1부 통신 판매업 신고증 사본 1부 대표자 또는 사업장 명의 통장 사본 1부 대표자 인감 증명서 사본 1부	사업자등록증 사본 1부 통신 판매업 신고증 사본 1부 법인 명의 통장 사본 1부 등기사항전부증명서 사본 1부 법인 인감 증명서 사본 1부

인감 증명서의 경우 최근 3개월 이내에 발급받은 서류의 사본만 인정됩니다. 주민등록번호가 포함된 서류의 경우 주민등록번호 뒤 7자리가 확인되지 않도록 마스킹 처리 후 제출해야 합니다.

3) 국외 거주 판매 회원

국외 거주 개인/사업자
국외 거주 개인 신분증 사본 1부(시민권, 영주권, 여권도 가능) 가입자 명의 통장 사본 또는 해외 계좌 인증 서류 1부(Bank Statement) 국외 거주 사업자 해외 현지 사업자등록증 사본 1부 대표자 신분증 사본 1부(시민권, 영주권, 여권도 가능) 사업자 또는 가입자 명의 통장 사본 또는 해외 계좌 인증 서류 1부(Bank Statement) * 비영문권 국가의 경우 공증받은 영문 번역본 서류를 함께 제출해야 합니다.

해외 계좌의 경우에는 ABA No/Swift Code란에 Swift Code(USD)/IBAN Code(EUR)를 정확히 등록해야 하며, 일본(JPY)과 호주(AUD)의 경우 Branch Name란에 Branch Name(JPY) 혹은 BSB Code(AUD)를 정확하게 등록해야 합니다. 정확하게 등록하지 않는 경우 판매자 충전금 출금 요청 시, 판매자 충전금이 정산 계좌로 출금되지 않습니다.

3단계 가입 심사

- 판매 회원가입 신청 후 필요 서류를 보내면, 스마트스토어에서 신속한 심사 절차를 진행합니다.
- 서류 심사가 승인되기 전이라도 판매자 센터 접속 및 상품 등록 등 판매에 필요한 사전 작업을 진행할 수 있으며, 서류 심사 및 인증 절차가 완료되면 본격적인 판매 활동을 시작할 수 있습니다.
- 필요 서류를 입점 신청일로부터 7일(영업일) 이내에 모두 제출하지 않는 경우 승인이 지연될 수 있습니다.
- 미제출 서류를 스마트스토어에서 재요청할 경우, 요청일로부터 7일(영업일) 이내에 제출해야 하며 제출하지 않을 시 승인이 거부되고 기존에 제출한 서류는 폐기됩니다.

4단계 가입 승인

가입 신청서와 서류에 문제가 없는 경우 가입 승인이 되어 제품을 등록하고 판매할 수 있습니다.

5단계 네이버 쇼핑 노출

스마트스토어 가입 단계 중 네이버 쇼핑 광고주 가입을 묻는 항목에서 '약관에 동의'를 누르면 네이버 쇼핑 광고주가 될 수 있습니다. 이미 가입 절차를 마친 경우 회원 정보 조회/수정 페이지 하단에 있는 [네이버 쇼핑 입점 신청] 버튼을 클릭하면 신청이 완료됩니다.

6단계 상품 판매

등록한 제품을 본격적으로 판매합니다. 다양한 채널에 제품을 노출하고 고객 관리를 할 수 있습니다.

[네이버쇼핑 광고에 등록한 경우 제품이 네이버쇼핑에 노출됩니다]

2 스마트스토어의 장점과 수수료

네이버 스마트스토어는 입점과 판매 수수료가 없는 무료 판매 플랫폼입니다. 네이버쇼핑과 연동, 검색 광고 등록, 개인화 소셜 플러그인 서비스 사용을 통한 다양한 마케팅이 가능합니다.

스마트스토어는 오픈마켓 중에 최저의 수수료를 내면 되고 다양한 채널과의 마케팅 연동으로 홍보하기 편리하게 되어 있습니다.

❶ 스마트스토어의 장점

- 사업자 등록과 통신 판매업 신고를 하지 않아도 가능
- 오픈마켓 중 최저 수수료

- 네이버에서 제공하는 쇼핑몰로 곳곳에 노출되고 네이버톡톡, 네이버모두 등 다양한 기능과 연동 가능
- 카드결제 시스템 등을 별도로 도입하지 않아도 결제 시스템이 기본적으로 세팅
- 온라인 쇼핑몰 디자인을 하지 않고 바로 상품을 등록하여 판매가 가능

❷ 다양한 채널과의 마케팅 연동

1) 네이버쇼핑

네이버쇼핑의 경우 이용자의 80%가 구매를 목적으로 방문하고 있으며 상품 검색 시 네이버페이 영역 내 판매자의 상품과 판매 상점 정보가 노출됩니다.

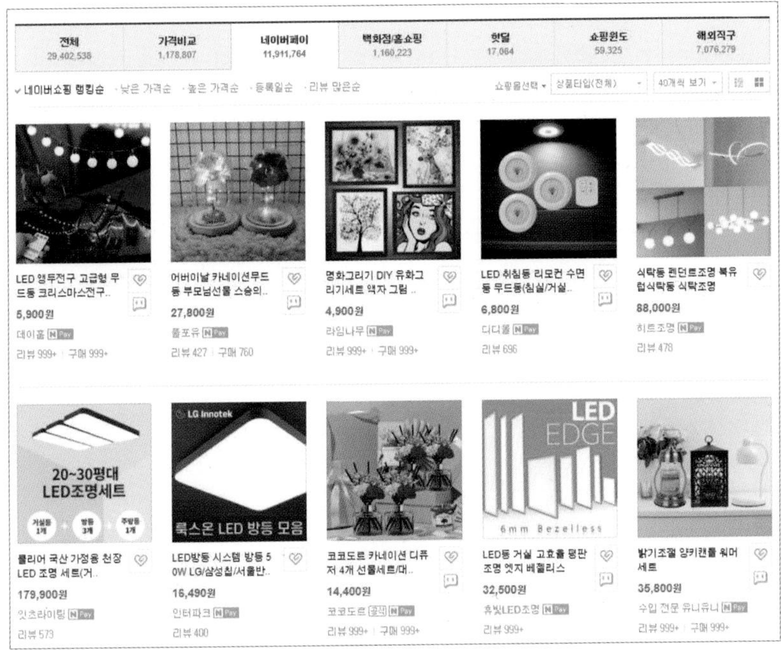

[네이버페이 영역 노출]

2) 검색 광고 등록

특정 키워드에 내한 광고 등록 시 해당 키워드 검색 결과 페이지에 광고 노출을 하며 해당 키워드에 관심 있는 구매자에게만 노출되는 타깃형 광고입니다.

3) 바이럴 마케팅이 가능한 개인화 소셜 플러그인 활용

블로그, 카페, 밴드에 퍼가기 기능을 통한 상품 홍보가 가능하며 모바일 메신저와 SNS 공유를 이용한 바이럴 마케팅(Viral Marketing)을 편리하게 할 수 있습니다.

❸ 스마트스토어 수수료

- 스토어 개설, 상품 등록 : 무료
- 네이버쇼핑 매출 연동 수수료(VAT 포함) : 2%
- 네이버페이 결제 수수료(VAT 포함)

  신용카드 : 3.74% / 계좌이체 : 1.65% / 무통장입금(가상계좌) : 1%(최대 275원)

  휴대폰 결제 : 3.85% / 네이버페이 포인트 : 3.74%

따라해 보세요!

01 본격적으로 스마트스토어 가입 절차를 밟아 보겠습니다. 네이버에서 스마트스토어 판매자 센터를 검색하고 접속합니다. 인터넷 주소를 입력하고 바로 이동해도 됩니다(인터넷 주소 : https://sell.smartstore.naver.com). [판매자 가입하기]를 클릭합니다.

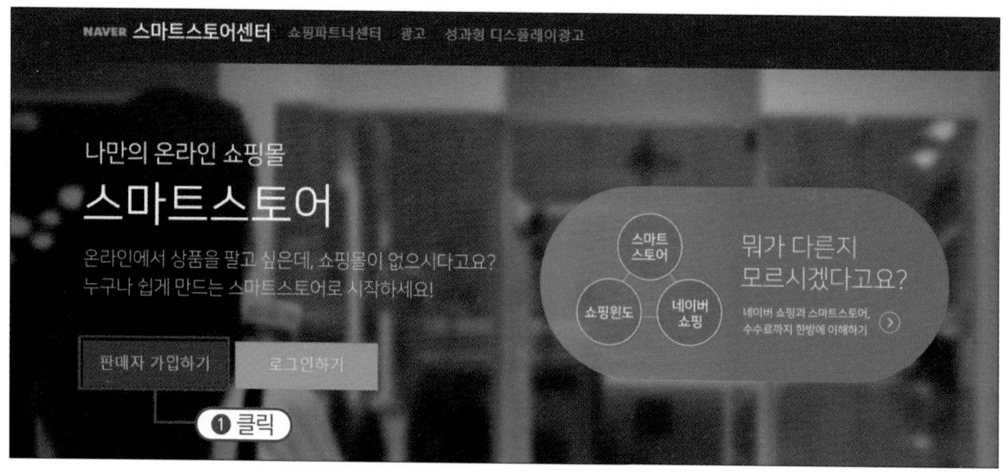

02 회원 유형 중에 사업자등록증이 있으면 [사업자] 회원을 선택하고, 사업자등록증이 없을 경우에는 [개인] 회원을 선택합니다.

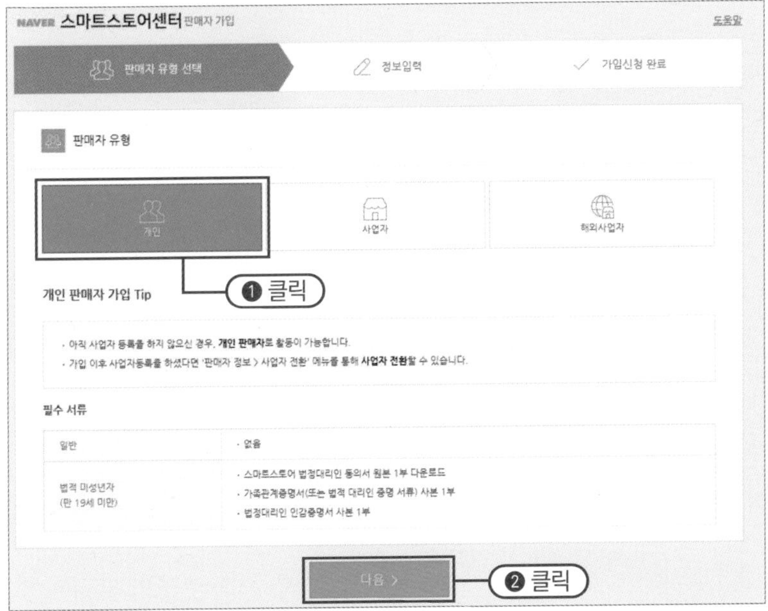

03 휴대폰 인증을 받는 화면에서 휴대폰 인증을 받고 다음 화면으로 이동합니다.

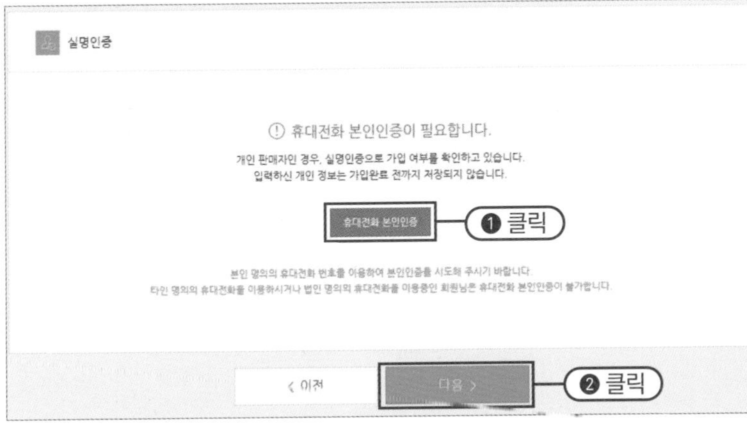

04 판매자 정보를 입력하는 화면에서 판매자 연락처 및 메일, 주소 등 기본 정보를 입력하고 [다음]을 클릭합니다. 여기까지 하면 스마트스토어 가입은 완료됩니다. 이 절차를 모두 진행했다면 이제부터 본격적으로 판매를 시작할 수 있습니다.

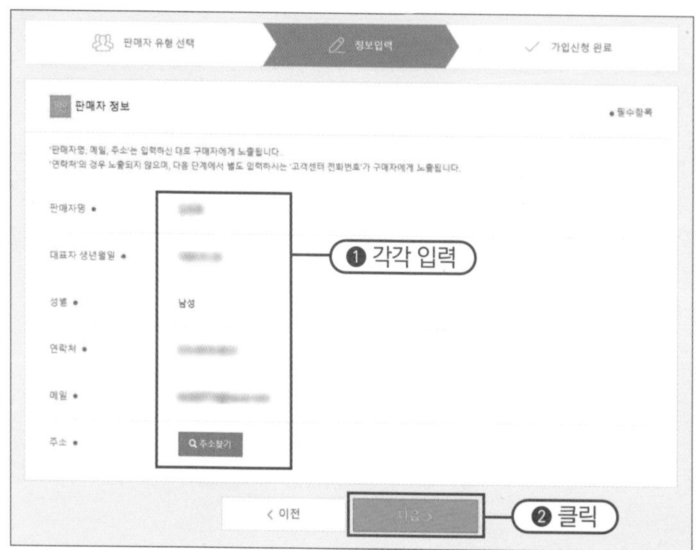

스마트스토어를 여러 개 개설하고 싶다는 분들이 많습니다. 추가 개설은 가능하나, 추가 개설을 위한 조건이 있습니다.

회원 가입일로부터 6개월 이상 경과, 최근 3개월 총 매출액이 기준 금액(800만 원) 이상, 최근 3개월 판매 만족도가 4.5점 이상, 최근 3개월 내 이용 정지 이력 없음이 충족되어야 합니다. 지금 말한 조건을 모두 만족했을 때 추가로 개설할 수 있습니다.

신규로 추가하는 스마트스토어는 기존에 보유하고 있는 스마트스토어와 서로 다른 상품군으로 신청해야만 합니다. 판매 상품의 특성상 중복 스토어 운영이 필요하다고 생각하는 경우 스마트스토어 판매자센터 1:1 문의하기 게시판에 문의를 남겨 놓으면 심사를 통해 개설 가능 여부를 확인받을 수 있습니다.

05 도매 사이트와 스마트스토어 연동하기

스피드고전송기를 사용하여 상품을 등록하기 위해서는 도매 사이트와 스마트스토어 연동을 해야 합니다. 연동을 하기 위해 도매매에서 오른쪽 상단에 있는 [스피드고전송기]-[마켓계정관리]를 클릭합니다.

연동 작업을 진행하기 위해 스마트스토어 API 정보가 필요합니다. 다음 화면을 보며 같이 연결 삭입을 진행하겠습니다. 연결하는 부분에서 오류가 있을 경우 앞으로 진행하는 모든 내용이 정상적으로 작동되지 않습니다.

스마트스토어 상점명과 API 연동용 판매자 ID를 입력하는 항목이 있습니다. 스마트스토어1에 해당하는 상점명과 스마트스토어 API 연동용 판매자 ID를 입력하기 위해 스마트스토어에 접속하여 확인하겠습니다. 스마트스토어 사이트를 5개까지 연동하여 제품을 전송할 수 있습니다.

[도매매 스마트스토어 연동 화면]

연동용 판매자 ID를 확인하기 위해서 스마트스토어 판매자 센터에 접속한 후에 관리 화면에서 [스토어 전시관리]-[스토어 관리]를 클릭합니다. API 정보에서 API 연동용 판매자 ID를 복사하여 도매매 사이트에 입력합니다.

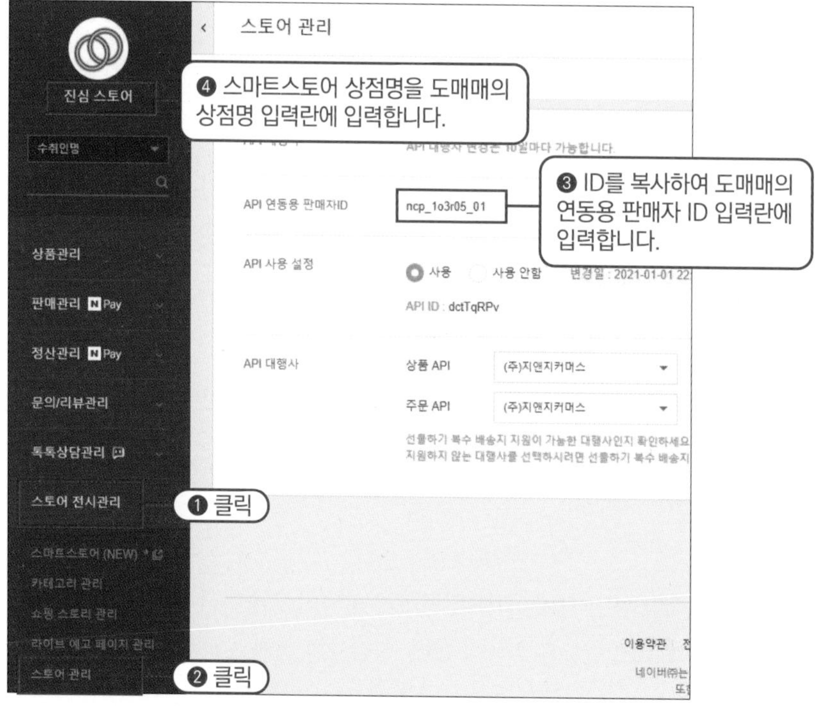

[스마트스토어 판매자 센터 API 연동용 판매자 ID 확인]

스마트스토어	스마트스토어 상점명	스마트스토어API 연동용 판매자ID
스마트스토어1	진심스토어	ncp_1o3r05_01
스마트스토어2	스마트스토어 상점명 추가1	스마트스토어API 연동용 판매자ID 추가2

위와 같이 정보를 입력한 후에 화면의 하단에 있는 [저장]을 클릭하여 연동을 완료합니다. 스마트스토어 외에도 쿠팡, 11번가, 신세계닷컴, 롯데온 등 다양한 마켓에 연동을 할 수 있습니다. 스마트스토어에 제품을 전송하고 관리하는 작업을 완료한 후에 다른 마켓도 도전해 보면 같은 방법으로 쉽게 할 수 있습니다.

스마트스토어 상점명

API연동용판매자ID안내

스마트스토어센터바로가기

스마트스토어	스마트스토어 상점명	스마트스토어API 연동용 판매자ID
스마트스토어1	스마트스토어 상점명	ncp_1o3r05_01
스마트스토어2	스마트스토어 상점명 추가1	스마트스토어API 연동용 판매자ID 추가2
스마트스토어3	스마트스토어 상점명 추가3	스마트스토어API 연동용 판매자ID 추가3
스마트스토어4	스마트스토어 상점명 추가4	스마트스토어API 연동용 판매자ID 추가4
스마트스토어5	스마트스토어 상점명 추가5	스마트스토어API 연동용 판매자ID 추가5

* "스마트스토어API 연동용 판매자ID"를 입력하세요

스마트스토어 > 스토어 전시관리 > 스토어관리 > API정보에 있는 API 연동용 판매자ID를 기재하세요 스마트스토어에서 API 대행사는 (주)지앤지커머스로 선택한 후 저장해야 사용이 가능합니다

쿠팡

쿠팡API키발급방법안내

쿠팡WING바로가기

업체코드	AccessKey	SecretKey	쿠팡 Wing ID
A00234698	8c359681-01fd-4bf2-a2c0-49e9a7b0e5	a53df7749b059d50d142aa0e54e4b030	jinsim

* 쿠팡 Wing > 업체정보변경 > 판매정보 탭의 API 키를 발급받은 후 업체코드, Access Key, Secret Key, 쿠팡 Wing ID(관리자로그인ID) 순서대로 기재하세요

11번가

11번가 API발급및관리

11번가셀러오피스바로가기

11번가 로그인ID	11ST OPEN API KEY	11번가 사업자 유형
jinsimshop	30ed707e88c623d643c6ea2a946068d8	국내 셀러 / 글로벌 셀러

* 11번가 OPEN API CENTER의 서비스 등록·확인에서 API KEY 신청 후 입력하세요

SSG닷컴

SSG닷컴 API발급및관리

SSG닷컴파트너오피스바로가기

업체번호	API 인증키
0024802968	570a4b68-398e-48d8-8c50-0482d0b2bdcb

*SSG파트너오피스 사이트 로그인 후 업체정보관리 > API회원정보관리 메뉴에서 업체번호 및 API 인증키를 확인 후 입력하세요

롯데ON

롯데ON API발급및관리

롯데ON스토어센터바로가기

거래처번호	API인증키
LO10031289	5d5b2cb498f3d20001665f4eaba4217f6ee0450e91eaff77c55c3e1c

* 롯데ON스토어센터의 스토어관리 > 프로필관리에서 거래처번호 확인이 가능하며 판매자정보 > OpenAPI관리에서 API인증키 확인 후 입력하세요

위메프

위메프 API발급및관리

위메프파트너바로가기

위메프 로그인ID	API인증키
jinsim	3c5fb496397e3449a6039a6ba81c0447b2b8c64a68e03406c1ab1e3ab6

* 위메프 파트너센터2.0 > 회원정보수정에서 API KEY 확인 후 입력하세요

저장

[저장 버튼을 클릭하면 완료]

스피드고전송기로 상품 전송하기

상품 전송에는 하나씩 전송하는 방법과 일괄 전송하는 방법이 있습니다. 상품을 일괄 전송하기 위해서는 DB 보관함에 원하는 상품을 담은 후에 일괄적으로 스마트스토어로 전송하면 됩니다.

1 스마트스토어에 상품 하나씩 전송해 보기

따라해 보세요!

01 스마트스토어에 상품을 전송하기 위해 상품명 검색 창에 '그립톡'을 입력해 봅니다. 원하는 상품이 있으면 검색해 봅니다.

02 약 10,000개의 그립톡 제품이 검색된 것을 볼 수 있습니다. 검색 결과 중 마음에 드는 상품을 클릭합니다.

03 팝업 창에 클릭한 상품이 뜨는 것을 볼 수 있습니다. 메뉴 중 [스피드고전송]을 클릭합니다.

04 전송할 마켓인 스마트스토어를 선택하고, 판매가요율을 입력한 후에 [스피드고전송]을 클릭합니다.

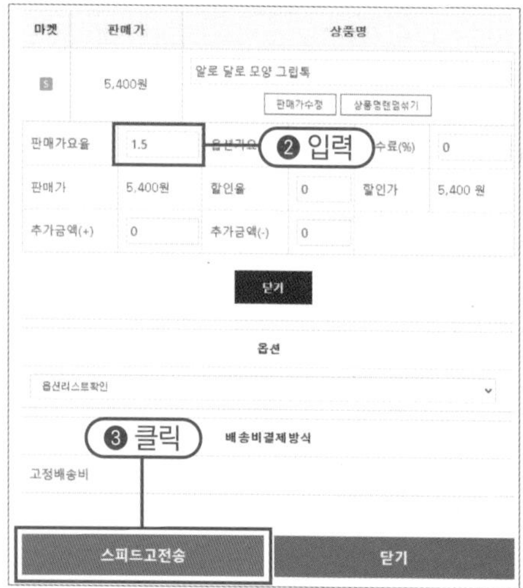

NOTE

판매가요율은 도매가에 판매자의 마진을 붙여서 판매가를 설정하는 원리입니다. 예를 들어 도매가가 1,000원일 때 판매가요율을 1로 설정했다면 스마트스토어 판매 가격은 1,000원으로 등록되어 판매자는 마진이 하나도 없게 됩니다. 판매가요율을 1.5로 등록했다면 도매가에 50%의 마진을 붙여서 스마트스토어에는 1,500원으로 등록됩니다. 여러 상품을 한 번에 전송하기 때문에 전송하는 제품 가격이 다르더라도 판매가요율을 입력하면 판매자가 원하는 마진을 붙여서 스마트스토어에 등록됩니다. 일반적으로는 1.5로 등록합니다.

05 상품 전송 결과 화면이 뜨는 것을 볼 수 있습니다. 스마트스토어 항목에 전송 성공이라는 말과 함께 전송이 완료됩니다. [닫기]를 클릭합니다.

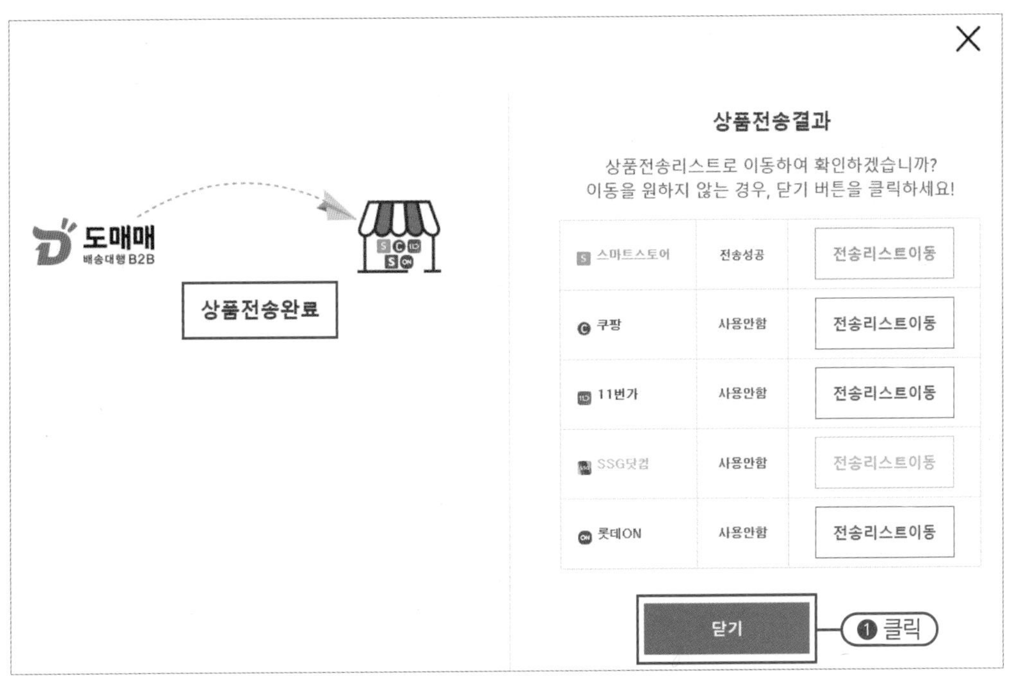

06 스마트스토어 관리자 페이지로 이동하여 상품이 제대로 전송되었는지를 확인합니다. [상품 관리]-[상품 조회/수정]을 클릭합니다.

07 등록한 그립톡 상품이 있는 것을 볼 수 있습니다. 상품 번호를 클릭하면 등록한 상품이 뜹니다.

2 상품 일괄 전송하기

따라해 보세요!

01 앞에서 진행했던 방법과 같이 도매매에서 상품을 검색하고 원하는 상품을 선택한 후에 [선택 상품 DB 담기]를 클릭하여 DB 보관함에 담습니다.

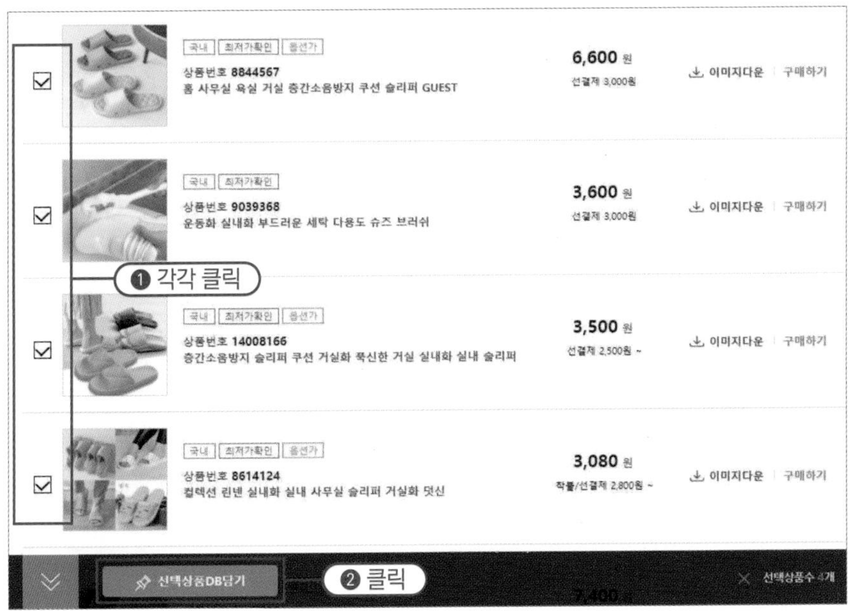

02 상품 DB 담기 완료 후에 보관함으로 이동할 것인지 현재 페이지에 머물 것인지에 대한 물음이 나옵니다. 다른 상품들을 담기 위해 [이 페이지에 머무르기]를 클릭합니다.

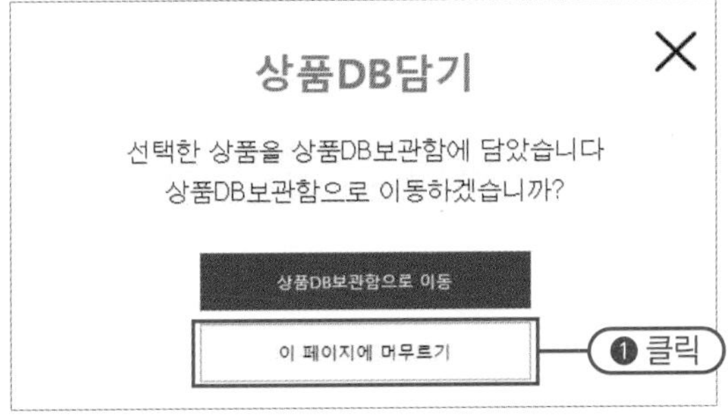

03 다른 제품도 같은 방법으로 검색한 다음 [선택 상품 DB 담기]를 클릭하여 보관함에 담습니다.

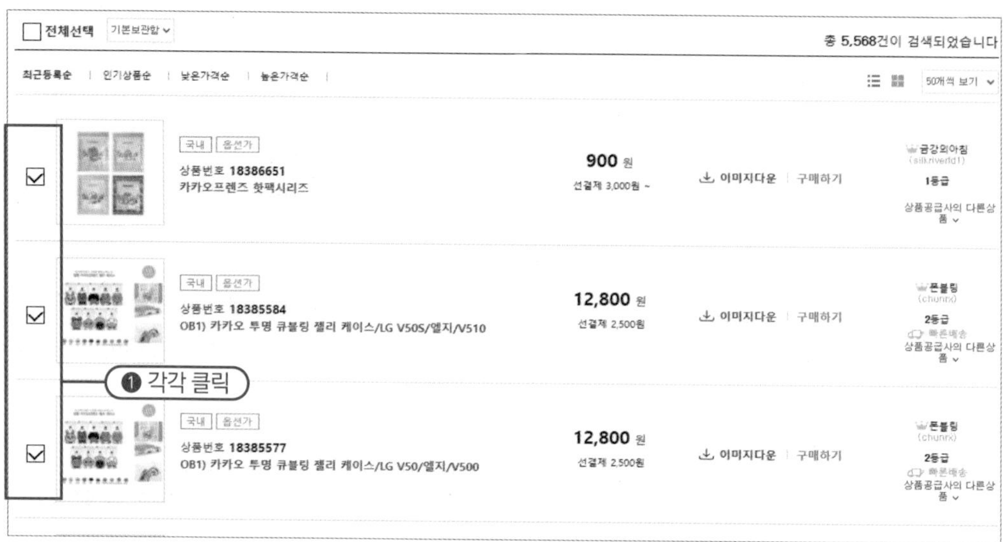

04 DB 보관함으로 이동하기 위해 [상품 DB 보관함으로 이동]을 클릭합니다.

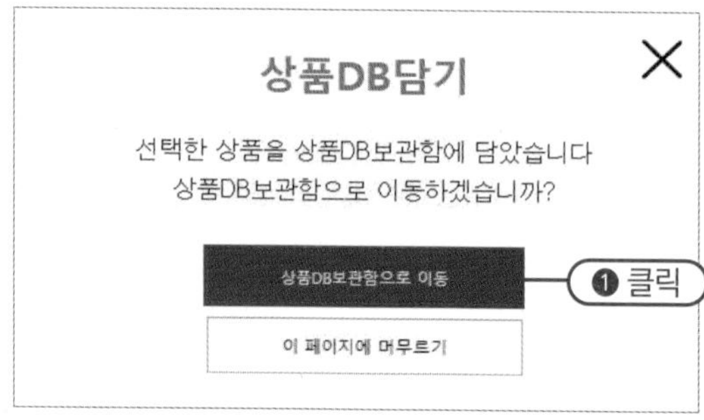

05 DB 보관함에 담은 상품을 전체 선택하고 [스피드고전송]을 클릭합니다.

06 상품의 리스트가 나오는 것을 볼 수 있습니다. 전송할 마켓에서 [스마트스토어 전송]을 선택합니다.

07 판매가요율을 입력하고 [스피드고전송]을 클릭합니다.

마켓	판매가	판매가수정
S	15,000원	판매가수정

판매가요율	1.5	옵션가요율	0	수수료(%)	0
판매가	15,000원	할인율	0	할인가	15,000 원
추가금액(+)	0	할인금액(-)	0		

❶ 입력

닫기

대량전송 시 보여지는 판매가의 경우 공급가 10,000원 기준 전송 시 판매가의 예시이며, 실질적으로는 템플릿으로 선택한 판매가설정 기준으로 공급가에 더해져서 전송됩니다

전송 전 반드시 내역을 다시 한번 확인하세요

잘못된 판매가 설정으로 인해 발생한 손해에 대하여 ㈜셀러허브는 일체 책임을 지지 않습니다

❷ 클릭

스피드고전송 닫기

08 스마트스토어에 7개 상품이 정상적으로 전송된 것을 볼 수 있습니다.

상품전송이 완료되었습니다

전송리스트 이동 | 전송리스트 이동 | 전송리스트 이동 | 전송리스트 이동 | 전송리스트 이동

번호	상품번호	스마트스토어	쿠팡	11번가	SSG닷컴	롯데ON
1	18385577	전송성공	전송안함	전송안함	전송안함	전송안함
2	18385584	전송성공	전송안함	전송안함	전송안함	전송안함
3	18386651	전송성공	전송안함	전송안함	전송안함	전송안함
4	18373713	전송성공	전송안함	전송안함	전송안함	전송안함
5	18373726	전송성공	전송안함	전송안함	전송안함	전송안함
6	18375134	전송성공	전송안함	전송안함	전송안함	전송안함
7	18381270	전송성공	전송안함	전송안함	전송안함	전송안함

마켓	전송성공	전송실패	전송리스트 바로가기
스마트스토어	7	0	전송리스트이동

09 스마트스토어에 접속하여 전송한 상품이 잘 뜨는지 확인합니다.

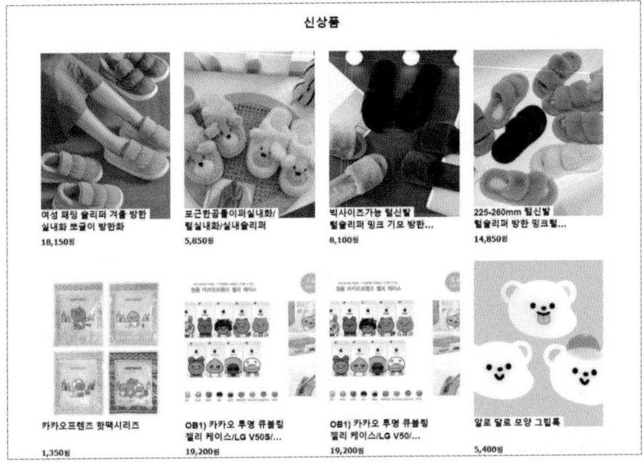

한 걸음 더! 운영 Tip

지금까지의 내용을 잘 이해했다면, 아마도 스토어에 원하는 상품이 카테고리별로 많이 등록되어 있을 것입니다. 도매 사이트를 연동하여 상품을 등록하는 방법이 쉽다보니 처음에 무조건 많은 상품을 전송하고 마음에 안 들면 다시 지우고, 다시 등록하는 경우가 많이 있는데 그렇게 할 경우 스마트 스토어 품질이 안 좋아질 수 있습니다.

우선은 메모장 또는 엑셀에 전송할 파일 리스트를 먼저 작성하고 다른 판매자는 얼마에 판매하는지, 상세히 분석한 후에 하나하나 꼼꼼하게 전송하는 방법을 추천해 드립니다. 그리고 전송 후에 제목 및 상세페이지 내용을 살펴보며, 추가 수정 작업을 하는 것이 판매에 도움이 됩니다. 운영 과정에서 고객 분들의 피드백은 좋은 재산이 됩니다. 고객 분들의 후기에서 보완점과 강점을 잘 찾으면 앞으로 원하는 꿈을 이루는 셀러가 될 수 있습니다.

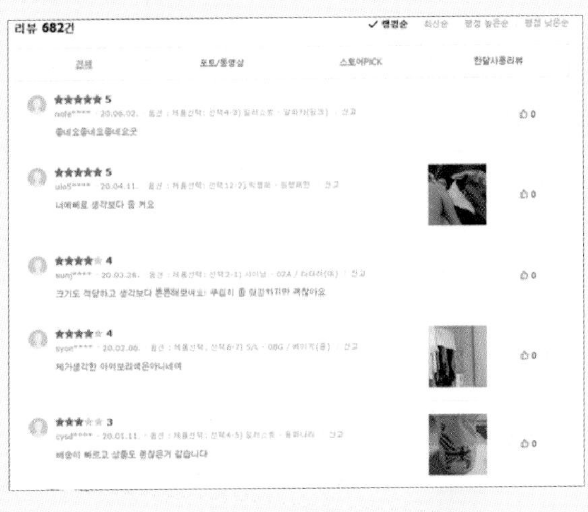

Part 03

쇼핑몰 운영을 위한 디자인 실습

요즘은 도매 사이트에서 상품 목록 사진 및 상세 이미지를 전부 제공해 주다 보니 판매자가 추가로 사진 작업을 하는 경우가 전에 비해서는 줄어들었습니다. 그렇지만 판매자가 제품을 사입하거나, 직접 만든 제품을 판매할 때는 사진을 촬영하는 단계부터 편집하는 단계까지 모든 과정을 진행해야 합니다. 이 과정에서 알아야 하는 기본 디자인 실습을 지금부터 진행해 보겠습니다.

▶▶▶ 1 픽슬러 에디터로 합성 기술 익히기
2 미리캔버스로 상세페이지 완성하기

픽슬러 에디터로 합성 기술 익히기

픽슬러 에디터는 2가지 버전을 제공합니다. 기초 버전인 PIXLR X와 전문가 버전인 PIXLR E를 제공하고 있습니다. 2가지 버전 모두 포토샵 확장자의 PSD를 연동하여 사용할 수 있습니다. 포토샵 버전에서 제공하는 대부분의 기능을 제공하는 버전은 전문가를 위한 PIXLR E 버전입니다.

상세페이지를 잘 만들어야 하는 이유는 소비자가 상품을 구매할 때 정확한 정보를 습득한 후에 구매하지 않으면 반품이 될 확률이 높기 때문입니다. 화장품을 판매한다고 한다면 유통기한, 화장품이 받은 인증, 특허 등 신뢰할 수 있는 요소와 규격, 주의사항, 피부 타입 등 부가적인 정보도 정확하게 잘 기입을 해야 합니다.

여기에서 제일 중요한 것은 이 제품을 구매하는 소비자가 알고자 하는 정보는 어떤 것인지를 파악해야 하는 점입니다. 파악할 때 참고하면 도움이 많이 되는 것은 같은 제품을 판매하고 있는 다른 판매자의 상세 설명 구성과 후기입니다. 구매한 고객의 평을 읽으면 장점과 단점이 같이 있다는 것을 알 수 있습니다. 장점은 부각시키고, 단점으로 거론된 내용은 개선한 내용을 담는다면 성공적인 상세 설명입니다.

한 걸음 더! 운영 Tip

필자가 판매했던 빨래 바구니 시리즈 32종 제품 중 일부 제품입니다. 도매 사이트에 등록되어 있는 제품과 필자가 별도로 수입한 제품을 혼합하여 판매했던 방식으로 다른 마켓에서는 구성하지 않고 있던 특별한 구성으로 많은 판매량을 올린 제품입니다.

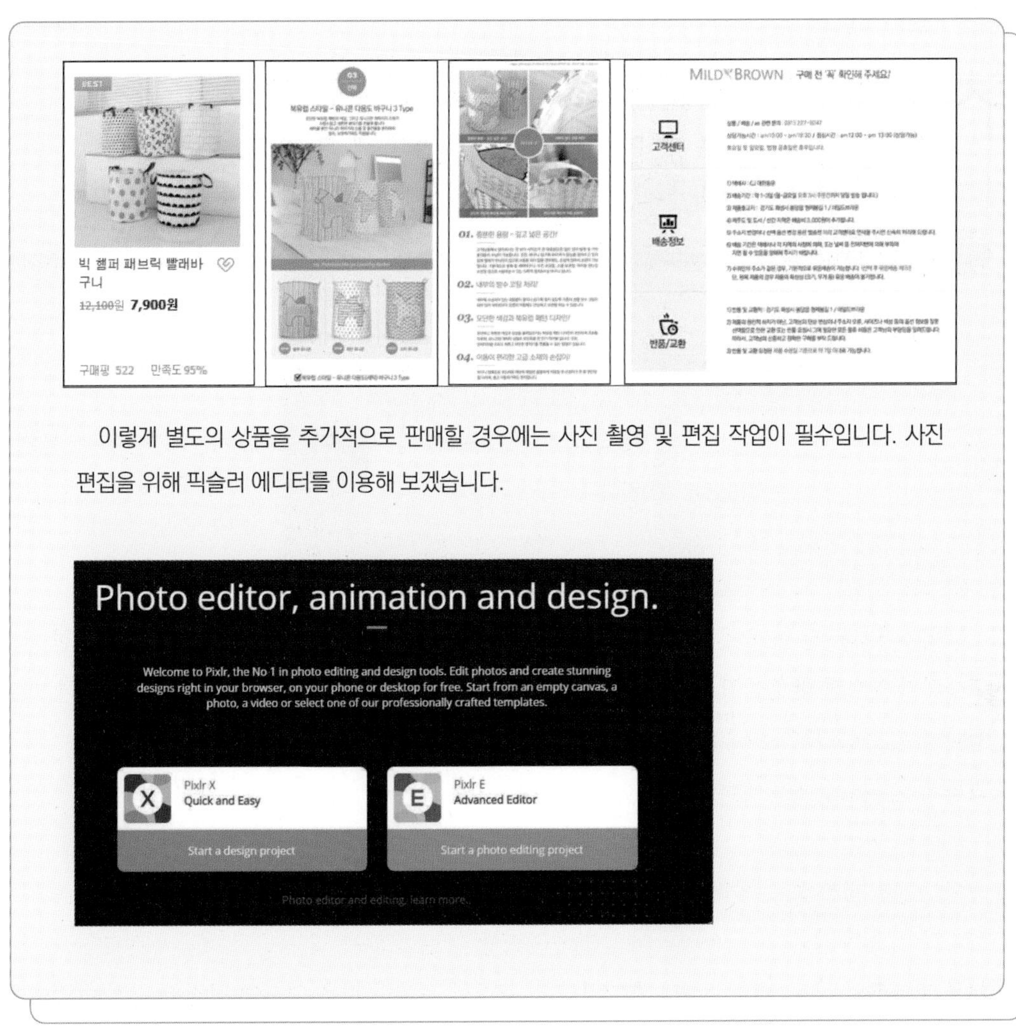

이렇게 별도의 상품을 추가적으로 판매할 경우에는 사진 촬영 및 편집 작업이 필수입니다. 사진 편집을 위해 픽슬러 에디터를 이용해 보겠습니다.

1 픽슬러 에디터 열고 닫기

픽슬러 에디터 프로그램을 처음으로 실행하기 위해 사이트에 접속하여 프로그램을 실행하고 종료하는 과정을 실습해 봅니다. 금방 친숙해질 프로그램입니다. 강의를 하다 보면 포토샵과 똑같은 프로그램을 무료로 사용할 수 있다는 점과 포토샵보나 편리하게 시용할 수 있게 자동화되어 있는 기능을 보고 많이 놀랍니다.

01 인터넷 주소에 https://pixlr.com/kr을 입력하고 이동하면 아래와 같은 화면이 나옵니다.

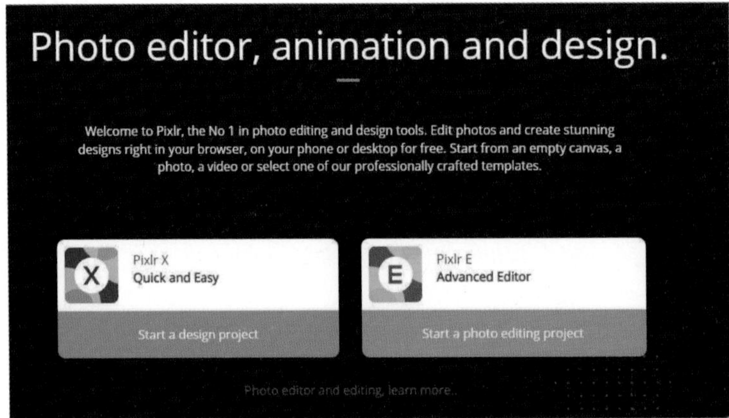

02 2가지 버전 중 전문가 버전인 PIXLR E 버전을 클릭합니다.

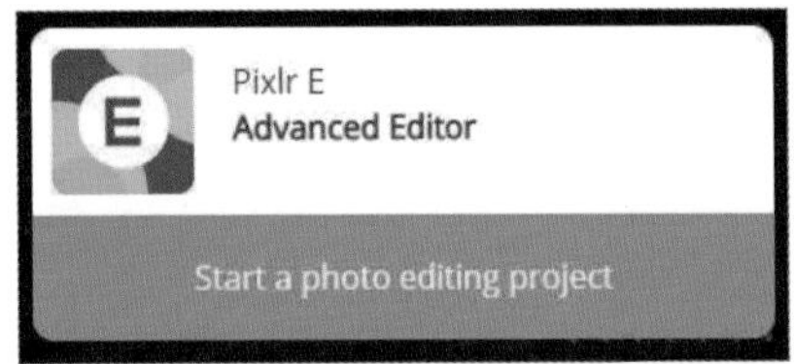

03 픽슬러 에디터 프로그램이 시작되었습니다. 새롭게 파일을 생성하여 작업하기 위해 화면에서 [신규 생성]을 클릭합니다.

04 파일을 신규 생성할 수 있는 템플릿 화면이 나옵니다. 웹, 인스타그램, 페이스북 등 다양한 사항에 맞게 쉽게 클릭하여 쓸 수 있도록 사이즈를 제공하고 있으며, 원하는 사이즈로 직접 생성하여 사용하기 위해서는 가로와 세로 사진 사이즈를 입력하고 [생성]을 클릭하면 됩니다. 정사각형으로 만들기 위해 가로 500px, 세로 500px를 입력하고 [생성]을 클릭합니다.

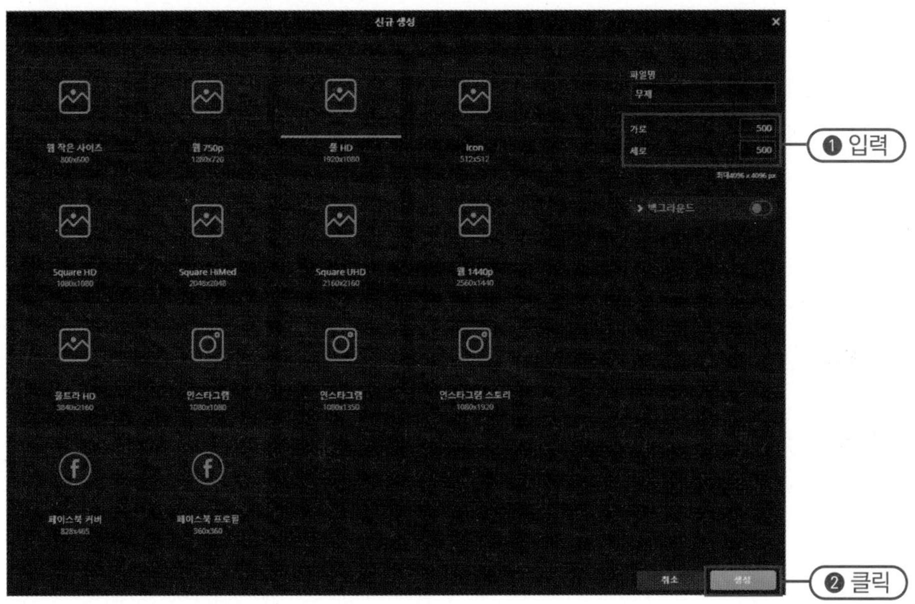

05 온라인 포토샵 편집 화면이 열립니다. 포토샵을 사용해 본 사용자라면 포토샵과 유사하기 때문에 익숙하게 사용할 수 있을 것입니다.

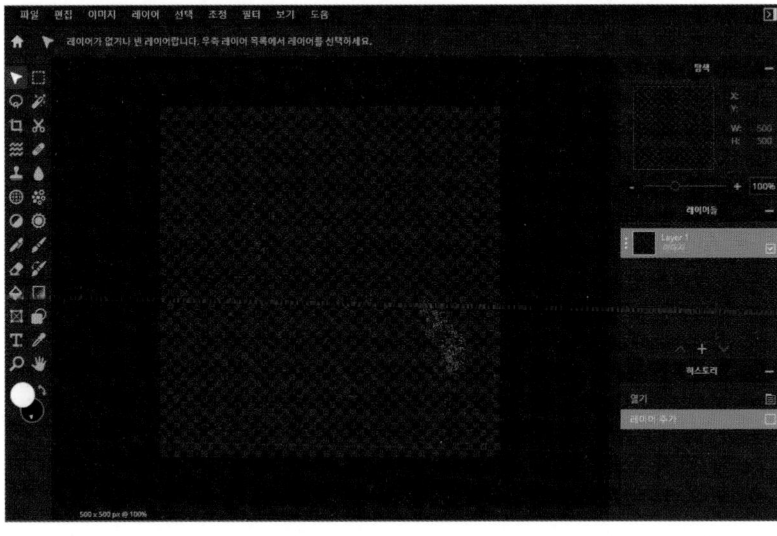

06 프로그램을 종료할 때는 [파일] 메뉴의 [닫기]를 클릭하면 종료할 수 있습니다.

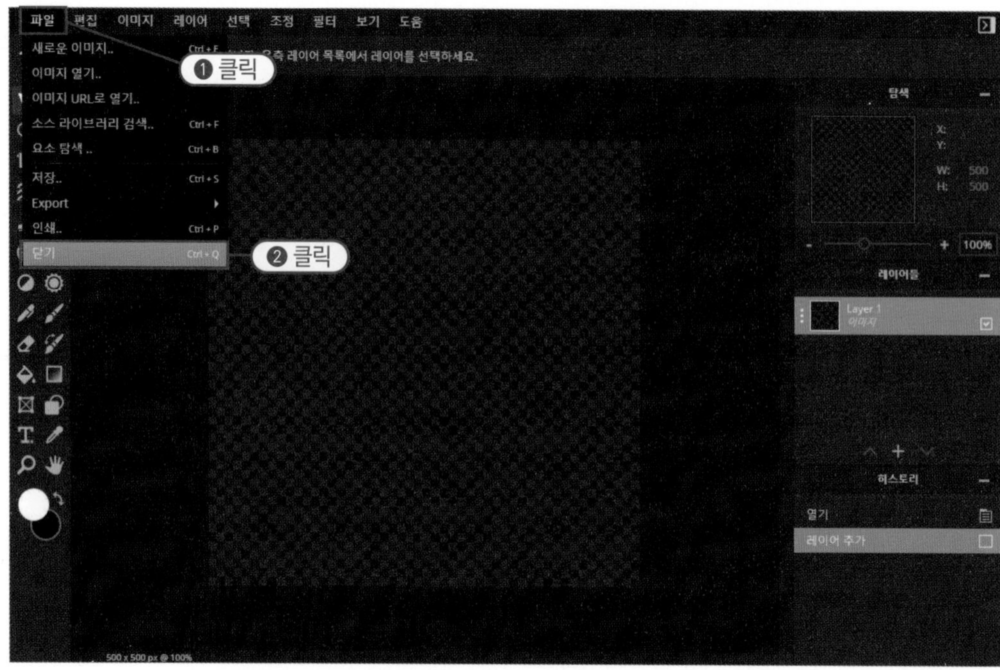

07 시작 화면으로 돌아옵니다. 인터넷 화면의 [닫기]를 클릭하면 최종 종료됩니다.

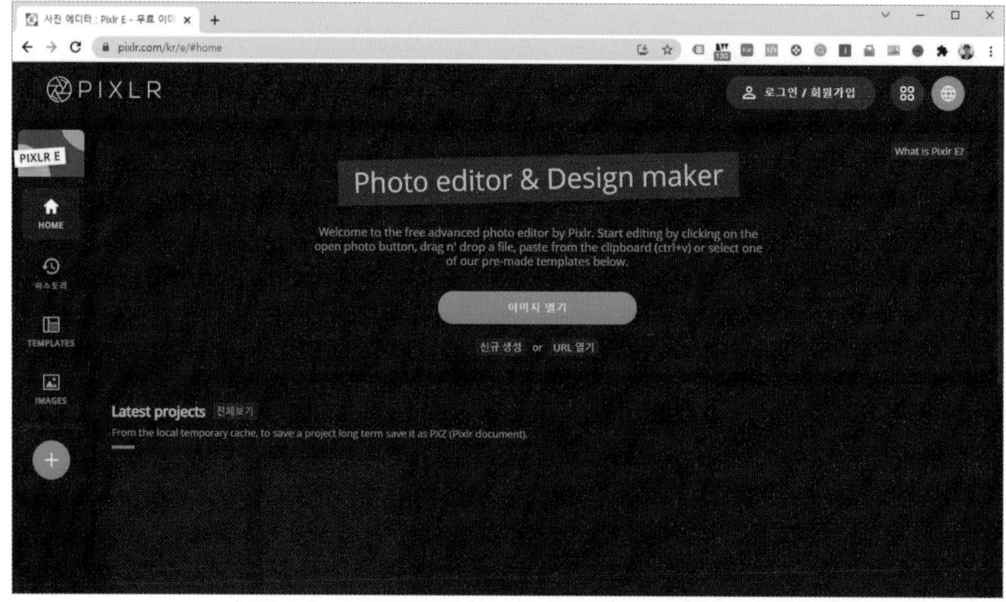

2 어두운 사진 밝기 조절하기

쇼핑몰에 상품을 올리기 위해 상품을 직접 촬영할 때나, 도매 사이트에 올라온 상품이 어두울 때 보정하는 방법입니다. 사진 작업에서 제일 많이 하는 작업 중 하나입니다. 픽슬러 에디터에서 제공하는 밝기&대비 기능을 활용하여 작업이 가능합니다.

따라해 보세요!

01 이미지를 불러와서 밝기 조절을 하기 위해 픽슬러 에디터 시작 화면에서 [이미지 열기]를 클릭합니다.

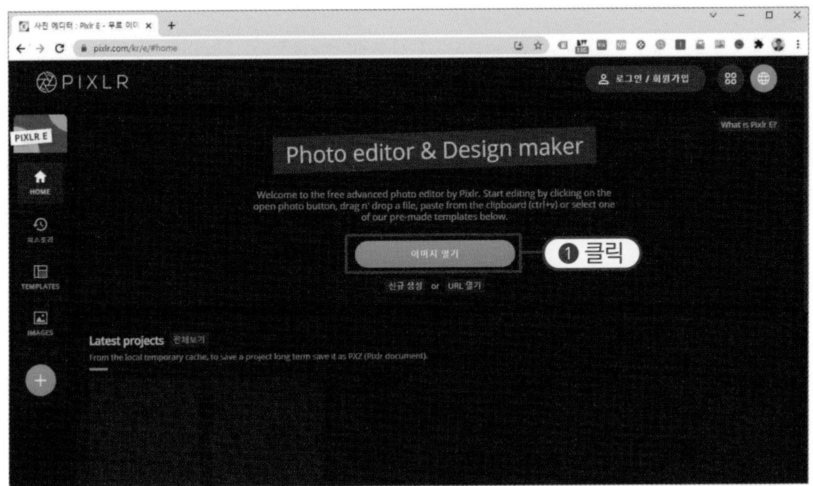

02 원하는 이미지를 불러오기 위해 파일이 있는 곳으로 이동한 다음, 이미지 열기 화면에서 수정하려고 하는 이미지를 선택하고 [열기]를 클릭합니다.

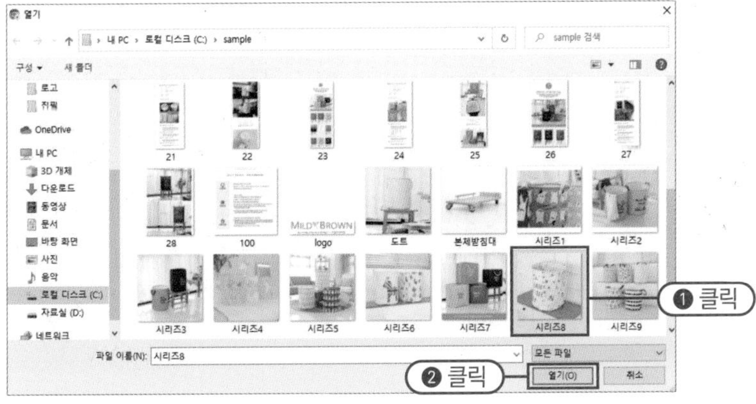

03 선택한 이미지가 편집 창에 들어온 것을 볼 수 있습니다.

04 사진이 어둡기 때문에 밝기를 조절하기 위해 [조정] 메뉴에서 [밝기&대비]를 클릭합니다.

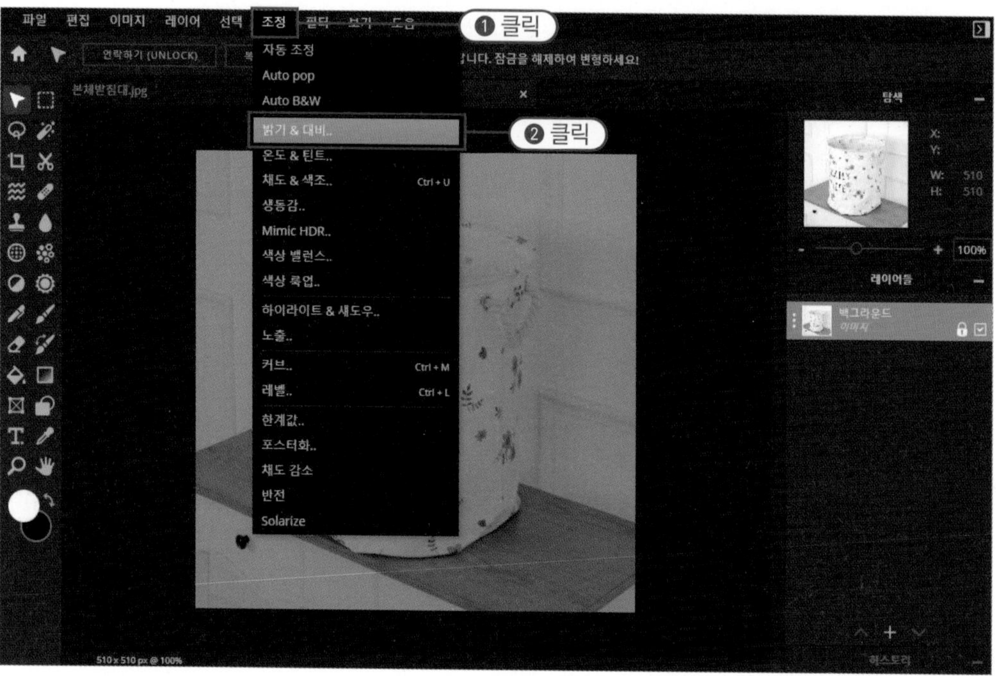

05 밝기와 대비값을 조절하며 화면에 적용된 모습을 확인합니다. 밝기값은 15, 대비값은 10으로 조정하고 [적용]을 클릭합니다.

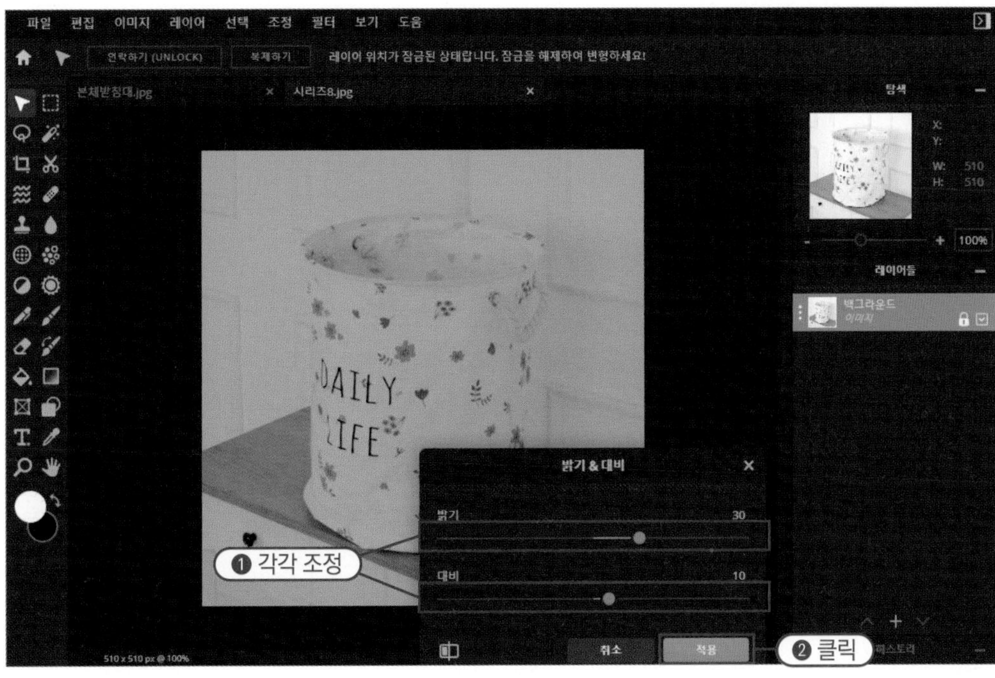

06 밝기가 조절된 것을 볼 수 있습니다. 같은 방법을 반복하여 원하는 밝기로 사진을 조절합니다.

[Before] [After]

3 이미지 선택 및 합성 기술 익히기

상품을 편집하다 보면, 다른 소품을 합성하거나 상품을 선택하여 다른 곳으로 옮겨야 하는 일 등이 발생합니다. 그래서 이번에는 상품을 정확하게 선택하고 선택한 상품을 복사하여 다른 사진으로 옮기는 과정을 진행해 보겠습니다.

따라해 보세요!

01 마술봉 툴로 선택 영역을 만들기 위해 도구 상자에서 [마술봉]을 선택합니다. 배경을 선택하여 지우고 제품 사진만 남길 것입니다.

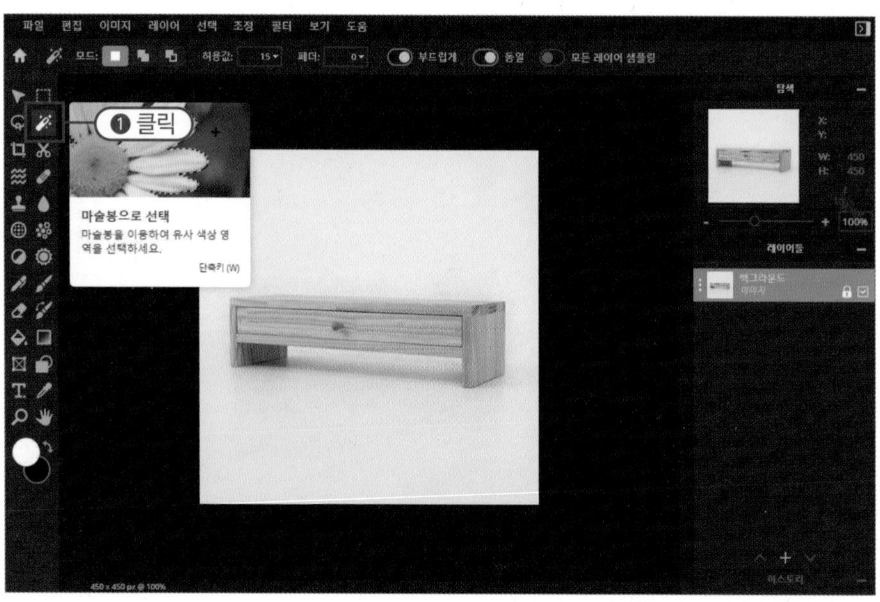

02 마술봉의 허용값은 처음에 15로 설정합니다. 선택 범위를 넓히고 싶을 때는 15 이상의 값을 입력하고 선택 범위를 좁히고 싶을 때는 15 이하의 값을 입력하여 선택 영역을 만들어 갑니다. 배경을 최대한 선택합니다.

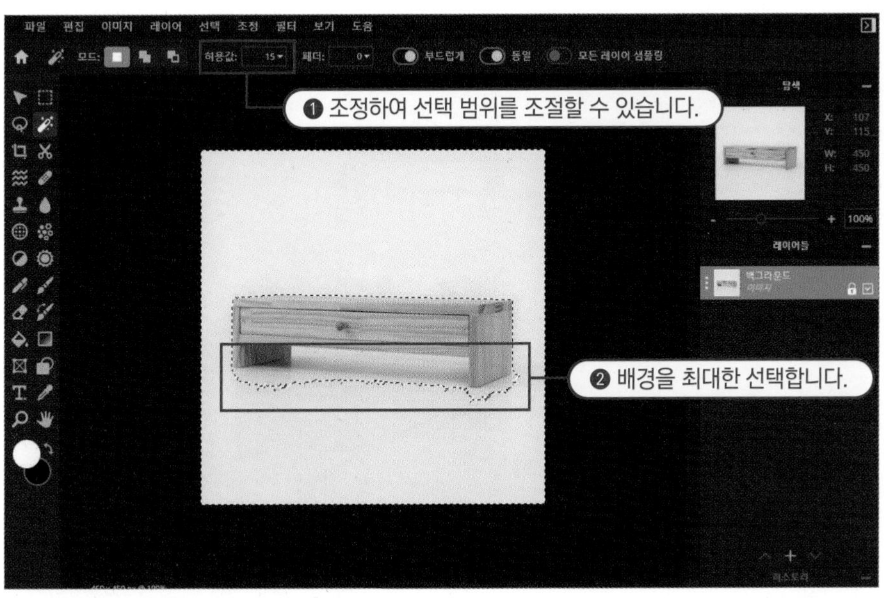

03 선택 영역을 추가하기 위해 [선택 추가]를 클릭한 후에 반복하여 배경 영역을 모두 선택합니다.

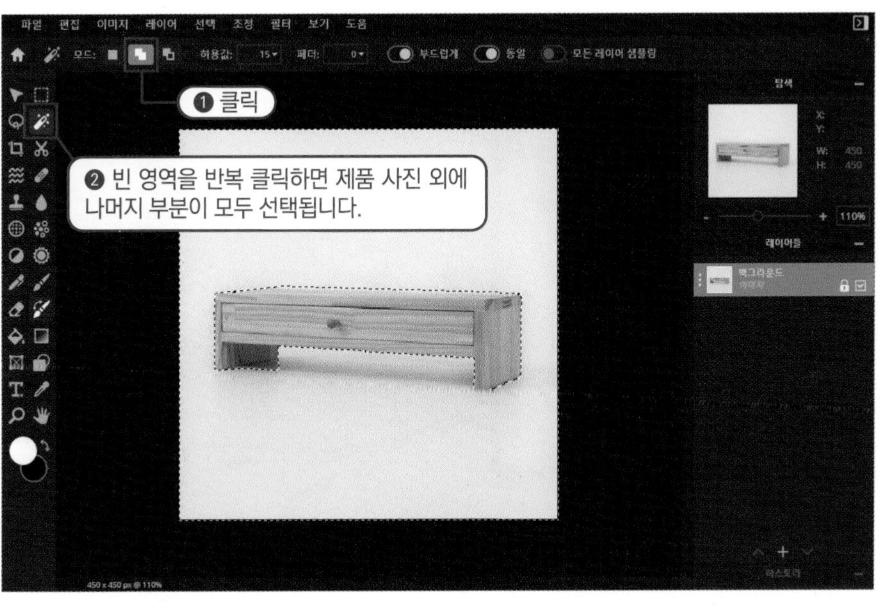

04 마술봉으로 선택하는 과정에서 정교하게 되지 않는 부분은 올가미 도구를 활용하여 마무리 작업을 합니다. 올가미 도구의 다각형 도구를 선택하고 그림자 부분을 추가하여 선택해야 되기 때문에 먼저 [선택 추가]를 클릭한 다음 다각형 도구로 그림자 부분을 선택합니다.

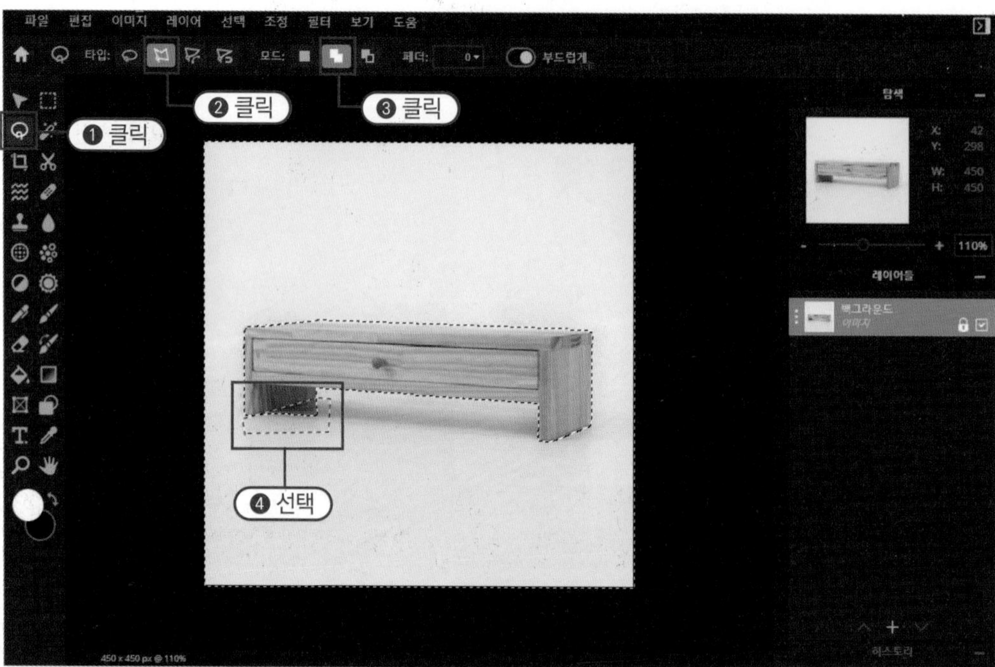

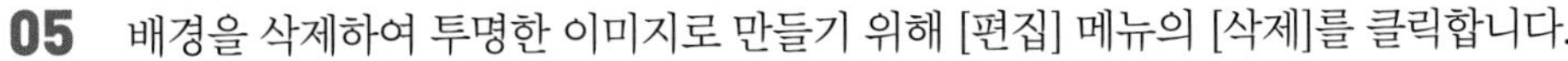

05 배경을 삭제하여 투명한 이미지로 만들기 위해 [편집] 메뉴의 [삭제]를 클릭합니다.

06 배경이 투명 이미지로 된 것을 확인하고 선택 영역을 해제하기 위해 [선택] 메뉴에서 [선택 해제]를 클릭합니다.

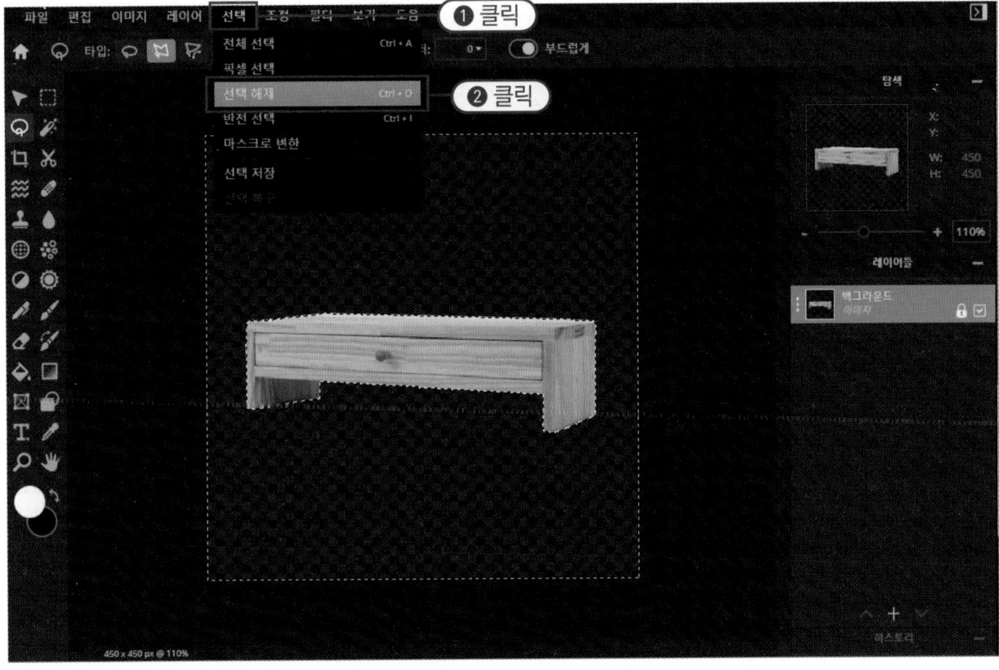

07 배경이 투명한 이미지로 만들어졌습니다.

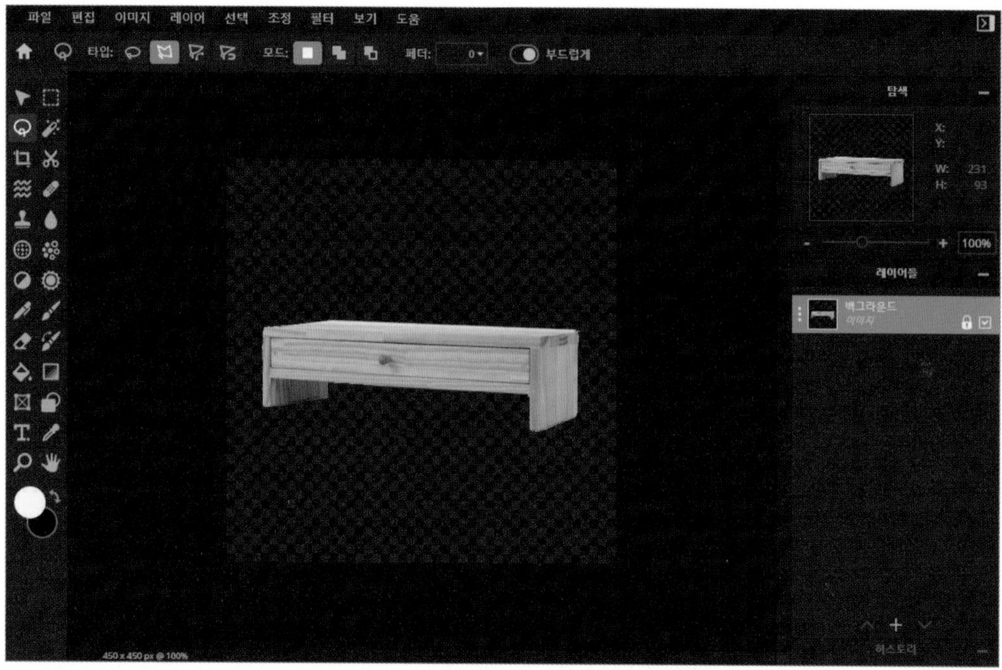

08 투명하게 만든 이미지를 가지고 다른 사진에 합성 작업을 진행해 보겠습니다. 이미지 전체를 선택하기 위해 [선택]-[전체 선택]을 클릭합니다.

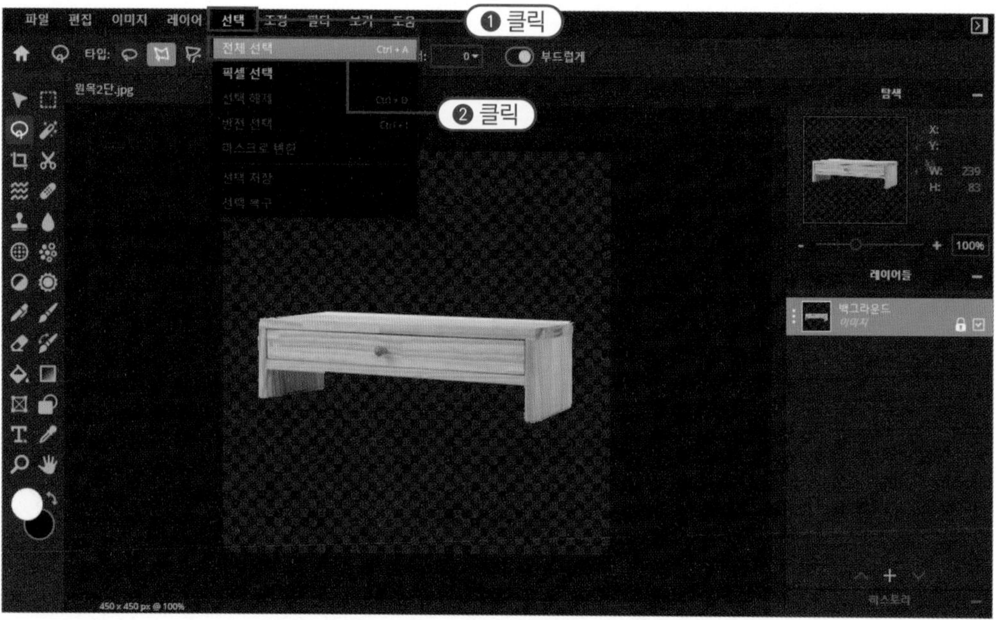

09 선택한 이미지를 복사하기 위해 [편집]-[복사]를 클릭합니다.

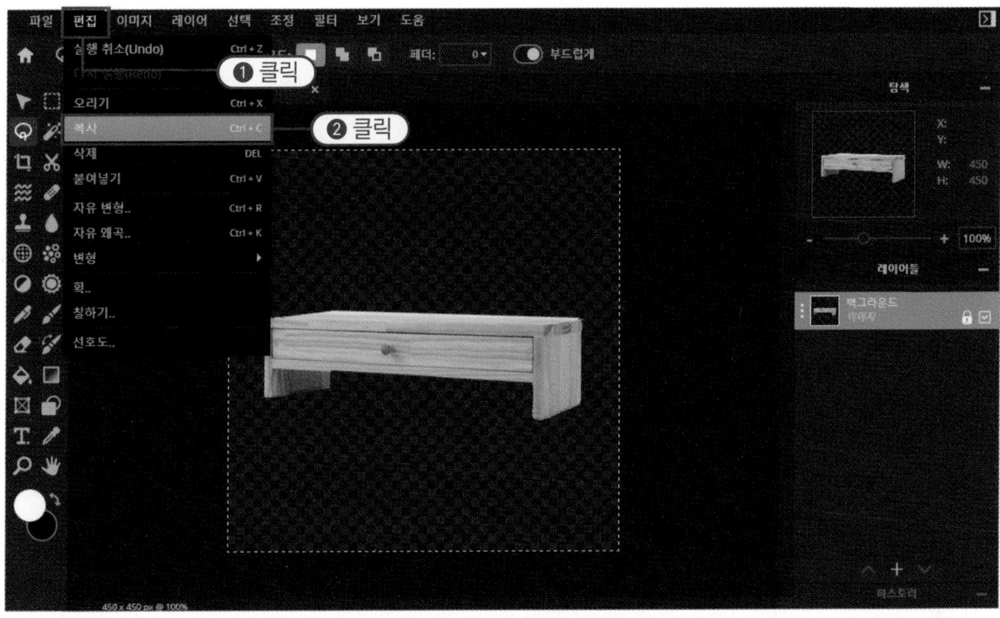

10 복사한 이미지를 새로운 이미지에 합성하기 위해 [파일]-[이미지 열기]를 클릭합니다.

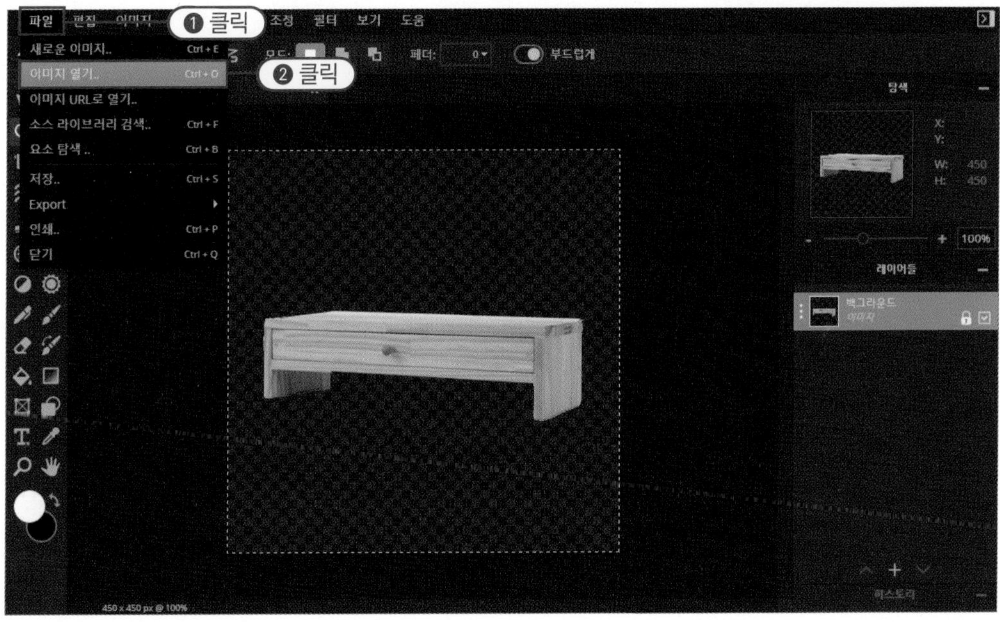

11 합성하려고 하는 원하는 이미지를 선택한 후에 [열기]를 클릭합니다.

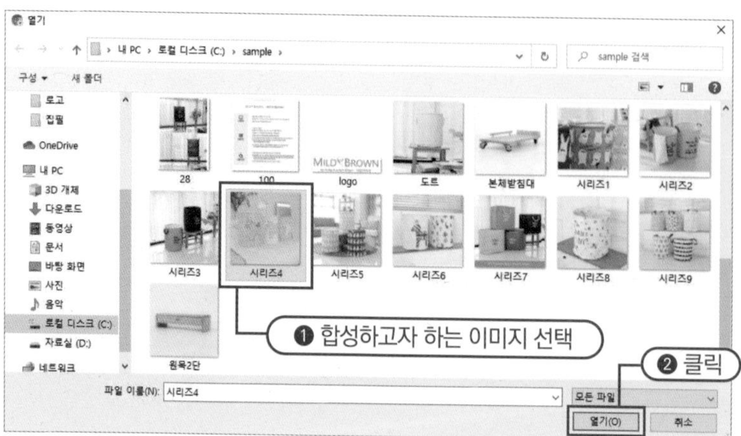

12 복사한 이미지를 붙여넣기 위해 [편집]-[붙여넣기]를 클릭합니다.

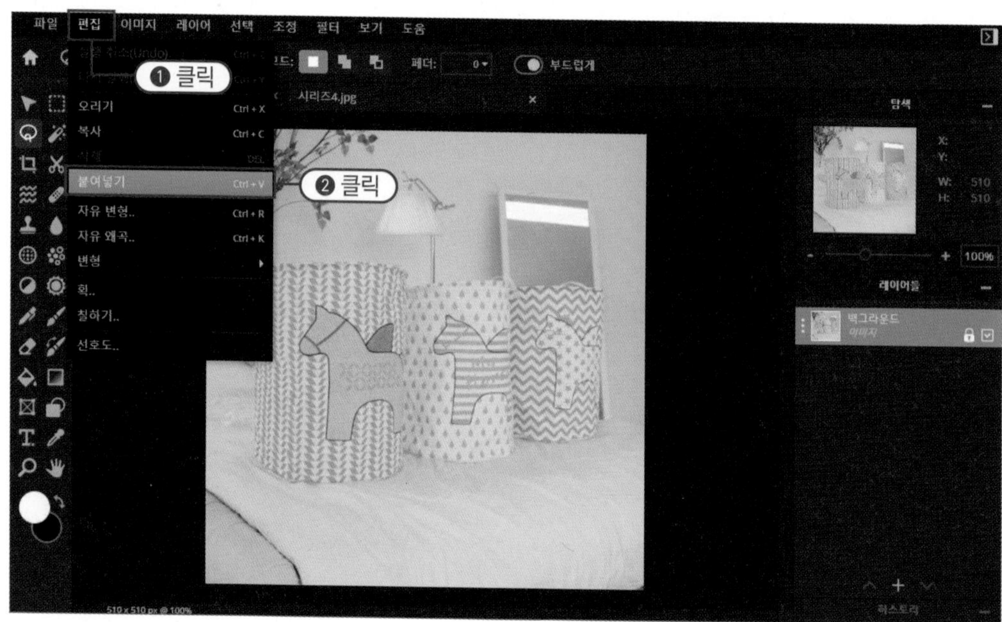

13 이미지가 배경 없이 투명하게 합성된 것을 볼 수 있습니다.

14 만든 이미지를 저장할 때는 [파일]-[저장]을 클릭합니다.

15 이미지 저장 화면에서 [다운로드]를 클릭하면 저장이 완료됩니다.

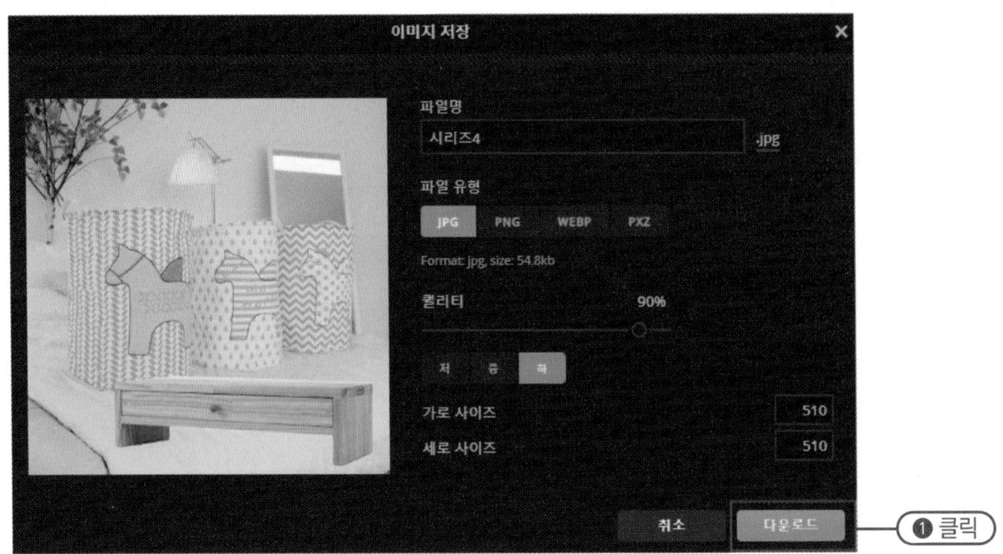

16 저장된 파일을 확인합니다.

4 소스 라이브러리를 활용하여 사진에 글씨 쓰기

픽슬러 에디터가 가진 정말 좋은 기능 중 하나는 저작권 걱정 없이 사용할 수 있는 사진을 찾아서 소스 라이브러리에 보여 주는 기능입니다. 소스 라이브러리 화면에서 원하는 사진을 검색하면 해당 사진이 나옵니다. 원하는 사진을 선택하고 해당 사진을 편집하여 사용할 수 있습니다.

따라해 보세요!

01 소스 라이브러리에서 저작권 걱정 없는 사진을 불러오기 위해 [파일]-[소스 라이브러리 검색]을 클릭합니다.

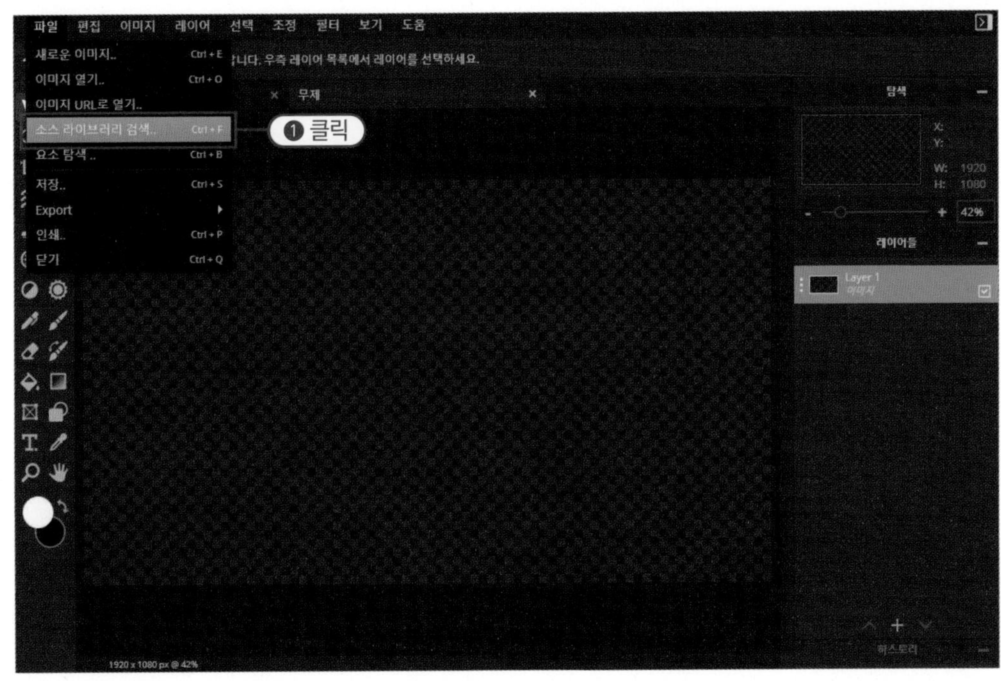

02 [소스 라이브러리 검색] 화면에서 Keyword 항목에 검색을 원하는 키워드를 입력합니다.

03 검색 결과에서 원하는 이미지를 클릭합니다.

04 원하는 이미지 사이즈로 불러올 수 있습니다. 이미지 사이즈를 설정하고 [적용]을 클릭합니다.

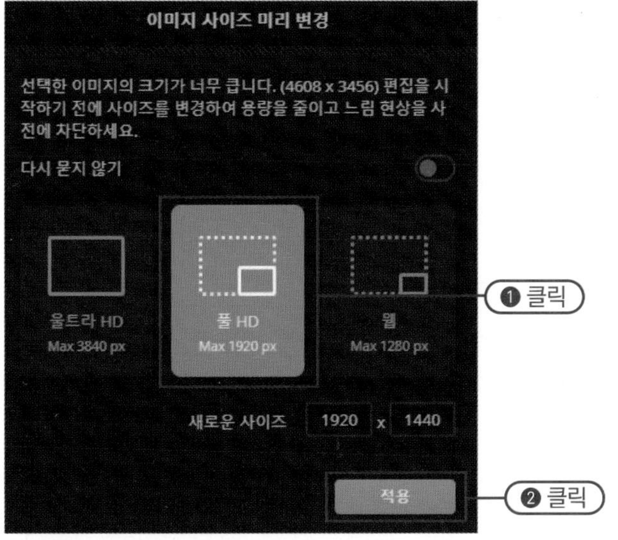

한 걸음 더! 운영 Tip

디자인 편집을 할 때 원하는 사이즈로 자유롭게 만들어도 되지만 스마트스토어에서 자주 사용하는 디자인 해상도가 있습니다. 웹용으로는 1280px로, 풀 HD용으로는 1920px로 디자인합니다. 프로모션 배너는 가로 기준 1920px로 작업을 해야 하며, 이벤트 디자인은 1280px로 제작해야 등록이 됩니다. 이처럼 디자인을 할 때는 해당 플랫폼에서 규격화해 놓은 사이즈를 먼저 확인한 후 작업하기를 권장합니다.

05 선택한 이미지가 적용된 것을 볼 수 있습니다. 사진에 글씨를 쓰기 위해 도구 상자에서 [문자] 도구인 T를 누릅니다.

06 텍스트 입력 상자가 만들어집니다. 화면에 원하는 내용을 입력하고 위치를 설정합니다.

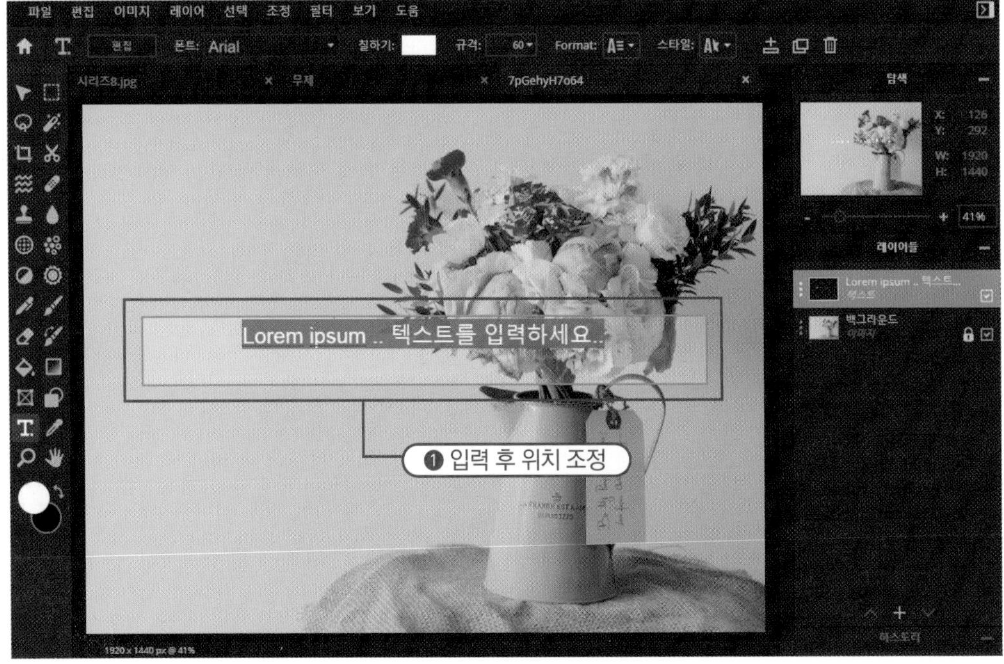

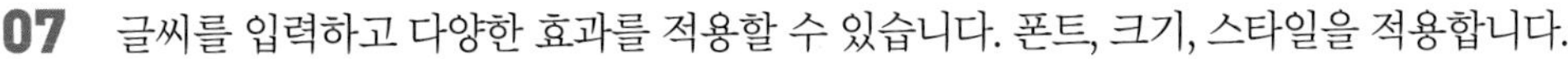

07 글씨를 입력하고 다양한 효과를 적용할 수 있습니다. 폰트, 크기, 스타일을 적용합니다.

08 소스 라이브러리 이미지에 최종 문자가 적용된 것을 볼 수 있습니다.

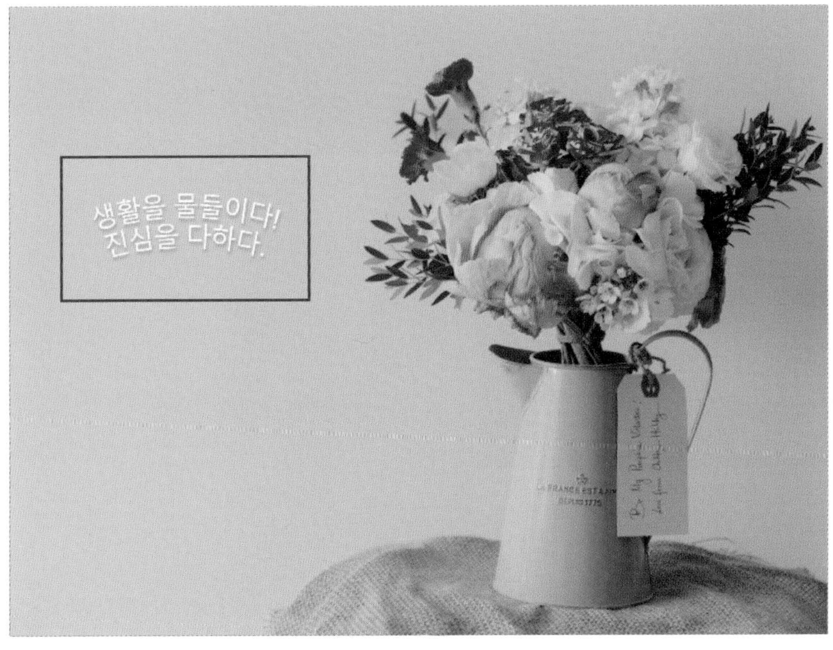

5 도장 도구와 복구 브러시 도구를 활용하여 이미지 복제 및 제거하기

상품 사진이나 모델 사진에 잡티가 있을 때 제거를 하려면 도장 도구 및 복구 브러시 도구를 활용하여 작업할 수 있습니다. 상품 사진 외에 인물 보정할 때도 많이 쓰이는 기능으로 다양하게 응용할 수 있습니다.

01 템플릿 디자인을 하기 위해 [파일] 메뉴의 [소스 라이브러리 검색]을 클릭합니다.

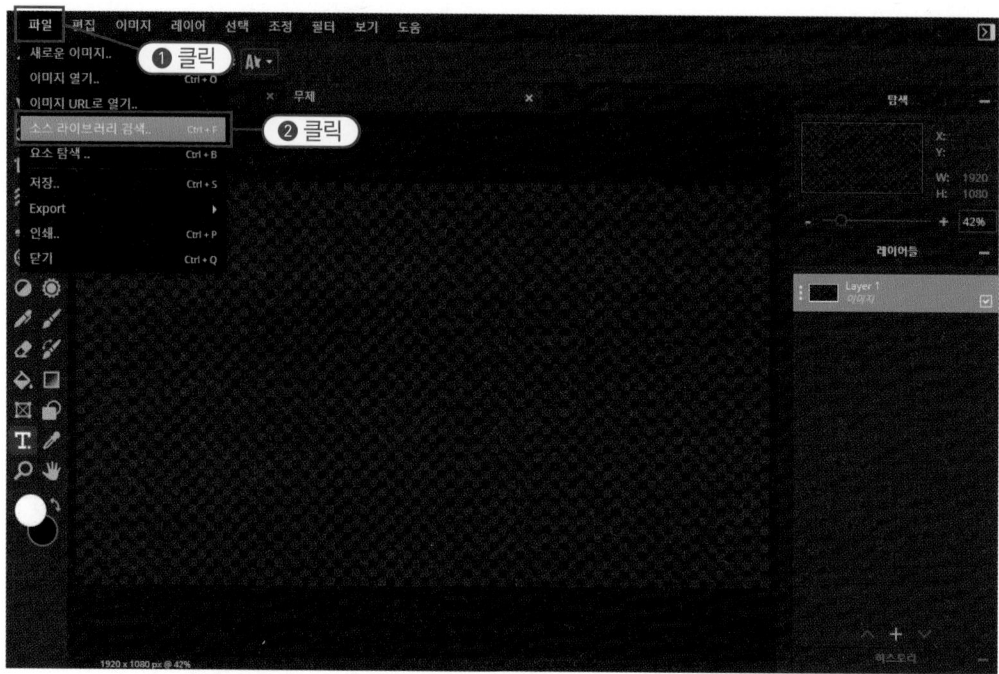

02 검색어로 food를 입력한 후에 원하는 이미지를 불러옵니다.

03 도구 상자에서 [도장] 도구를 선택합니다. 복제하려고 하는 이미지 부분을 선택한 후에 이미지를 추가로 만들고 싶은 영역에 드래그합니다.

04 이미지 중에 잡티 또는 원치 않는 부분을 삭제하기 위해 [복구 브러시] 도구를 선택합니다.

05 접시의 외곽에 묻은 소스 가루를 클릭하면 지워지는 것을 볼 수 있습니다.

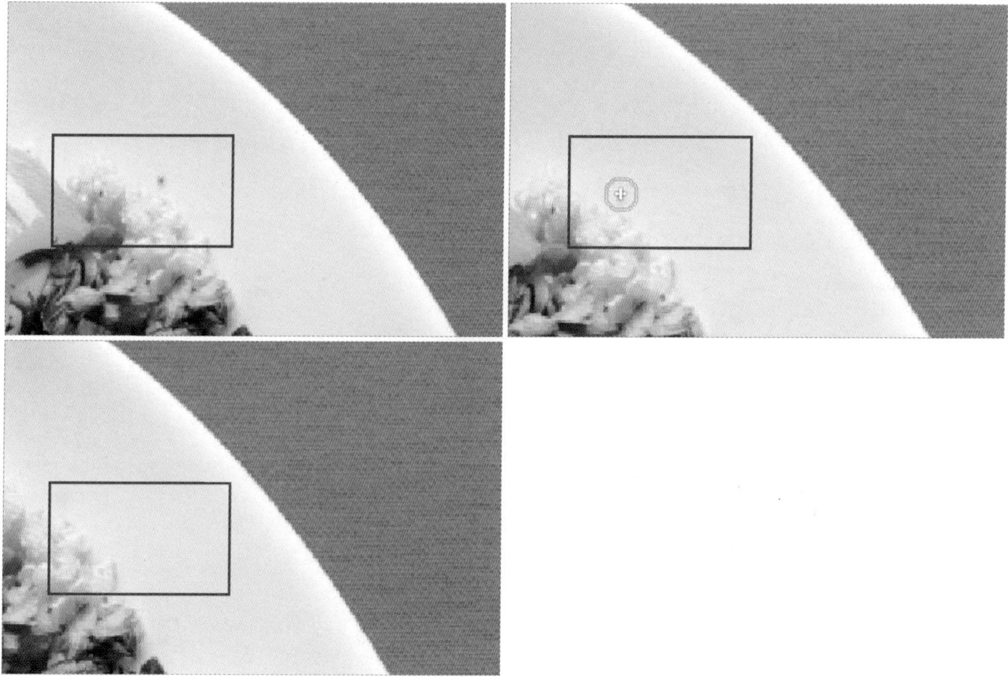

6 템플릿 기능을 활용하여 손쉽게 인스타그램 포스트 만들기

쇼핑몰을 홍보하기 위해 블로그에 글을 쓸 때나 인스타그램에 섬네일 등의 이미지가 필요한 경우 해당 플랫폼에 맞게 최적화된 템플릿을 제공하는 기능이 있습니다. 이 기능을 활용하면 짧은 시간에 마음에 드는 결과물을 낼 수 있어서 시간을 효율적으로 활용할 수 있습니다. 마케팅을 할 때 필수로 사용하는 템플릿 기능을 지금부터 사용해 보겠습니다.

따라해 보세요!

01 [파일] 메뉴의 [소스 라이브러리 검색]을 클릭합니다.

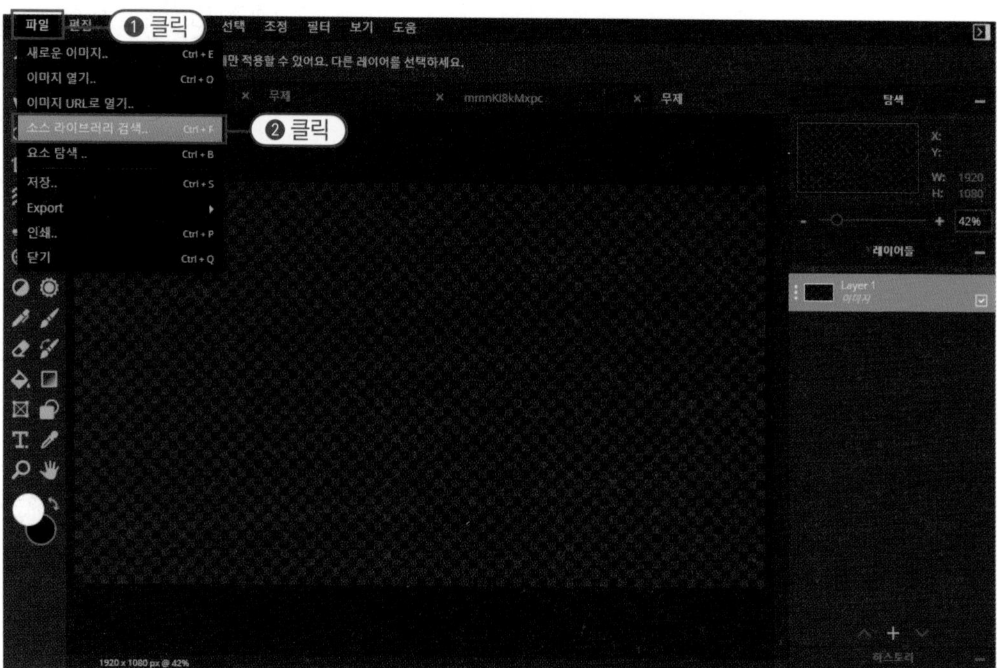

02 메인 화면에서 [TEMPLATES]를 클릭합니다. [TEMPLATES]에서 인스타그램 스토리 항목을 클릭하고 원하는 디자인을 선택합니다.

03 선택한 템플릿 팝업 창에서 [USE THIS TEMPLATE]을 클릭합니다.

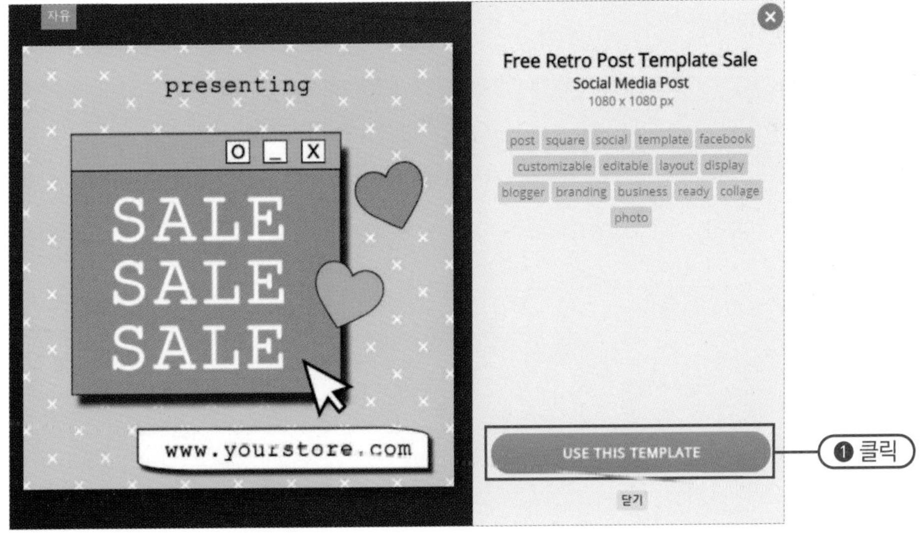

04 템플릿 디자인은 다 되어 있으며, 변경하고 싶은 부분만 변경하여 사용하면 됩니다. [문자] 도구를 클릭하여 아래에 있는 인터넷 주소를 수정합니다.

05 인터넷 주소가 변경되었습니다. 다양한 템플릿 디자인이 있으니 변경하여 사용해 봅니다.

유튜브 썸네일
HOW TO
CREATE
HRISTMAS
RAFFLE
New Season Opener
VLOGMAS?
인스타그램 포스트
Autumn
SALE
70% OFF
DON'T MISS
SPECIAL
OFFER
MEGA
SALE
30%
OFF
YBER
MONDAY
Autumn
TRENDS
70% OFF
Autumn
SALE
About today
Pinterest Pin
Hello!

미리캔버스로 상세페이지 완성하기

미리캔버스는 저작권 걱정 없이 사용할 수 있는 프로그램으로 ppt, 로고, 배너, 카드뉴스, 유튜브 섬네일 등 다양한 디자인을 짧은 시간에 전문가처럼 만들 수 있는 프로그램입니다. 회원가입을 하면 온라인에 만든 디자인이 저장되어 있어서 언제든지 이어서 다시 작업을 하거나 다운로드받을 수 있습니다.

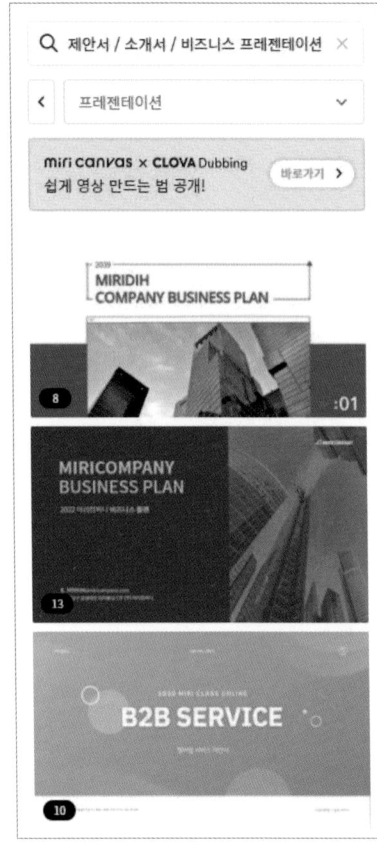

[프레젠테이션]

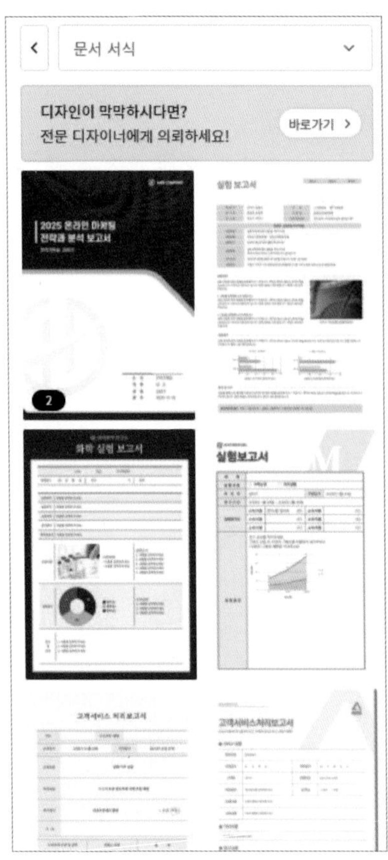

[문서 서식]

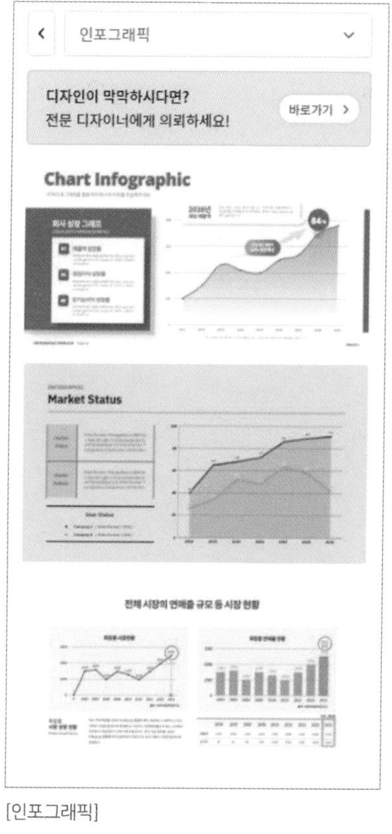

[인포그래픽]

[상세페이지]

1 미리캔버스 가입하기

미리캔버스를 사용하는 방법에는 2가지 방법이 있습니다. 회원과 비회원으로 사용하는 방법입니다. 비회원으로 모든 기능을 사용할 수는 있지만 만든 파일을 다운로드받을 수는 없습니다. 처음에 어떤 기능이 있는지, 내가 필요한 템플릿을 제공하는지 등 전체적으로 살펴보는 단계에서는 가입하지 않고 사용해 보면 됩니다.

만든 자료를 다운로드받아서 스마트스토어에 올리거나 SNS 마케팅 용도로 활용하기 위해서는 무료 회원가입을 하고 정식으로 제작한 파일을 다운로드받아서 사용해야 합니다. 간혹 캡처하여 사용하는 경우가 있는데 저작권에 위배되는 방법이기 때문에 가입 절차를 거친 후에 정식으로 다운로드받아서 사용해야 합니다.

01 인터넷 주소에 https://www.miricanvas.com을 입력하고 이동합니다. 미리캔버스 화면에서 [5초 회원가입]을 클릭합니다.

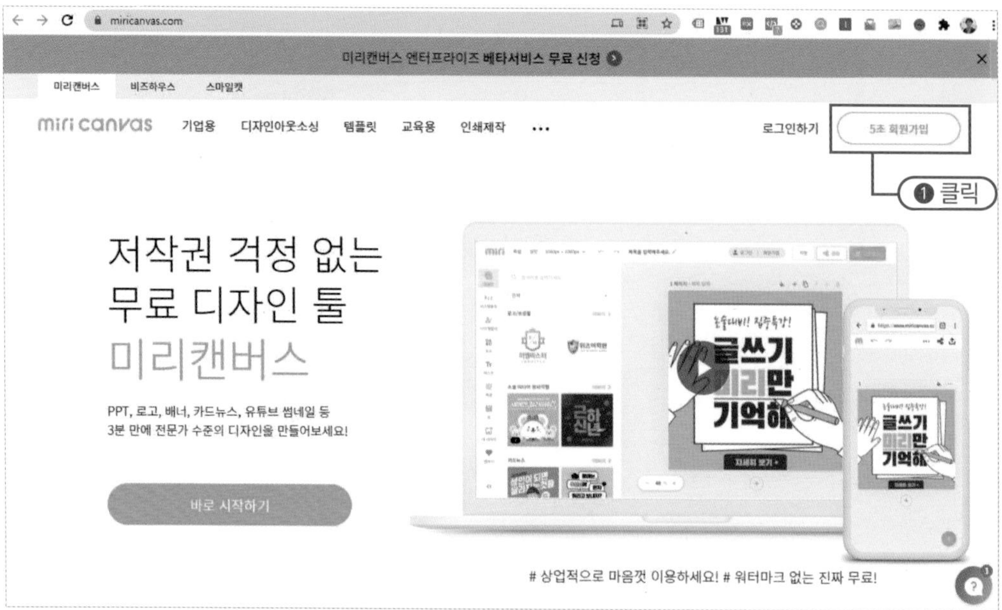

02 회원가입 페이지에서 간편 가입을 선택하면 편리합니다. 구글, 페이스북, 네이버, 카카오톡 등 자주 사용하는 채널의 버튼을 클릭하여 가입을 진행합니다. 네이버를 클릭하고 네이버 아이디와 비밀번호를 입력한 후에 [로그인]을 클릭합니다.

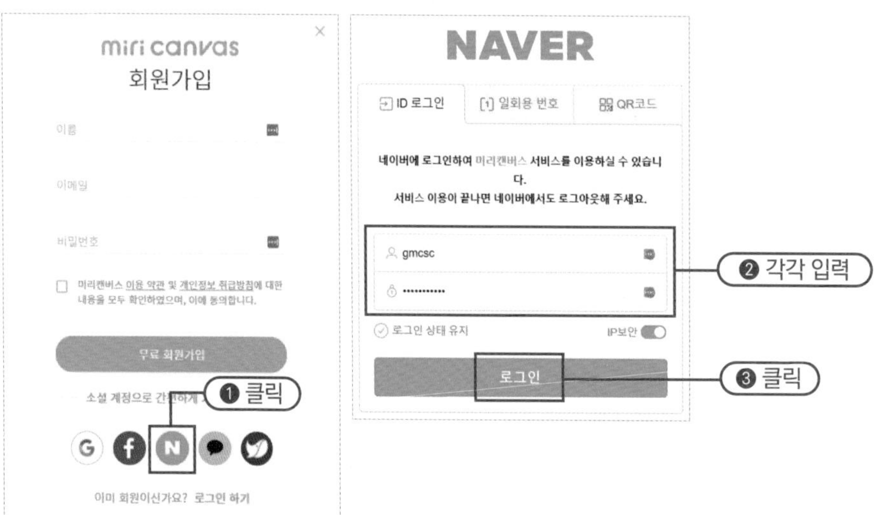

03 미리캔버스에 로그인이 되었습니다.

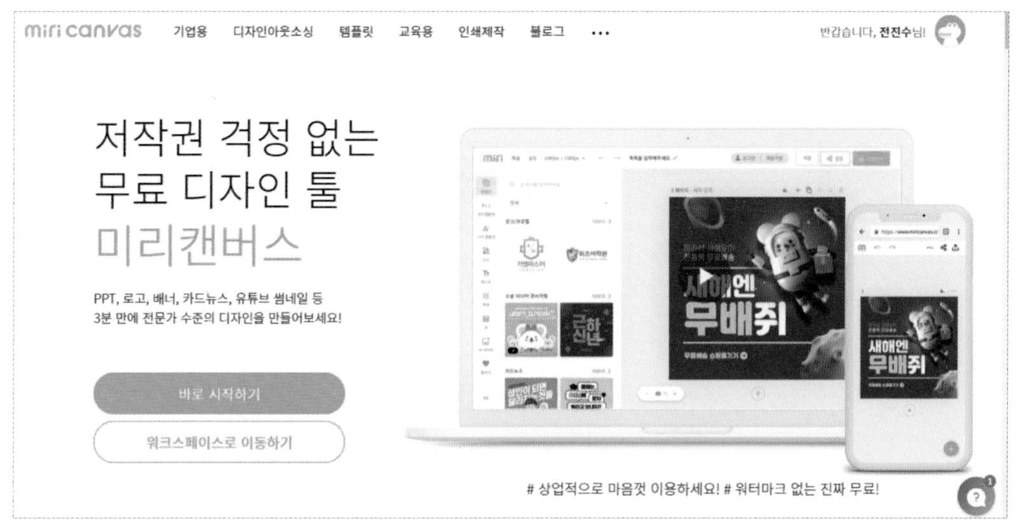

2 로고 만들기

사업을 시작할 때 고민하는 부분 중 하나가 로고를 어떻게 만들 것인가에 대한 것입니다. 만약 명확하게 정하지 않은 상태면 미리캔버스를 열고 제공하고 있는 로고 템플릿으로 몇 개를 만들어 보며 방향을 잡아 가는 것도 좋은 방법입니다. 미리캔버스에서는 로고 유형을 다양하게 제공하고 있습니다. 심볼형, 텍스트형, 라벨형 등 분야별로 필요한 디자인 유형을 미리 볼 수 있으며, 해당 디자인을 변형하여 바로 사용할 수 있는 형태로 구성되어 있습니다.

[심볼형]

[텍스트형]

[라벨형]

따라해 보세요!

01 로고 디자인을 하기 위해 미리캔버스 화면에서 [바로 시작하기]를 클릭합니다.

02 미리캔버스 편집 화면에서 [템플릿] 메뉴의 [로고/프로필] 항목을 클릭합니다.

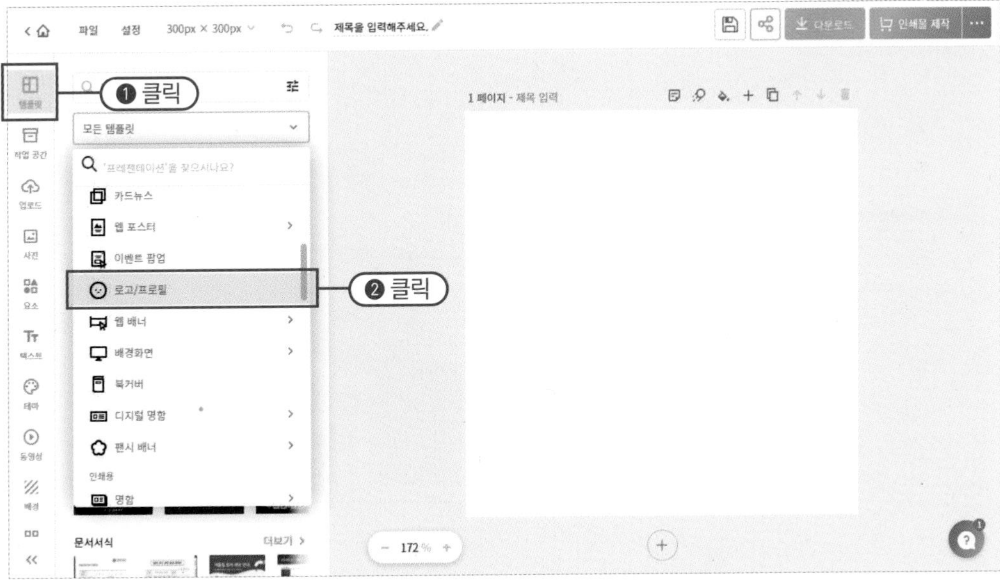

03 로고 이미지 템플릿이 나오는 것을 볼 수 있습니다. 로고 이미지를 클릭하면 편집 창에 선택한 로고 이미지가 열립니다.

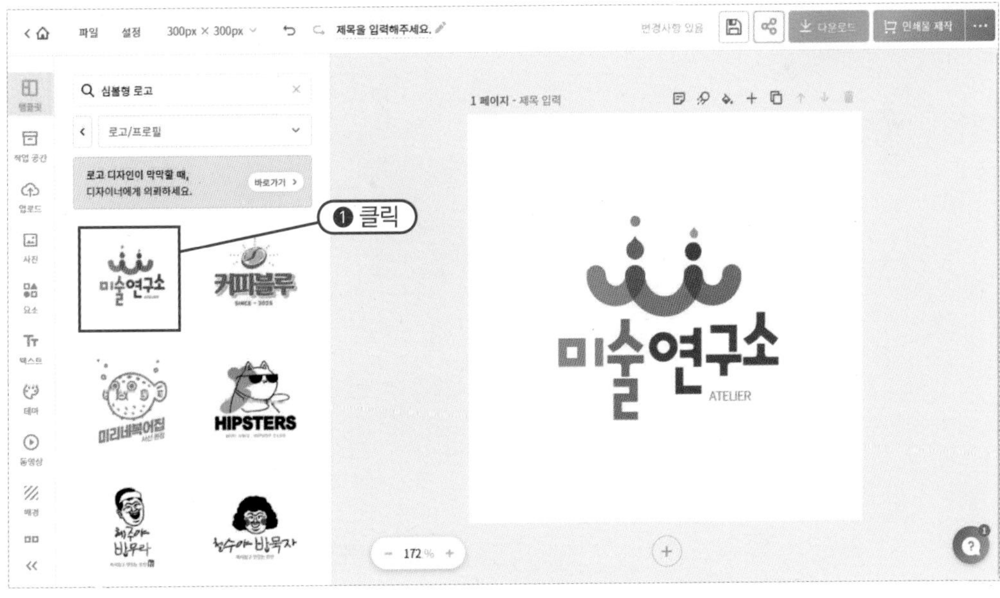

04 미술 연구소 글씨를 행복 연구소로 변경하기 위해 미술 글씨를 더블클릭하고, 드래그합니다. 이렇게 하면 글씨를 쓸 수 있게 변경이 됩니다. 글씨를 '행복'으로 변경합니다.

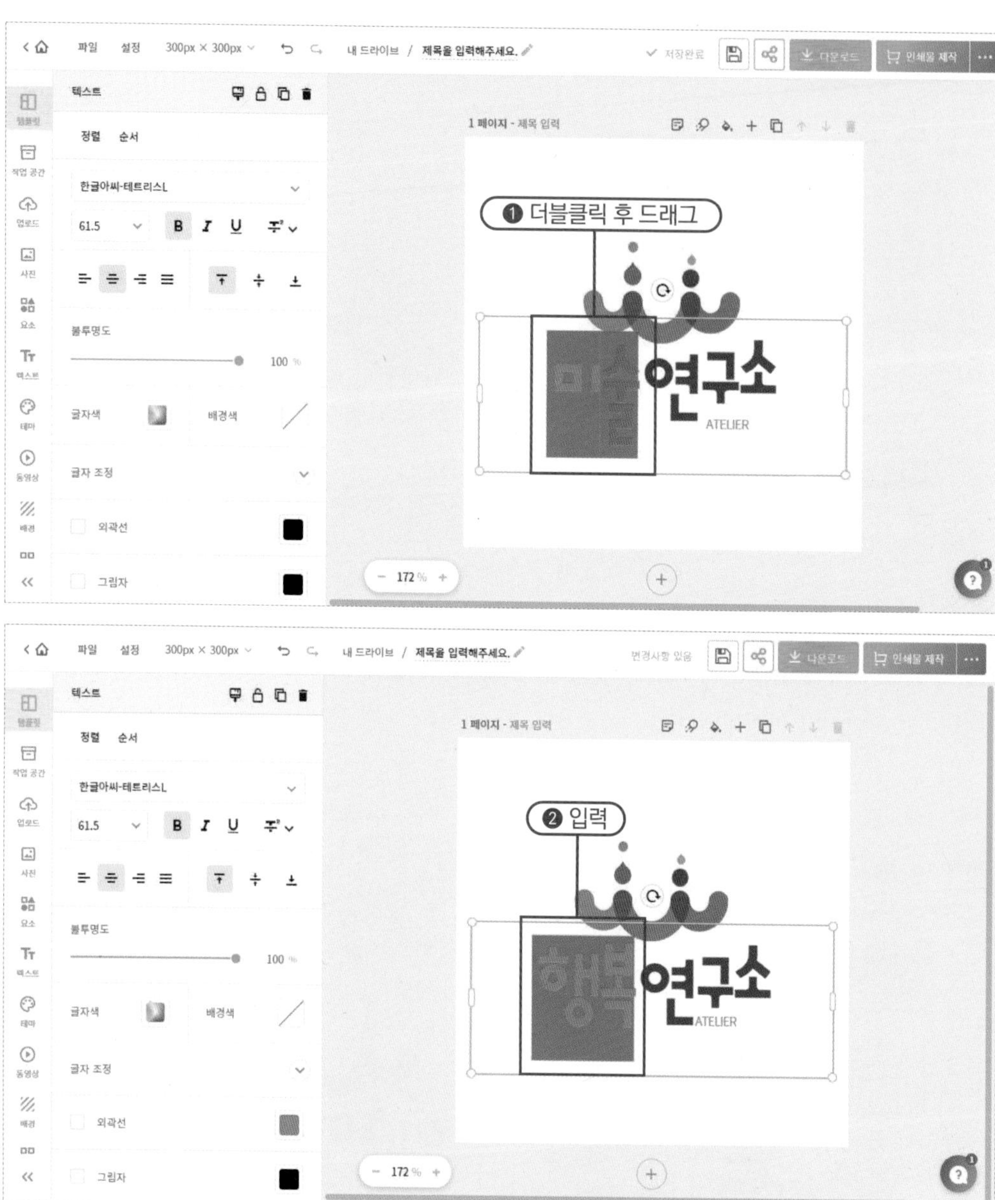

05 로고의 심벌 크기 및 색상을 변경해 봅니다. 심벌을 선택하고 색상 항목을 클릭하여 원하는 색상을 선택합니다.

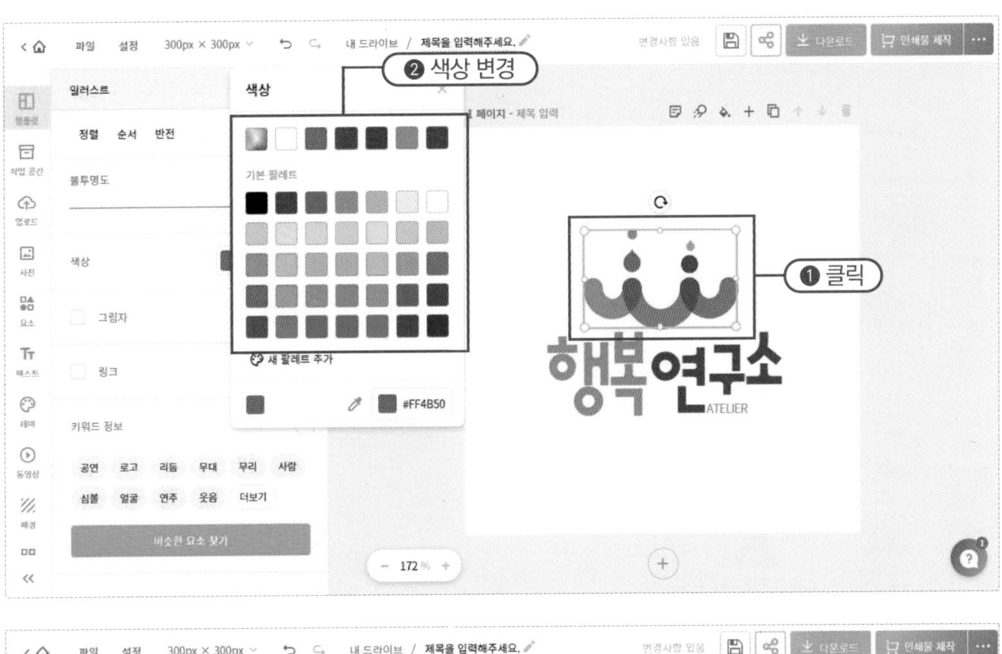

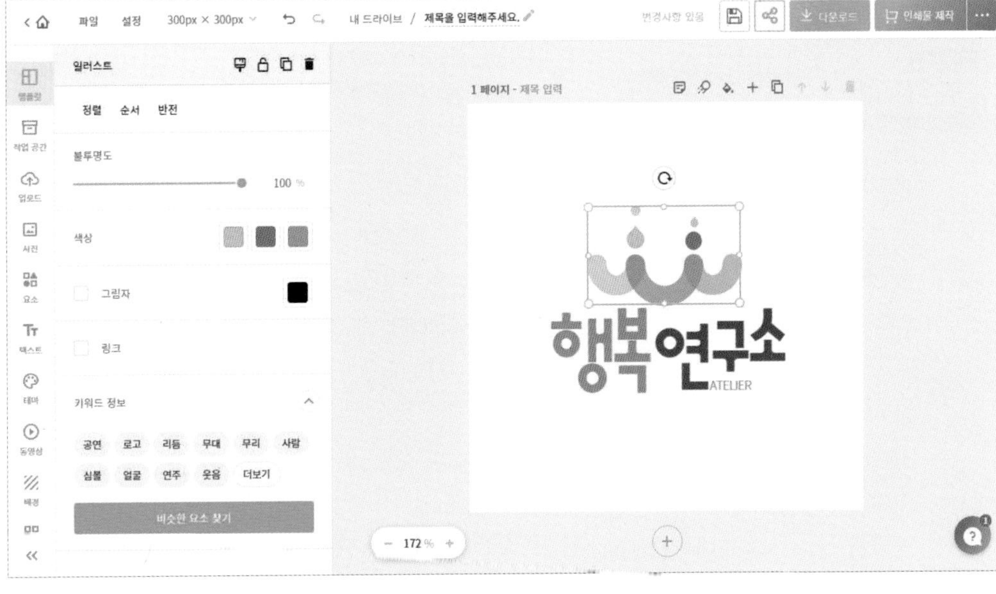

06 제작한 로고를 저장하기 위해 파일 이름을 입력하고 [다운로드]를 클릭한 후에 JPG 형식을 선택하고 [빠른 다운로드]를 클릭합니다.

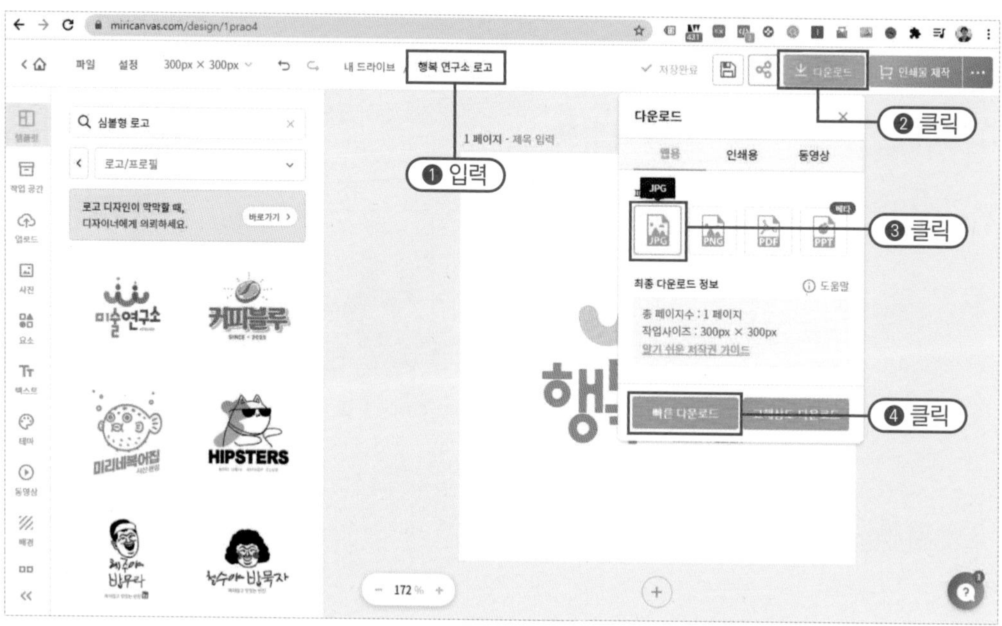

한 걸음 더! 운영 Tip

홈페이지나 쇼핑몰에서 자주 사용되는 이미지 형식에는 JPG, PNG, GIF가 있습니다.

❶ JPG

압축률이 뛰어난 파일 형식으로 일반적으로 많이 사용됩니다.

❷ PNG

JPG와 같이 높은 압축률로 이미지 화질의 손실이 적고, 배경이 투명한 이미지로 저장할 수 있어서 로고 및 투명 이미지가 필요한 경우에 많이 사용됩니다.

❸ GIF

256컬러까지만 표현되어 다양한 색상 표현에는 적합하지 않으나, 투명 이미지 또는 움직이는 애니메이션 이미지로 저장할 수 있다는 장점이 있습니다.

07 다운로드 파일을 확인하기 위해 [폴더 열기]를 클릭합니다. 다운로드되어 있는 로고를 확인합니다.

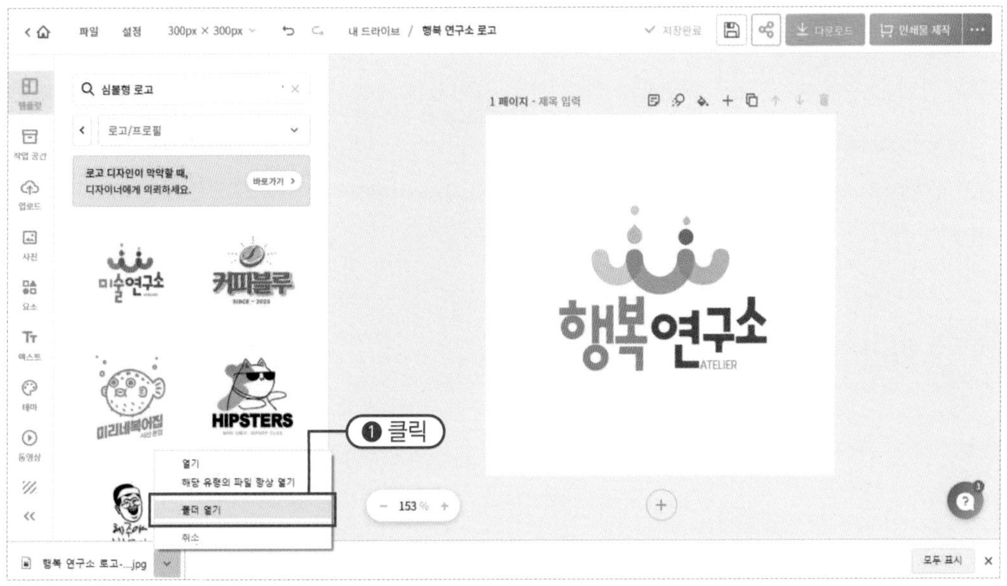

3 원하는 이미지 크기 설정 및 디자인하기

디자인 작업을 하다 보면 플랫폼이나 진행하려고 하는 이벤트에 맞게 사이즈를 다양하게 조절해서 사용해야 합니다. 각 플랫폼에서는 최적의 디자인 사이즈를 어떻게 설정해야 하는지 제시합니다. 만약 쇼핑몰에 상품을 등록하기 위해 상품 사이즈를 조절한다면 스마트스토어에서 제시하는 가로세로 픽셀 사이즈를 파악한 후에 해당하는 사이즈로 작업을 진행합니다. 이번 예시에서는 가로 1920px 세로 400px로 설정한 후에 다양한 곳에서 사용되는 메인 타이틀을 만들어 보겠습니다.

따라해 보세요!

01 메인 타이틀 디자인을 하기 위해 미리캔버스 화면에서 [바로 시작하기]를 클릭합니다.

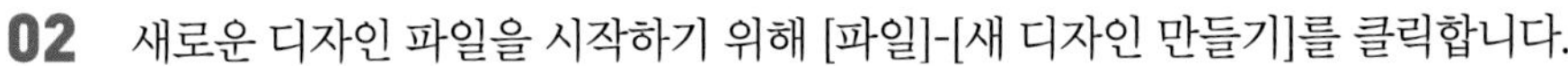

02 새로운 디자인 파일을 시작하기 위해 [파일]-[새 디자인 만들기]를 클릭합니다.

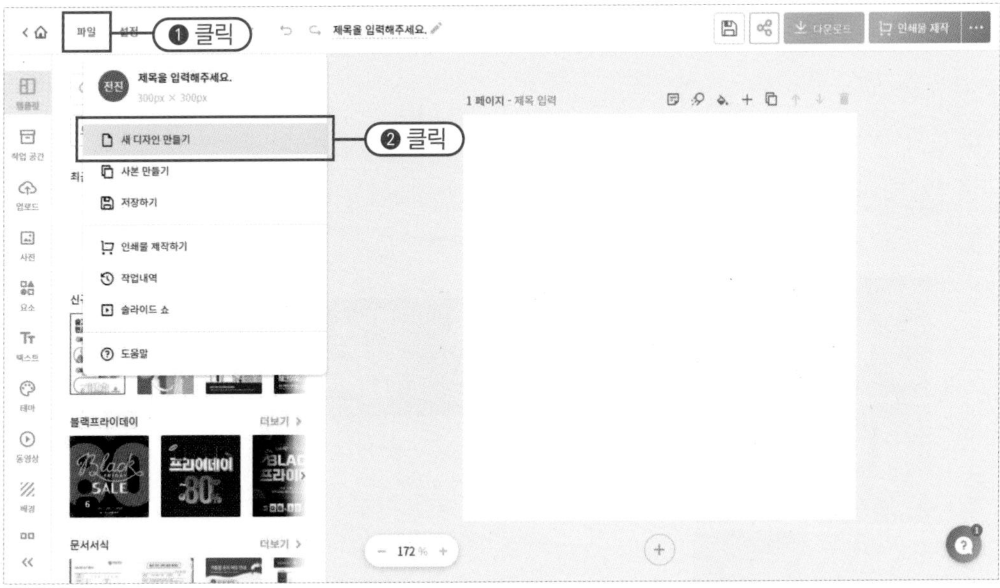

03 새로운 디자인 화면이 열리면서 사이즈를 입력하는 화면이 나옵니다. 사이즈를 입력하고 [새 디자인 만들기]를 클릭합니다.

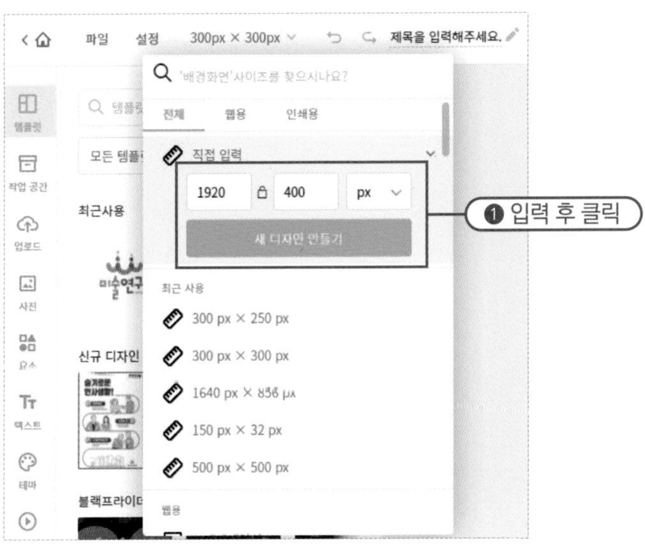

04 새롭게 열린 디자인 창입니다. 디자인 검색 화면에서 원하는 유형의 이미지를 검색한 후에 클릭을 하면 편집 창에 적용되는 것을 볼 수 있습니다.

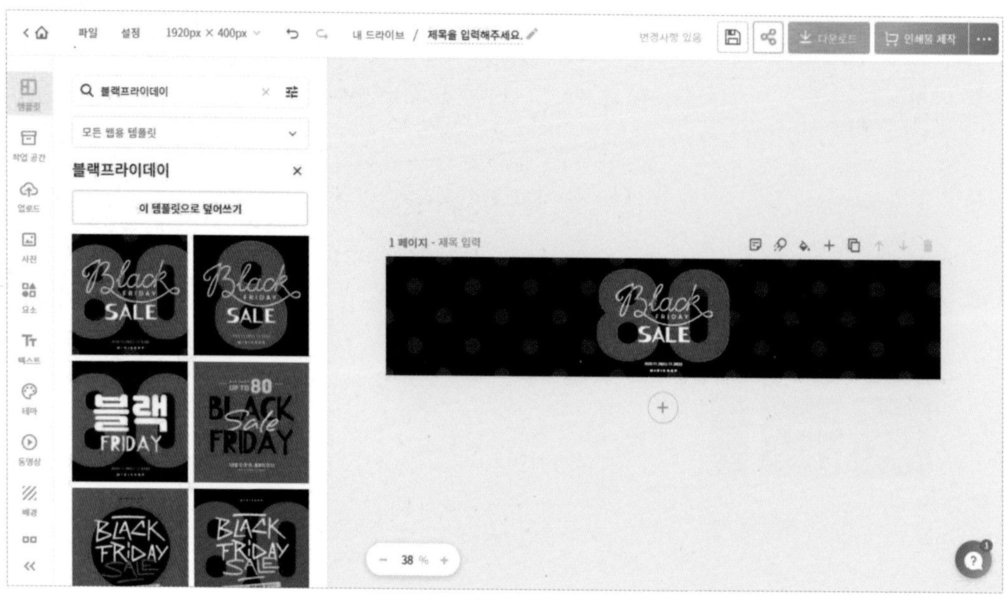

05 적용된 디자인에 다양한 소스를 추가할 수 있습니다. 여기에서는 가방 요소를 추가하기 위해, 왼쪽의 메뉴에서 [요소] 메뉴를 클릭한 후에 검색 창에서 [가방]을 검색하고 원하는 가방 이미지를 클릭하여 화면에 진열합니다.

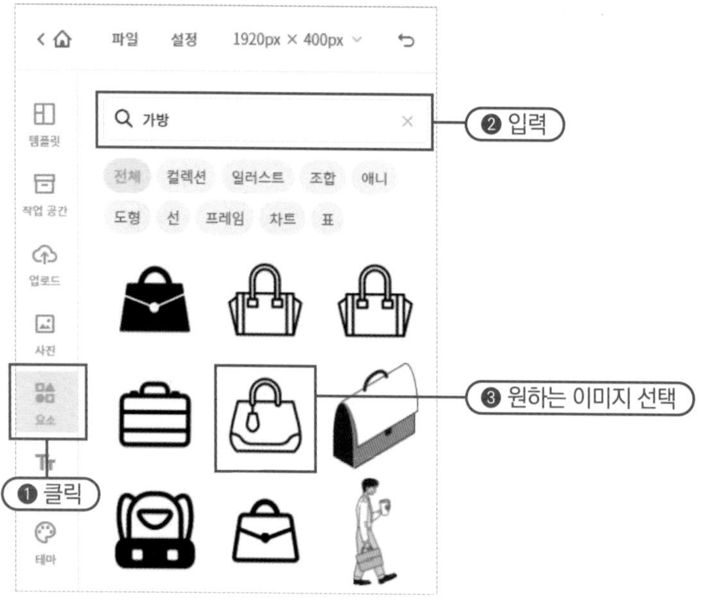

06 화면에 가방이 적용되었습니다. 가방 색상이 검정으로 되어 있어서 화면에 적용해도 안 보이는데, 가방의 색상을 흰색으로 변경합니다. 흰색으로 변경하기 위해 가방 이미지를 선택하면 왼쪽 메뉴에 이미지를 수정할 수 있는 화면이 나옵니다. 항목에서 색상을 선택하고 흰색을 클릭하면 흰색으로 변경됩니다.

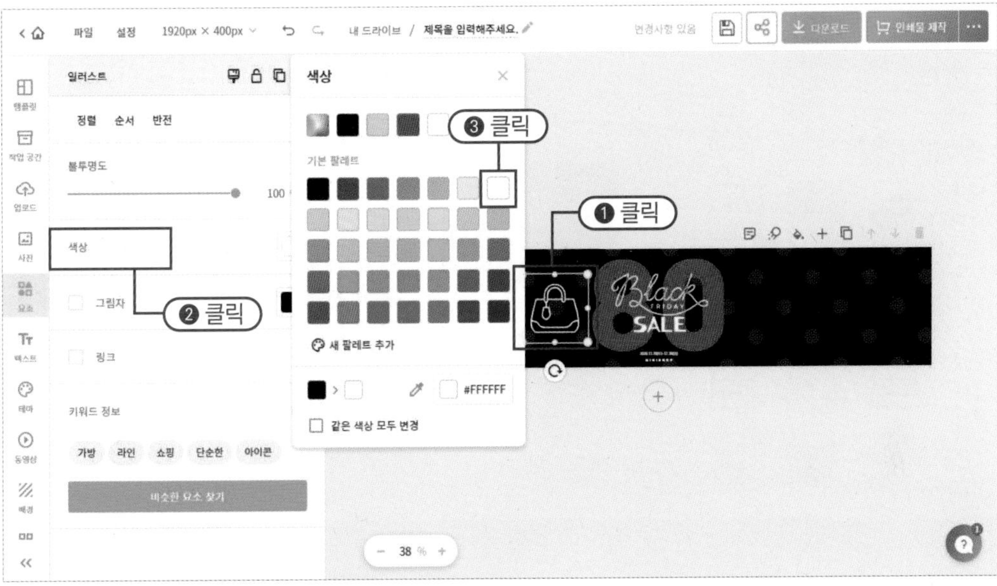

07 추가적으로 디자인이 필요한 경우 요소 항목에서 원하는 키워드를 입력하면 해당 이미지가 나옵니다. 다양한 이미지를 검색하여 화면 구성을 합니다.

08 저장하기 위해 파일 이름을 메인배너로 입력한 다음 [다운로드]를 클릭하고 JPG가 선택된 상태에서 [빠른 다운로드]를 클릭하여 이미지를 다운로드합니다.

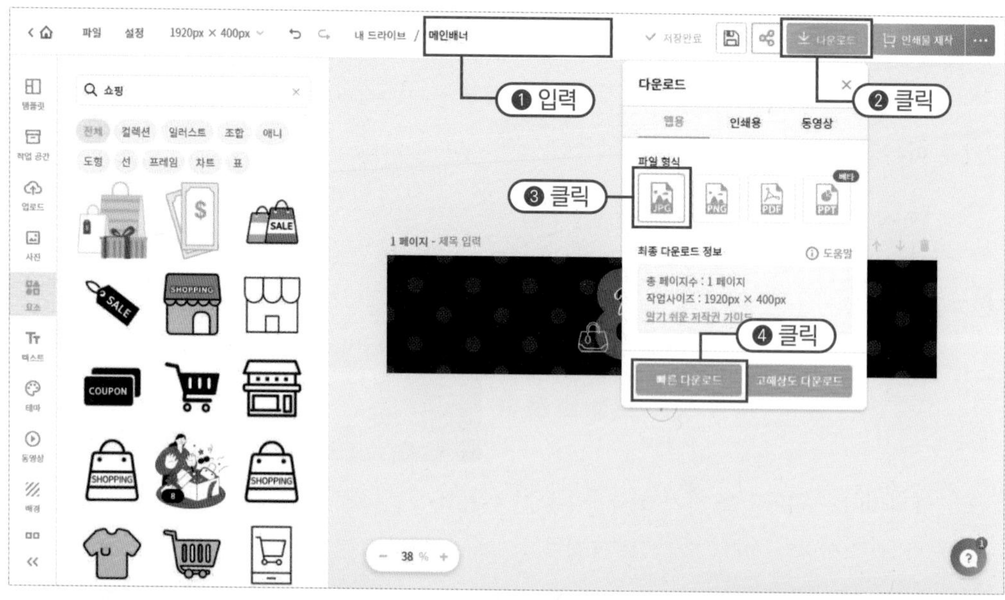

4 제품 상세페이지 디자인하기

쇼핑몰을 운영하며 시간이 가장 많이 걸리는 일이 상세 설명을 만드는 일이라고 생각합니다. 아무래도 고객이 상세 설명을 보고 구매를 하는 경우가 많기 때문에 작성할 때 많은 신경이 쓰입니다. 상세 설명을 통해 소구점(광고가 시청자나 상품 수요자에게 호소하는 부분)을 만들어 내야 구매로 이어집니다.

미리캔버스 상세페이지 디자인을 활용하면 어느 정도 시간을 절약하며 좋은 결과물을 만들어 낼 수 있습니다.

따라해 보세요!

01 상세페이지 디자인을 하기 위해 [템플릿] 메뉴에서 [상세페이지]를 선택합니다. 브라운 컬러의 감성 인테리어를 선택하고 [이 템플릿으로 덮어쓰기]를 클릭합니다.

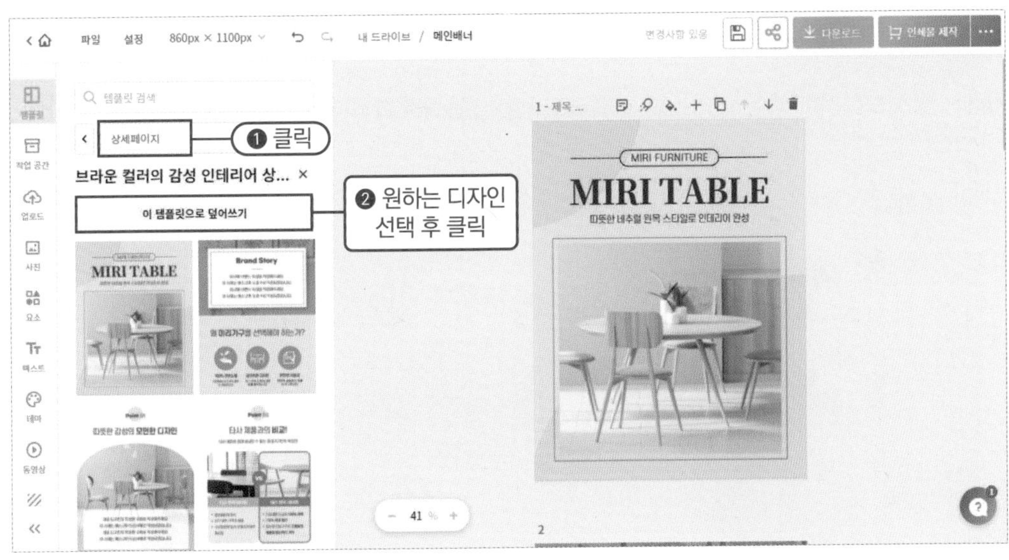

02 제작하려고 하는 이미지를 업로드하기 위해 [업로드] 메뉴를 클릭한 후에 [내 파일 업로드]를 클릭합니다.

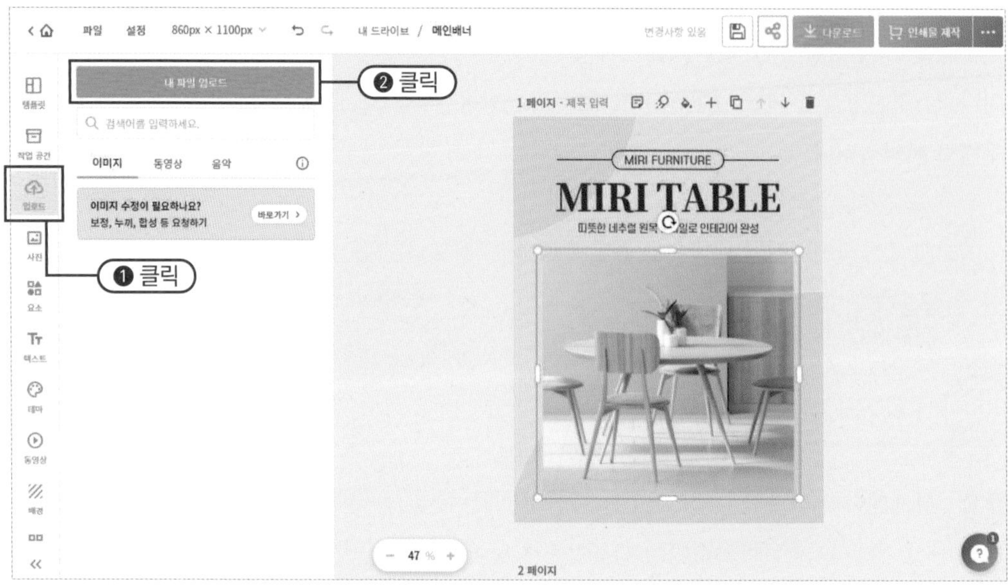

03 업로드하려고 하는 이미지를 선택하고 [열기]를 클릭합니다.

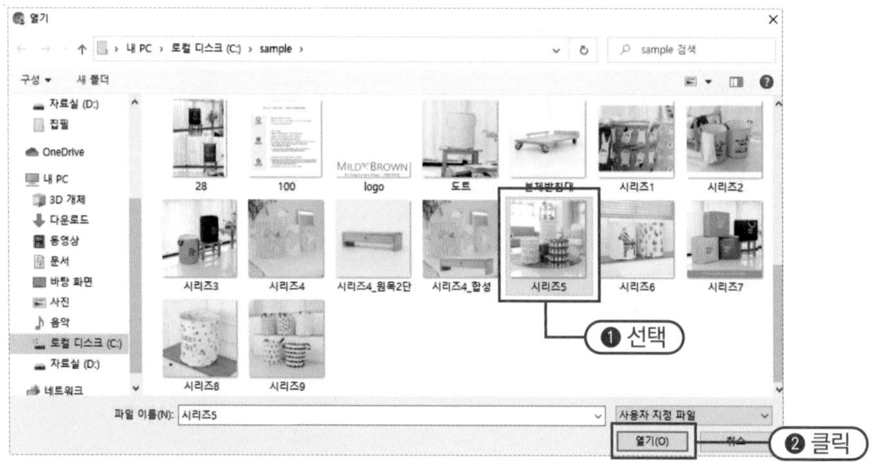

04 업로드된 이미지를 클릭하면 편집 창에 이미지가 들어가는 것을 볼 수 있습니다. 사각 프레임 안에 이미지가 들어가게 하기 위해 이미지를 드래그합니다.

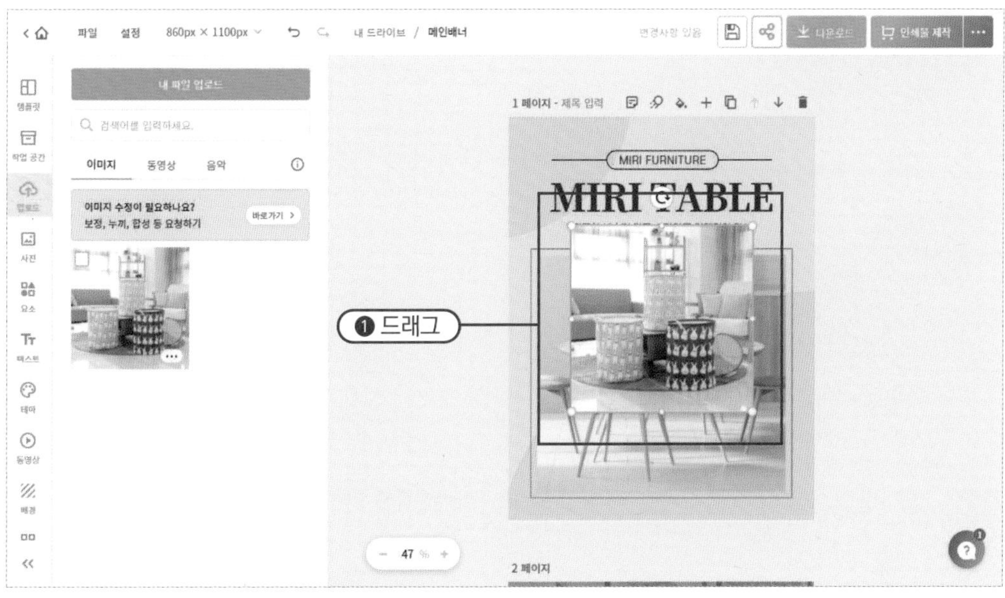

05 이미지를 드래그하여 사각 프레임으로 이동하면 사각형 프레임에 이미지가 바로 들어가집니다.

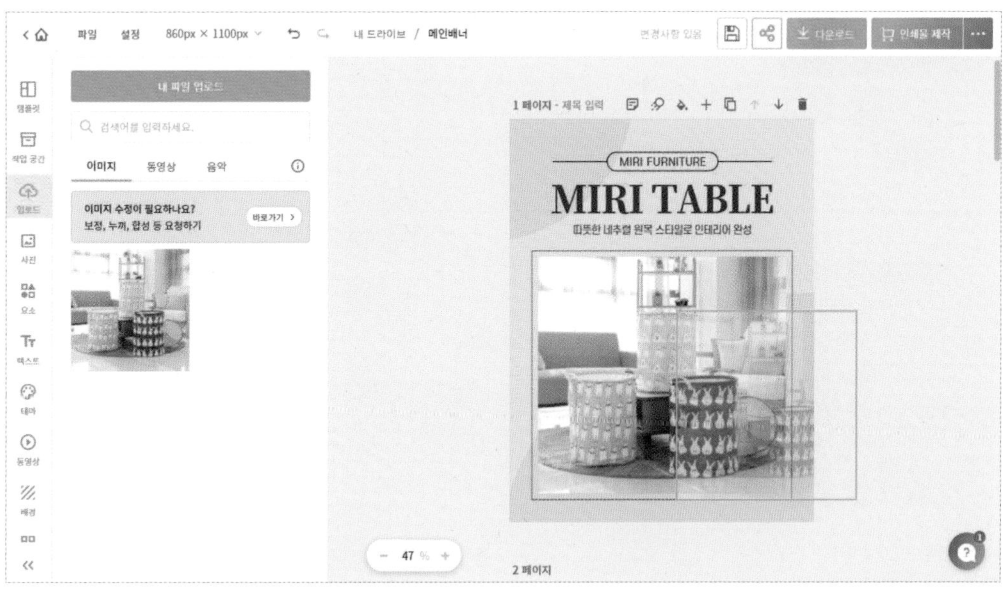

06 상세페이지의 텍스트를 수정하면 아래와 같이 완성할 수 있습니다.

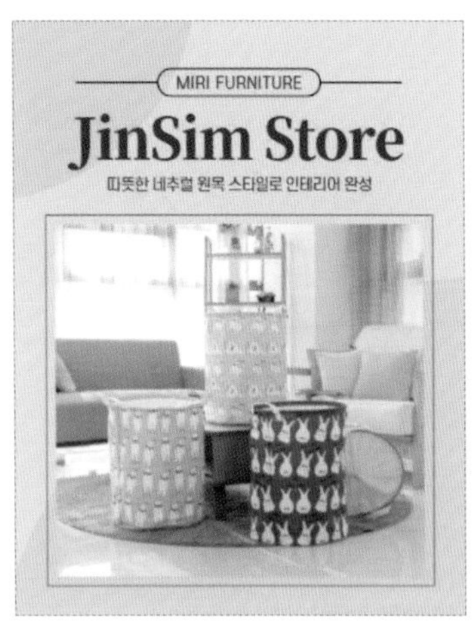

07 같은 방법으로 다른 페이지도 이미지 및 텍스트 교체를 하며 디자인을 완성합니다.

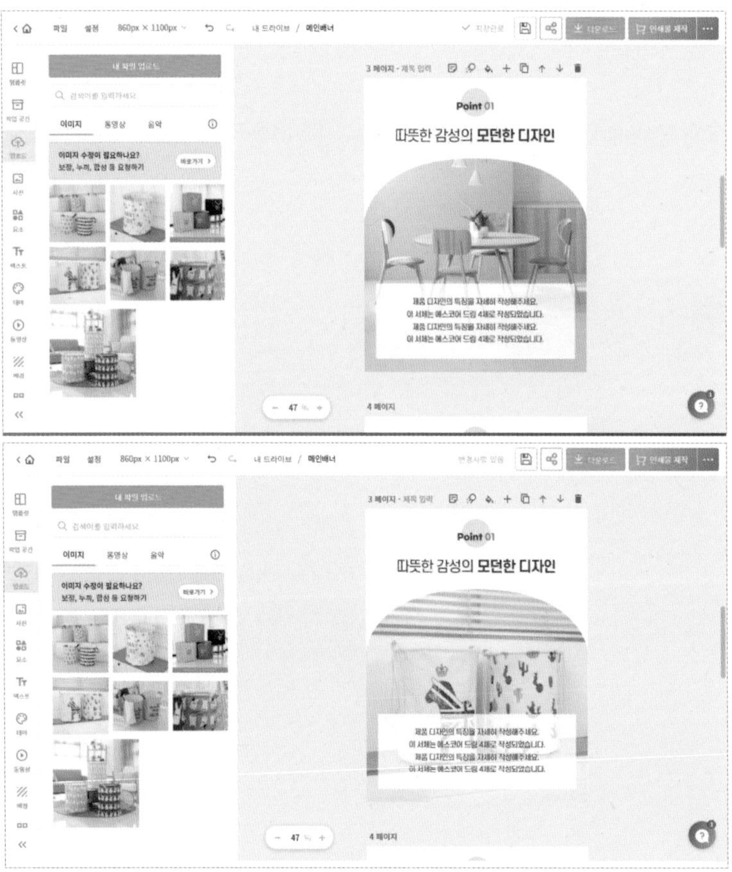

08 파일 이름을 상세페이지라고 입력하고, [다운로드]를 클릭한 후에 JPG로 선택된 상태에서 [빠른 다운로드]를 클릭합니다. 이번에 저장되는 파일은 여러 장의 사진을 받기 때문에 압축 파일로 저장됩니다.

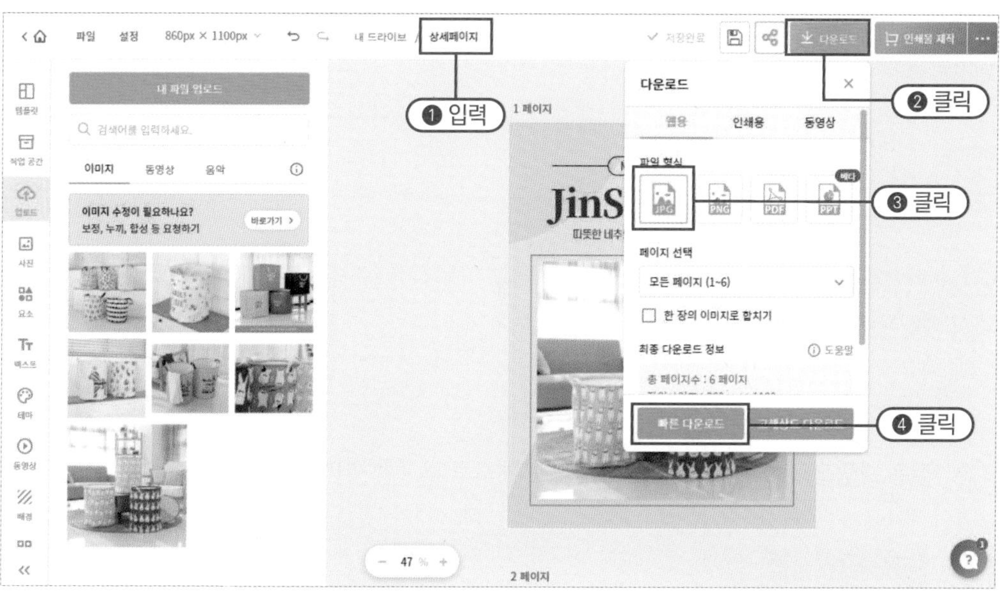

09 판매하려는 상품에 대한 상세페이지가 완성된 것을 볼 수 있습니다. 이 외에도 다양한 템플릿이 있습니다. 처음에는 다양한 템플릿을 사용해 보고 최종 디자인을 결정하여 작업해 보세요.

5 이벤트 팝업 만들기

팝업 창이란 쇼핑몰을 운영할 때 광고 용도로 많이 만드는 창으로, 즉 이벤트 페이지에 해당됩니다. 처음 방문한 고객의 관심을 끌만 한 내용을 가독성 있게 표현하거나, 구매를 결정할 수 있는 요소인 후기 게시판으로 유도하는 역할을 합니다.

따라해 보세요!

01 이벤트 팝업 디자인을 하기 위해 [템플릿] 메뉴에서 [이벤트 팝업]을 선택합니다. 러브펫 워시 체험단 모집 이벤트 디자인을 선택합니다.

02 선택된 디자인에 요소를 추가하기 위해 [요소] 메뉴를 클릭하고 강아지를 검색합니다. 검색 결과에서 원하는 이미지를 선택합니다.

03 이미지를 원하는 위치로 이동하고 필터 효과 등 이미지에 어울리는 효과를 적용합니다.

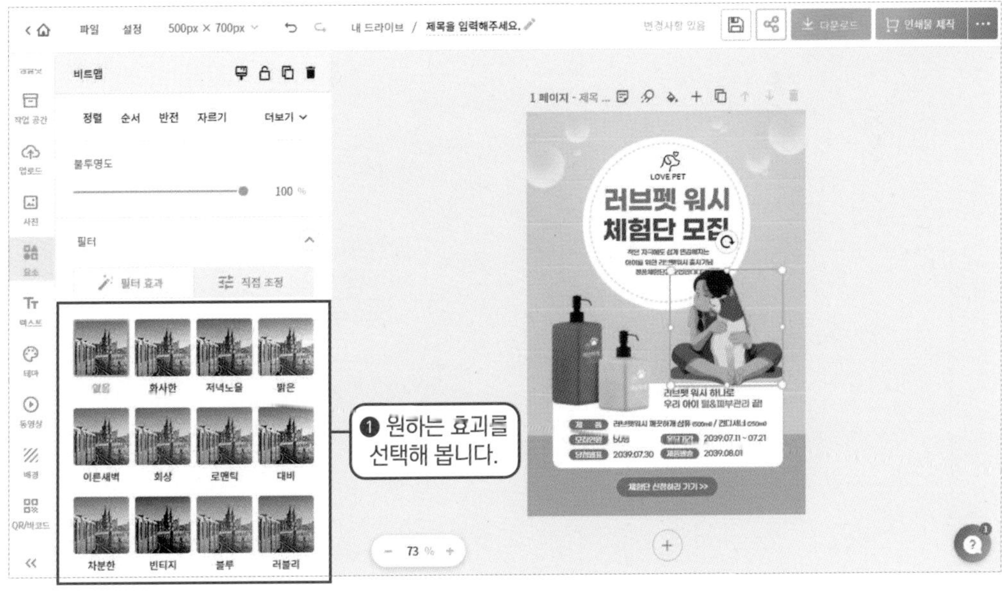

04 배경을 변경하기 위해 이미지의 배경을 선택하면 [배경 편집] 메뉴가 활성화됩니다. [배경 편집]을 클릭합니다.

05 배경 편집 옵션 창에서 [직접 조정]을 클릭한 다음 컬러 톤을 조절하여 원하는 톤으로 완성합니다.

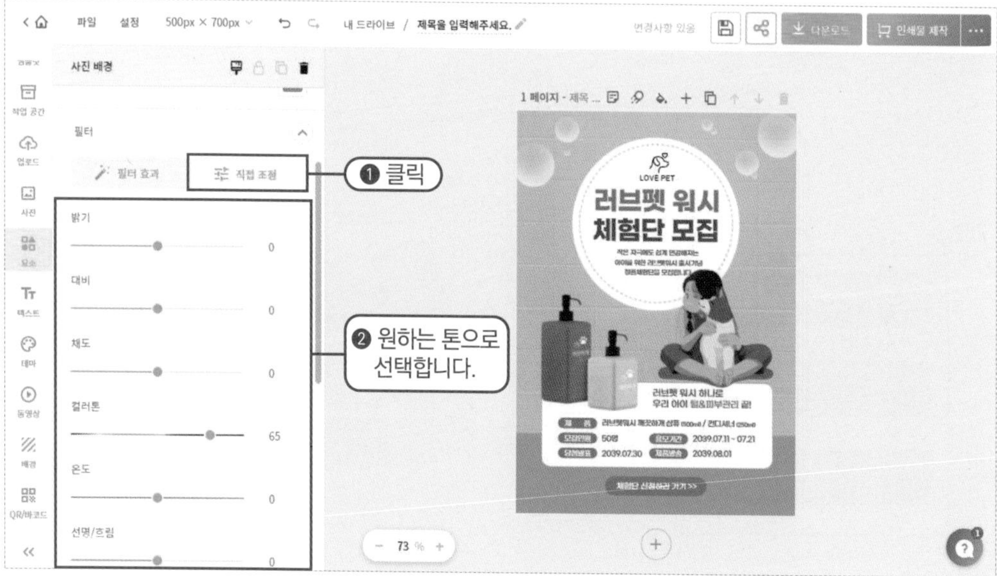

06 파일 이름에 이벤트 팝업이라고 입력하고 [다운로드]를 클릭한 다음 JPG로 선택된 상태에서 [빠른 다운로드]를 클릭하여 이미지를 다운로드합니다.

Part 04

위탁판매를 위한 스마트스토어 필수 기능 이해

위탁판매를 위해서 필수로 알아야 하는 스마트스토어 내용을 정리했습니다. 스마트스토어 운영을 위한 디자인 설정 중 대표 이미지 설정과 테마 색상 설정 방법을 배웁니다. 그리고 스마트스토어에 상품을 등록하고 주문과 배송 처리를 하는 방법에 대한 내용을 위탁배송 상품을 기준으로 안내하고 있습니다.

1 스마트스토어 대표 이미지 설정
2 스마트스토어 테마 설정
3 스마트스토어 상품 등록하기
4 효과적인 주문 처리 및 배송 방법
5 위탁배송 상품 배송 처리 방법
6 주문 취소가 접수된 경우 진행 방법
7 구매 확정 내역 확인 및 구매 평 관리

01 스마트스토어 대표 이미지 설정

스마트스토어 대표 이미지를 등록해 보겠습니다. 등록한 이미지는 스마트스토어에 접속했을 때 왼쪽 위에 노출이 되며, 프로필 영역과 네이버 쇼핑 화면 등에도 노출되는 중요한 이미지입니다.

스토어 대표 이미지로는 몰 정체성(mall identity)이 뚜렷이 드러나는 이미지를 사용하기를 권장합니다. 초상권, 저작권, 상표권 등 타인의 권리를 침해하는 이미지는 사용할 수 없으며, GIF 애니메이션 이미지 노출은 불가능합니다. JPG(JPEG)와 PNG, GIF, BMP 형식의 이미지만 등록할 수 있습니다. 이미지 사이즈는 최소 160px * 160px 이상으로 가로세로 정비율 이미지만 사용할 수 있습니다. 권장 사이즈는 가로 1300px 이상으로, 최대 20MB까지 가능합니다.

따라해 보세요!

01 스마트스토어 판매자 센터에서 [로그인하기]를 클릭한 후에 아이디와 비밀번호를 입력하고 스마트스토어 관리자 페이지에 접속합니다.

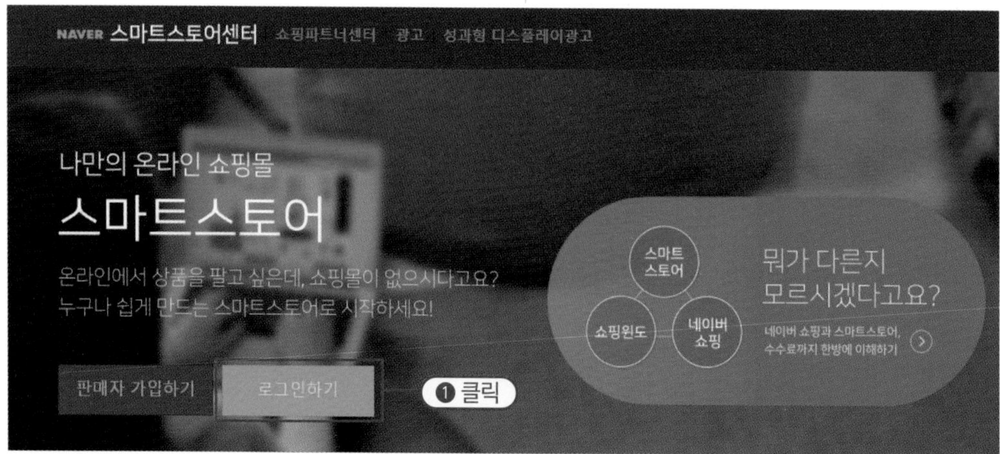

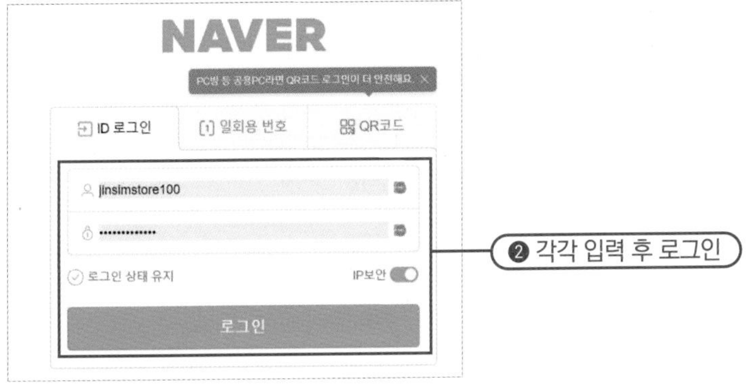

02 스마트스토어 관리자 페이지가 나오는 것을 볼 수 있습니다.

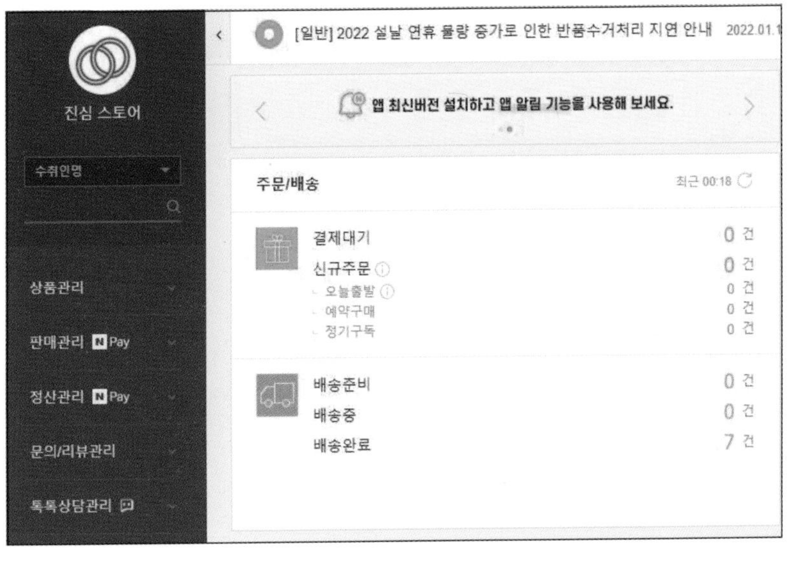

03 [스토어 전시관리] 메뉴에서 [스토어 관리]를 클릭하면 대표 이미지를 올리는 화면이 나옵니다. 대표 이미지 항목의 [+] 버튼을 클릭하여 원하는 이미지를 불러오면 대표 이미지로 적용됩니다.

스마트스토어의 대표 이미지로 사용할 이미지의 좋은 예와 나쁜 예에 대해 구분해 봅니다.

- **스토어 대표 이미지의 좋은 예**

  몰 아이덴티티(mall identity)를 표현할 수 있는 면이 채워진 형태의 이미지 컷 또는 몰 로고(mall logo)

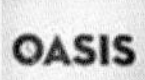

- **스토어 대표 이미지의 나쁜 예**

  몰 아이덴티티(mall identity)를 표현할 수 없는 경우, 텍스트만 적용된 경우, 이미지 위에 텍스트가 적용된 경우와 이미지 테두리에 색상이 있는 경우 등

스마트스토어 테마 설정

스마트스토어 테마 설정은 스마트스토어 디자인을 관리하는 메뉴로 스마트스토어에 최근에 새롭게 생긴 메뉴입니다.

따라해 보세요!

01 [스토어 전시관리] 메뉴를 클릭하면 [스마트스토어(NEW)] 항목이 있습니다. 클릭하여 테마 설정을 합니다.

스토어 전시관리
스마트스토어 (NEW)
카테고리 관리
쇼핑 스토리 관리
라이브 예고 페이지 관리
스토어 관리
❶ 클릭

02 컬러 테마를 선택합니다. 다양한 컬러가 있는데 색상은 특정 부분에 적용되는 것이 아니라 사이트 전체가 선택한 색상으로 테마 구성이 됩니다. 여러 번 다시 설정할 수 있으니 색상별로 설정하며 제품과 잘 어울리는지 확인합니다. 최종적으로 판매하려고 하는 제품과 타깃에 맞게 컬러 테마 및 레이아웃을 선택합니다.

03 프로모션 이미지를 등록하기 위해 [컴포넌트 관리] 메뉴를 클릭하고 [프로모션 이미지]를 선택한 후에 [이미지 추가]를 클릭합니다.

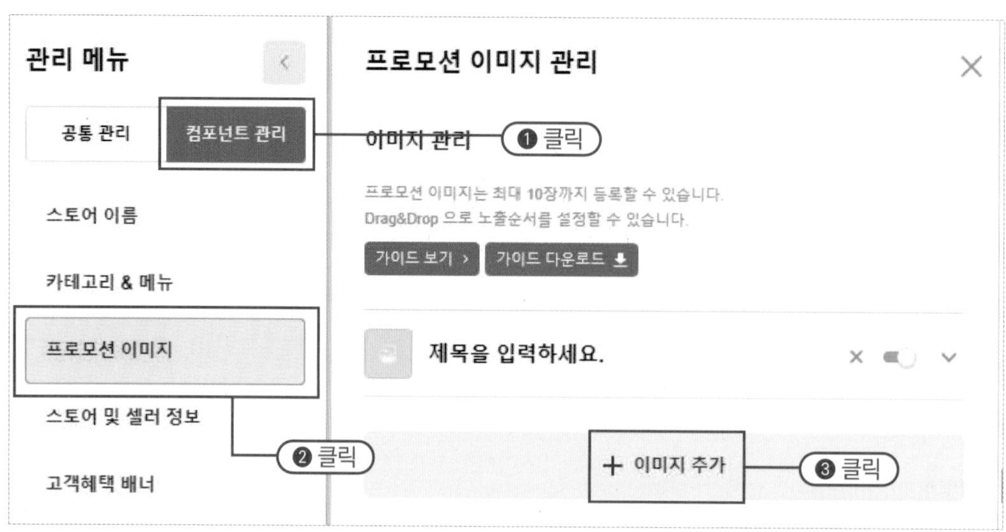

NOTE

프로모션 이미지는 최대 10장까지 등록할 수 있으며 롤링 배너 형태로 사진이 보입니다. 쇼핑몰 메인 화면에 바로 보이는 배너로, 현재 어떤 제품을 판매하고 있는지와 기획전 및 혜택에 관한 내용으로 디자인해서 구매를 유도하는 것이 좋습니다.

04 이미지를 선택하는 화면이 나타납니다. PC 이미지 항목에서 [등록]을 클릭합니다.

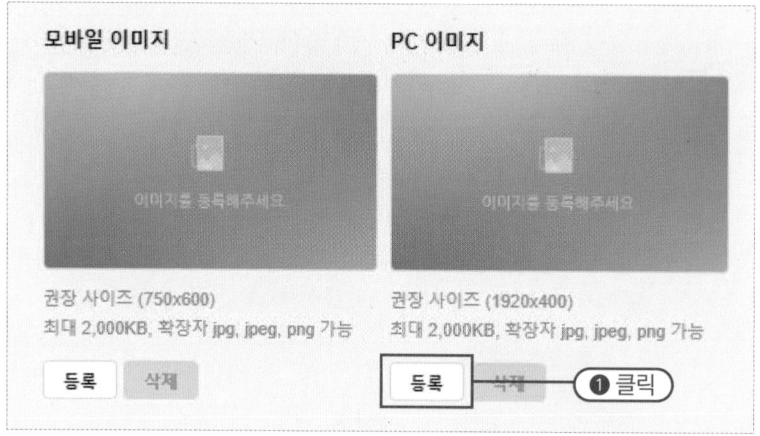

05 이미지 등록 화면에서 [이미지 찾기]를 클릭하여 원하는 이미지를 선택한 후에 [적용하기]를 클릭합니다.

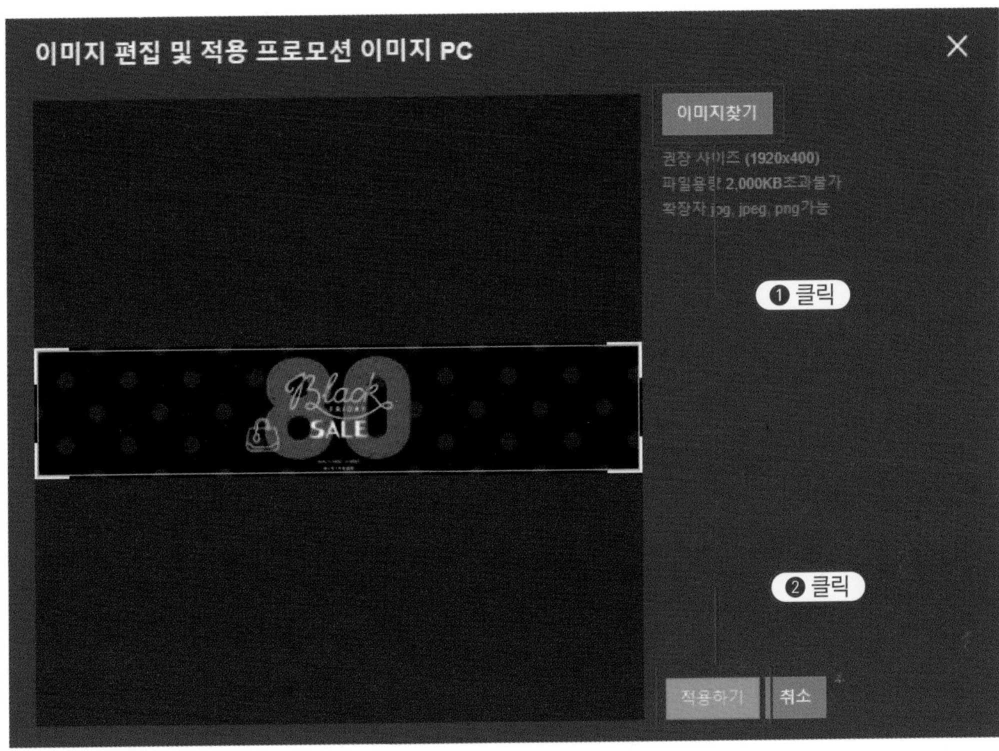

06 스마트스토어 메인 화면에 이미지가 적용된 것을 볼 수 있습니다.

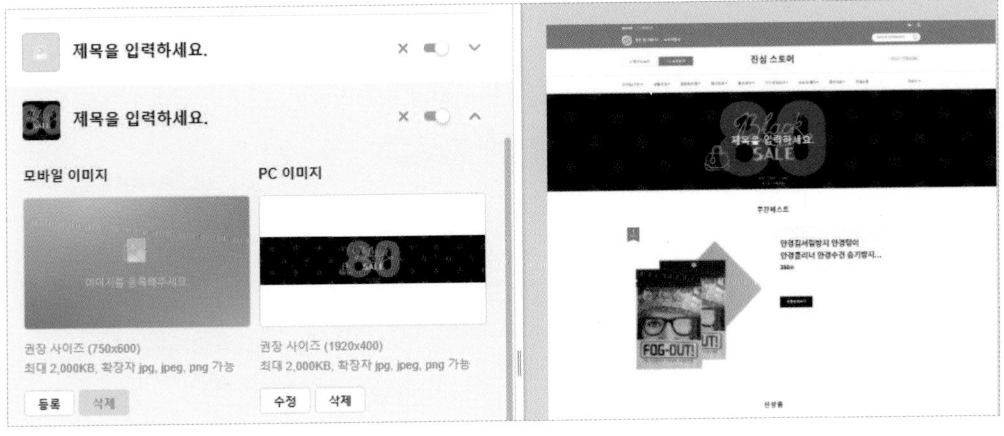

스마트스토어 상품 등록하기

지금까지는 스마트스토어를 운영하기 위한 기본 설정과 디자인 관리에 대한 부분을 진행했습니다. 이제는 실제로 스마트스토어에서 판매하고 싶은 상품을 등록하고, 구매자로부터 주문이 들어왔을 때 어떻게 처리하는지에 대한 부분을 살펴봅니다.

지금 이 부분을 공부하고 있다면 온라인 쇼핑몰 구축에 대한 기초적인 지식이 잘 정리되었다고 보면 됩니다. 이제부터는 실제로 각자의 상품을 등록하고 고객을 만나는 과정입니다.

따라해 보세요!

01 상품을 등록하기 위해 스마트스토어 센터에서 [상품 관리]-[상품 등록]을 클릭합니다. 상품 등록을 위한 카테고리를 선택하기 위해 [카테고리명 선택]을 클릭한 후에 판매하려는 상품이 진열될 카테고리를 선택합니다.

예) 선택한 카테고리 : 생활/건강 〉 수납/정리용품 〉 바구니

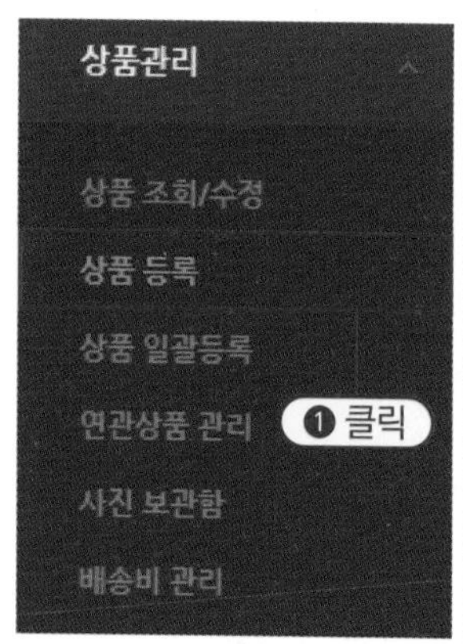

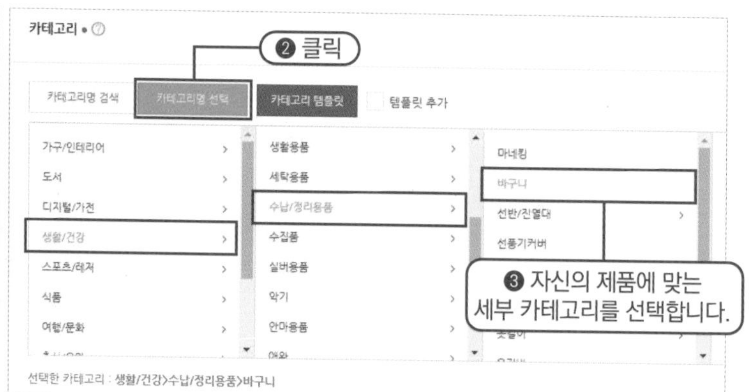

02 카테고리를 설정했으면, 판매하려고 하는 상품의 상품명을 입력합니다. 판매 상품과 직접 관련이 없는 상품명, 유명한 유사 상품명 인용, 스팸성 키워드를 입력하면 관리자에 의해 상품 판매가 금지될 수 있습니다. 일부 특수문자와 단어는 입력이 제한됩니다.

상품명 •
샤이닝 패브릭 바구니
❶ 입력
11/100
판매 상품과 직접 관련이 없는 다른 상품명, 스팸성 키워드 입력 시 관리자에 의해 판매 금지될 수 있습니다.
유명 상품 유사문구를 무단으로 도용하여 ~스타일, ~st 등과 같이 기재하는 경우 별도 고지 없이 제재될 수 있습니다.

03 상품의 판매가 및 할인, 판매 기간, 부가세 여부를 선택합니다. 스마트스토어의 수수료는 네이버페이 결제 수수료만 발생하며, 네이버쇼핑을 통한 주문일 경우 네이버쇼핑 매출 연동 수수료 2%가 네이버페이 결제 수수료와 별도로 부과됩니다.

한 걸음 더! 운영 Tip

할인 설정과 부가세 설정을 알아보겠습니다.

❶ **할인** : 구매자에게 할인된 가격으로 상품을 판매할 수 있습니다. 단, 설정 범위가 제한됩니다.

- **정액** : 최소 10원 ~ 최대 판매가 미만(10원 단위)
- **정률** : 최소 1% ~ 최대 99%(1% 단위)

할인 설정 후에는 하단의 "할인가"로 구매자가 상품을 구매하게 됩니다.

❷ 부가세 상품 유형

- **과세 상품 :** 부가가치세율 10%를 적용받습니다. 면세상품 및 영세상품을 제외한 모든 상품에 적용됩니다.
- **면세상품 :** 부가가치세율 10%의 적용을 받지 않으므로 납부할 세액이 없습니다. 기초 생활 필수품, 농축수임산물, 미가공 식료품, 도서 등이 있습니다.
- **영세상품 :** 수출을 장려하기 위한 세율입니다. 수입 또는 수출과 관련된 사업장 외에는 생소한 세율에 해당합니다. 세율이 0%이기 때문에 부가가치세는 없지만 매입 자료에 대한 부가가치세는 환급을 받을 수 있습니다.

04 상품의 재고 수량을 입력합니다.

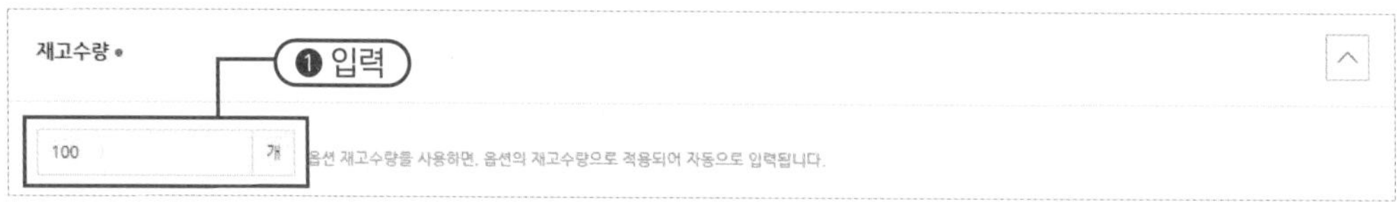

05 상품 이미지는 상품 목록의 이미지를 의미합니다. 상품 목록 이미지의 경우 JPG, JPEG, GIF, PNG, BMP 형식의 정지 이미지만 등록됩니다. 권장 크기는 가로 640px, 세로 640px입니다. 대표 이미지를 등록하기 위해서 대표 이미지 항목의 [+] 버튼을 클릭합니다. 대표 이미지와 추가 이미지를 불러 옵니다.

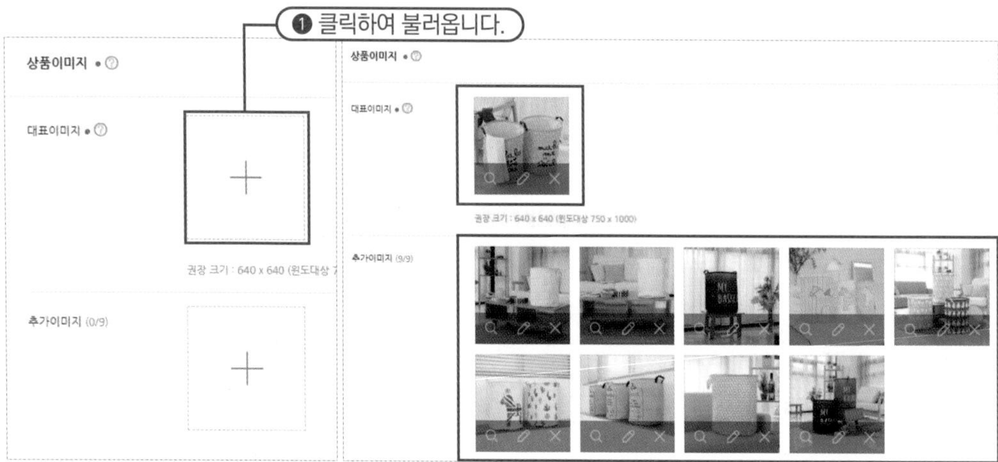

06 상품에 대한 상세 설명 화면에서 상세 설명 내용을 등록하기 위해 [Smart Editor 3.0으로 작성]을 클릭합니다.

07 상품 사진을 업로드하기 위해 왼쪽 [컴포넌트] 메뉴에서 [사진]을 클릭합니다. 나타나는 팝업 창에서 [내 사진]을 클릭합니다.

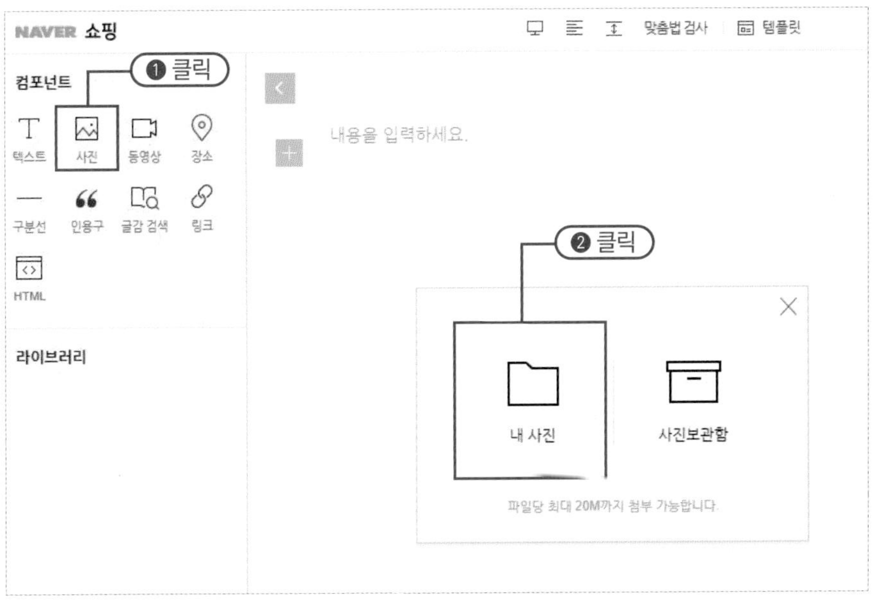

08 아래와 같이 사진을 불러온 후에 [등록]을 클릭합니다.

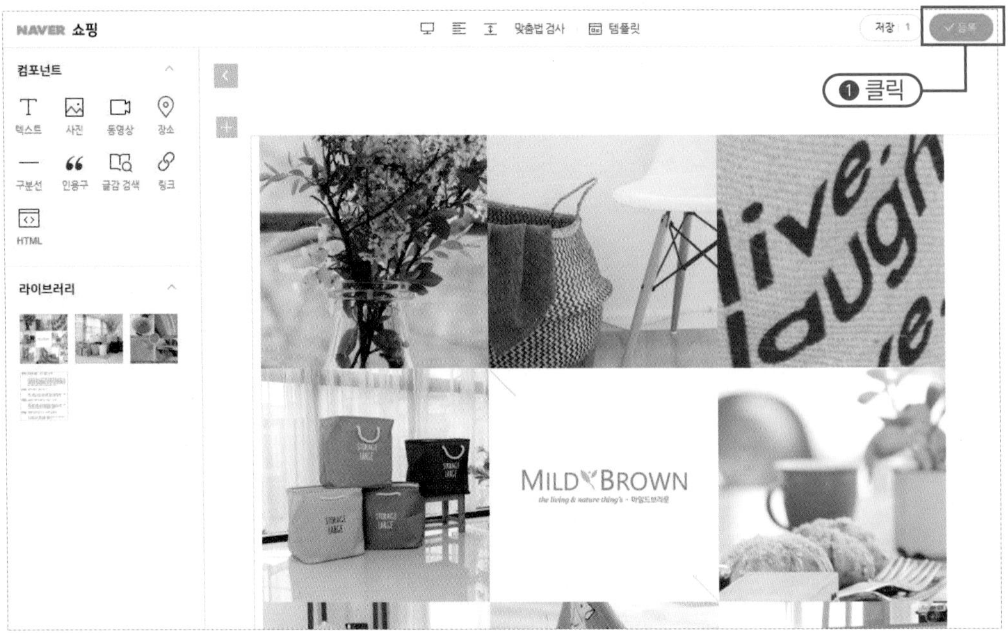

09 배송과 관련하여 기본 설정을 하는 화면이 나옵니다. 설정 화면에서 배송 방법 및 배송비 등을 설정합니다. 배송 방법과 택배비 등의 정보를 입력합니다.

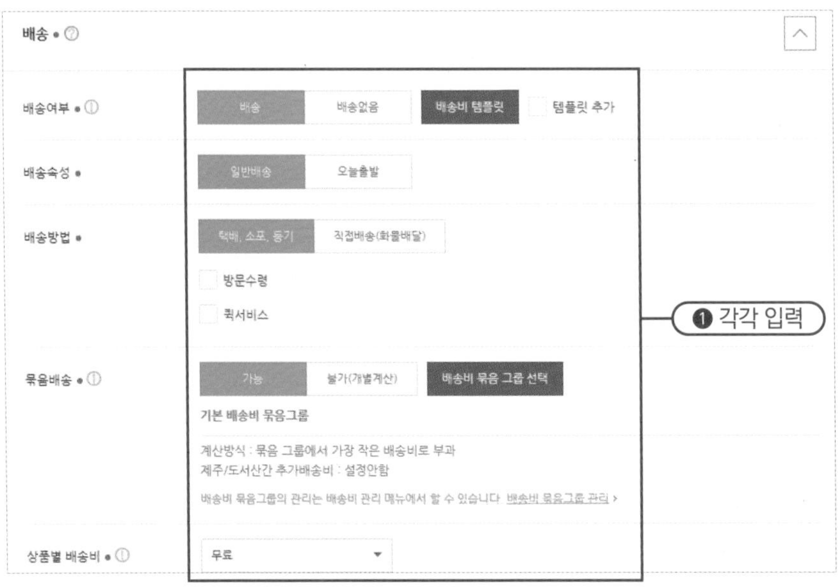

배송 방법으로는 택배/소포/등기, 퀵서비스, 방문 수령, 굿스플로 송장 출력, 직접 전달, 배송 없음의 6가지 중 선택할 수 있습니다.

배송 방법	내용
택배/소포/등기	우체국 또는 일반 택배 회사 등에 상품을 직접 접수하여 발송하는 방법 택배/소포/등기로 발송 처리 시, 택배사 및 송장 번호 입력 필수
퀵서비스	퀵서비스 업체를 통해 발송하는 방법
방문 수령	판매자가 지정한 장소로 직접 방문하여 상품을 수령하는 방법
굿스플로 송장 출력	판매자 센터에서 바로 송장 출력 및 택배사 상품 접수 처리를 할 수 있는 굿스플로의 제휴 서비스(서비스 신청이 완료된 가맹점만 사용 가능한 배송 방법)
직접 전달	판매자 자체 배송 또는 직접 전달
배송 없음	e쿠폰 형태로 실물이 없는 상품에 한해 사용 가능한 배송 방법

10 반품/교환에 관한 정보로 반품/교환 택배사, 반품 배송비(왕복) 항목과 반품/교환처 정보를 입력합니다. 정보를 모두 입력한 후에 하단에 있는 [저장하기]를 클릭하면 상품 등록이 완료됩니다.

한 걸음 더! 운영 Tip

반품 주소지를 변경해야 할 때 반품 주소지는 반품 상품의 수거가 아직 진행되지 않은 경우에만 변경할 수 있습니다. 반품 수취 주소지를 변경하는 방법은 다음과 같습니다.

❶ [판매자 센터] 〉 [판매 관리] 〉 [반품 관리] 메뉴로 이동

❷ 해당 반품 주문 검색

❸ 그리드 판매자 반품지 항목의 [확인] 클릭

❹ 판매자 반품 주소지 확인 팝업에서 [주소록]을 클릭하여 주소록에서 변경할 주소를 선택한 뒤에 [변경] 클릭

11 미리보기를 하면 보이는 화면입니다.

효과적인 주문 처리 및 배송 방법

고객이 상품을 주문한 경우 관리자 페이지에 주문 건이 잡힙니다. 주문 건이 잡히면 그때부터 주문 처리 및 배송 단계로 진입합니다. 처음 주문이 들어온 경우에는 많이 긴장하며 어디서부터 어떻게 처리해야 할지 많은 고민을 합니다. 이번 과정을 통해 주문 처리 단계를 미리 연습해 보겠습니다.

스마트스토어 관리자 화면에서 판매 현황을 보면 입금대기, 신규주문, 배송준비, 배송 중, 배송완료 등 최근 일주일에 대한 판매 현황 정보를 볼 수 있습니다. 이 중에서 입금대기와 신규주문에 관한 확인이 첫 번째로 이루어지면 됩니다. 입금대기의 경우는 주문자가 주문할 때 결제수단을 무통장으로 선택한 후 아직 입금하지 않았을 때 표시되고, 신규주문의 경우는 주문자가 주문할 때 카드 결제 및 간편 결제 서비스 등을 이용하여 상품에 대한 결제가 이루어진 경우에 신규주문 단계로 넘어갑니다.

따라해 보세요!

01 배송 처리 단계를 진행해 보기 위해 신규주문 항목에 표시되어 있는 주문 건수를 나타내는 숫자를 클릭합니다. 신규주문 2건이라고 되어 있는 숫자 2를 클릭하면 됩니다.

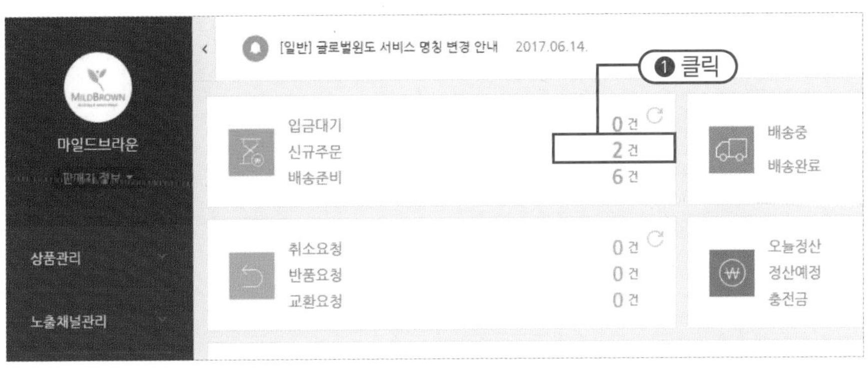

02 신규주문 리스트가 나오는 것을 볼 수 있습니다. 신규주문 리스트 항목에서 우선 상품 주문 번호를 클릭하여 주문 정보를 확인하고 배송 방법 및 택배사를 선택한 후에 송장 번호를 입력하고 [발송확인]을 클릭하여 배송을 진행합니다.

03 배송현황 관리 페이지로 이동하여 현재 배송 중인 항목을 볼 수 있습니다. [배송추적]을 클릭하여 현재 상품이 배송처리가 잘 되었는지 확인합니다.

위탁배송 상품 배송 처리 방법

도매매에서 등록한 상품의 경우 주문이 들어오면 자동으로 도매매 주문 관리에 수집이 됩니다. 처음에는 조금 어렵게 느껴질 수 있는데 배송 처리 과정을 몇 번 경험하면 매우 쉽고 편리한 시스템이라는 것을 이해할 것입니다.

위탁배송상품 배송 처리를 할 때 가장 편리하게 하는 방법은 e-money 포인트를 미리 적립해 놓는 것입니다. 이렇게 하면 주문이 들어왔을 때 e-money로 바로 결제하여 배송 처리를 할 수 있습니다.

e-money는 도매꾹, 도매매에서 사용하는 사이버머니로 기존의 무통장입금(가상계좌), 실시간 계좌이체, 꾹페이, 신용카드 결제 대신 사용할 수 있습니다. e-money를 충전해 놓으면 주문이 들어올 때마다 판매자가 일일이 결제를 하지 않아도 됩니다. 소비자가 주문을 하면 판매자는 e-money로 결제하면 되기 때문에 배송 처리 과정이 빨라집니다. e-money는 모든 결제 수단과 혼용 결제가 가능합니다.

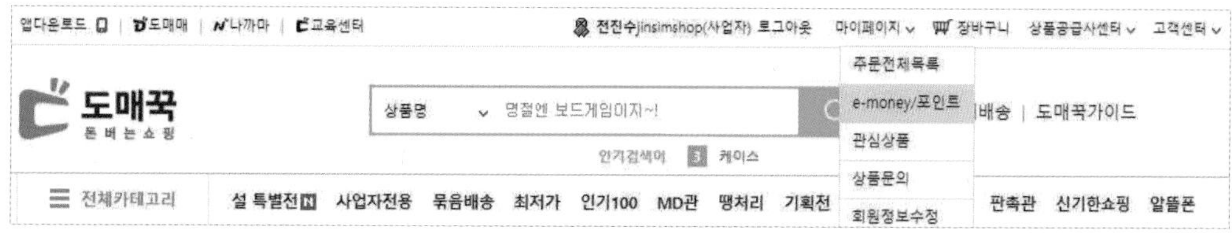

마이페이지의 [e-money/포인트]에서 [e-money 충전하기]를 클릭합니다. 충전 금액을 입력하고 [충전 신청하기]를 클릭하여 최종 e-money를 충전할 수 있습니다. 충전을 했다면 본격적으로 배송 처리를 해 봅시다.

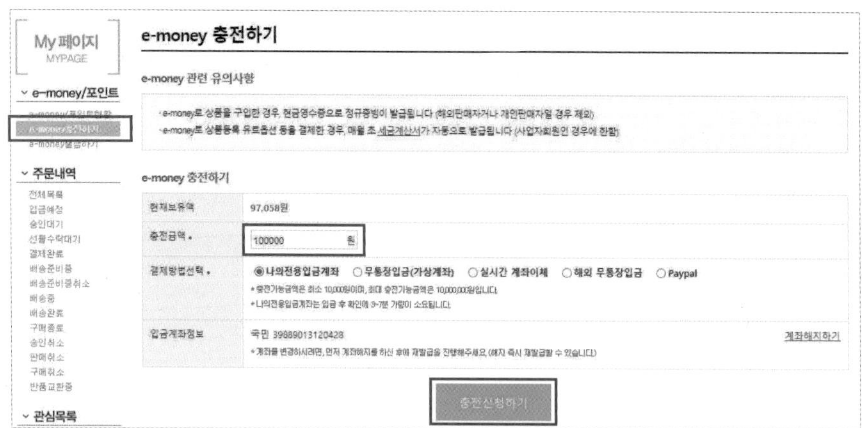

따라해 보세요!

01 도매매 사이트로 이동한 후에 [스피드고전송기]-[스마트스토어 전송]-[주문관리]를 클릭합니다. 스마트스토어 전송 화면으로 이동하면서 최근 주문 항목에 대한 내용을 볼 수 있습니다.

02 아래와 같이 주문 관리 화면이 나오는 것을 볼 수 있습니다. 주문 관리 화면에서는 마켓 신규 주문, 결제 완료, 배송 준비 중, 배송 중, 배송 완료, 구매 종료에 대한 항목들을 확인할 수 있습니다. 주문된 상품을 배송 처리하기 위해 스마트스토어 전송 화면에서 [마켓신규주문]을 클릭합니다.

03 검색 결과 화면에서 스마트스토어의 주문 건이 자동으로 수집된 것을 볼 수 있습니다. 1건의 주문 항목을 체크하고 [e-money 결제]를 클릭합니다. 앞에서 e-money를 충전해 놓은 경우 [결제] 버튼을 클릭하면 바로 결제가 완료됩니다. e-money를 충전하며 결제를 진행할 수도 있으며, 제품별로 [개별 결제하기]를 클릭하여 하나씩 결제도 가능합니다.

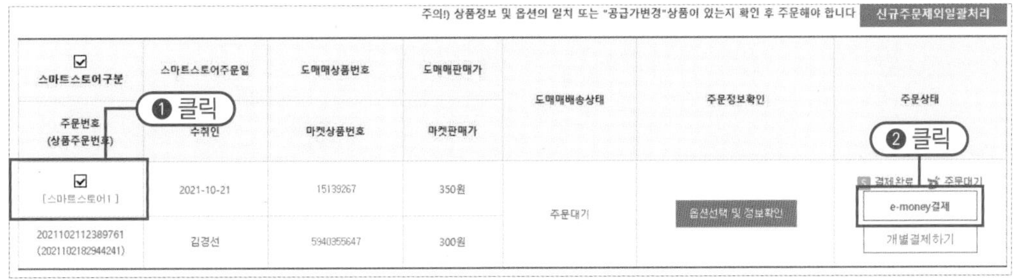

04 결제 진행 화면에서 [확인]을 클릭합니다.

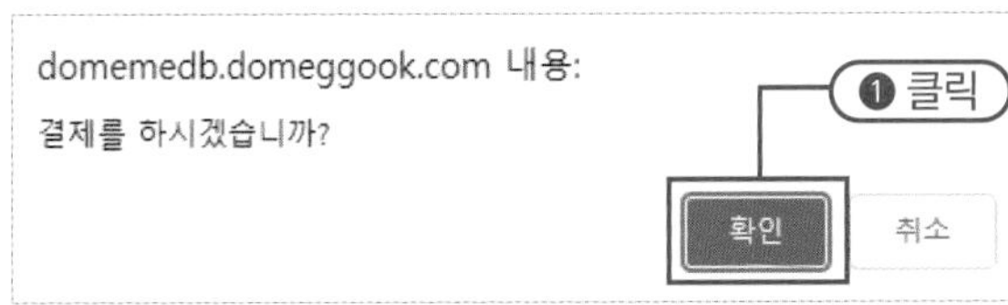

05 주문 처리가 완료된 것을 볼 수 있습니다. [확인]을 클릭합니다.

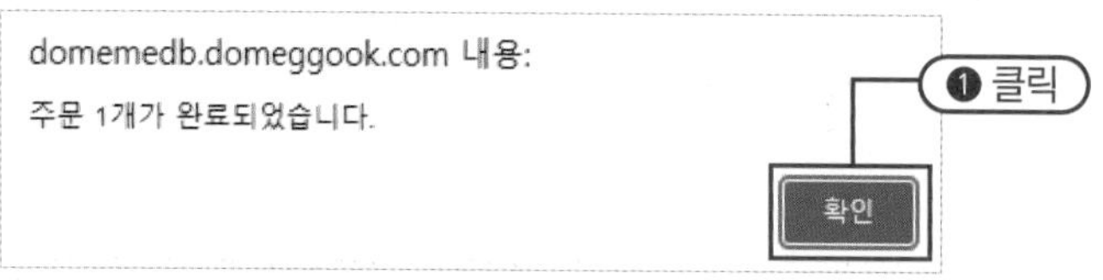

06 결제 완료 항목으로 넘어간 것을 볼 수 있습니다.

07 주문 내역을 확인하기 위해 도매매 사이트의 상단에서 [스피드고전송기] 메뉴를 클릭하고 [스마트스토어 전송]-[주문 관리]를 클릭하면 주문 결제 내역이 나오는 것을 볼 수 있습니다. 상세한 주문 내역을 보기 위해 [주문내역 확인]을 클릭합니다.

08 주문자의 주소, 연락처, 주문 상품 내역을 볼 수 있습니다.

주문내역 확인

도매꾹 e-money로 주문된 내역입니다. 주문정보를 확인해주세요. e-money 충전하기

* 확인하지않은 주문정보로 인해, 오결제 및 오배송된 경우가 발생할 수 있습니다.
결제된 내역을 꼼꼼히 확인하시고 피해가 발생하지 않도록 주의해주세요.
묶음배송가능상품이라도 배송지정보나 출고지정보가 다를경우 묶음배송처리가 되지 않을 수 있습니다.

상품주문 총 1개

이미지	상태 / 도매매주문번호	상품주문번호 / 상품번호	상품명 / 옵션(+옵션추가금액)	수량 / 가격	수령자명 / 휴대전화	개인통관부호 / 추가연락처	배송지주소 / 배송상세주소 우편번호	쇼핑몰명 전달사항 / 배송요청사항
	결제완료	2021102182944241						
	32454772	15139267						

09 운송장 번호를 확인하기 위해 도매매 상단에 있는 마이페이지를 클릭합니다.

앱다운로드 | 도매꾹 | 나까마 | 교육센터 | 에그돌 · 전진수 (사업자회원)님 로그아웃 마이페이지(구매관리) ❶ 클릭 · 상품공급사센터(판매관리) · 고객센터

도매매 배송대행 B2B · 상품명 · 인기검색어 핫팩 · 매출 증대를 위한 첫걸음!! 상세페이지 제작서비스

전체카테고리 상품DB검색 상품DB보관함 엑셀다운로드 엑셀일괄주문 상품기획전DB 해외직배송상품관 | 해외직수입관 구매완료수 어제 1,044,643 상품

10 마이페이지 하단에 자동으로 스마트스토어 주문에 대한 운송장 번호가 기입된 것을 볼 수 있습니다. 도매매 시스템은 정말 편리하게 되어 있습니다. 마이페이지에 쇼핑몰 운영에 필요한 모든 정보가 실시간으로 나옵니다. 운송장 번호를 복사합니다.

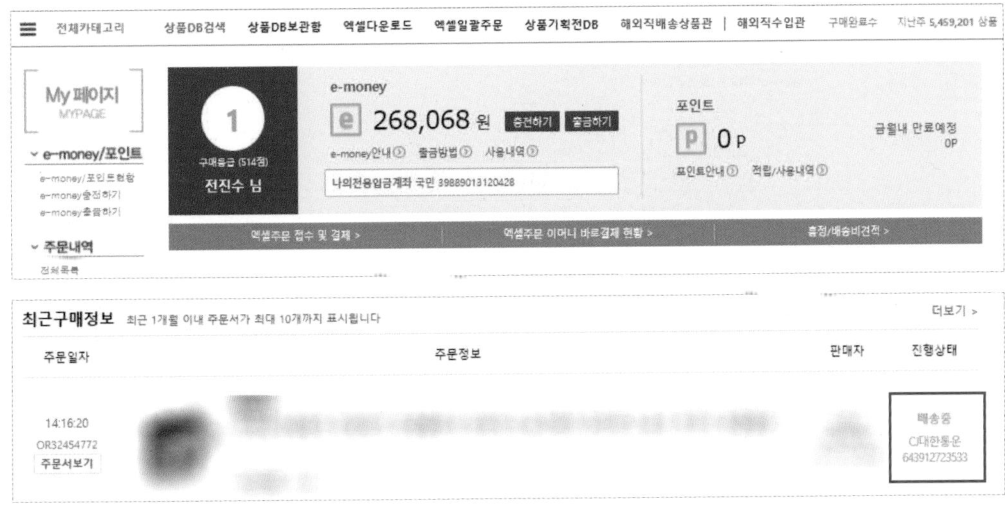

11 도매매에서 복사한 운송장 번호를 입력하는 과정을 진행하겠습니다. 스마트스토어 관리자 페이지에 접속한 후에 [판매관리] 메뉴를 클릭하고 [발주 확인/발송관리]를 클릭합니다.

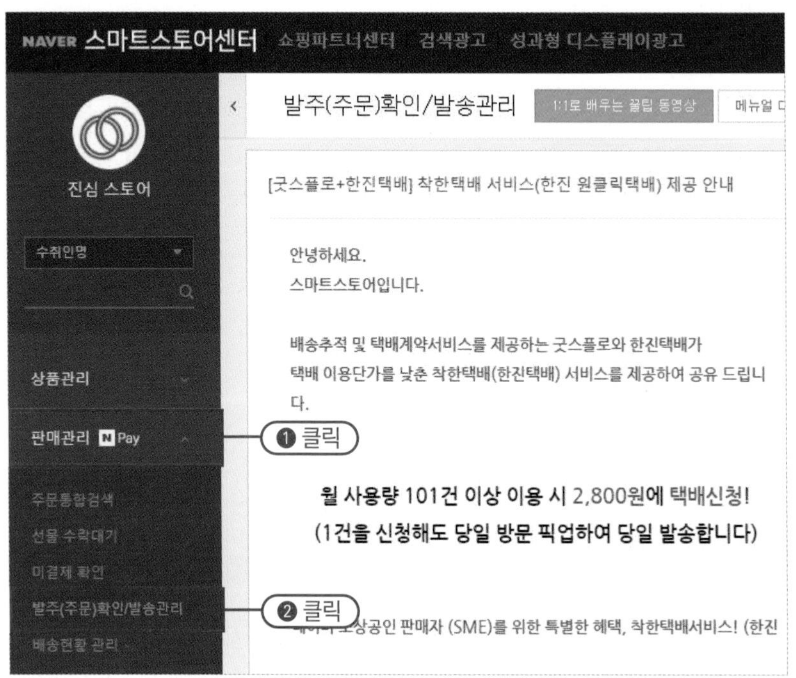

12 메뉴로 이동하면 주문 항목이 바로 보입니다. 아래와 같이 신규 접수된 주문 항목에서 송장 번호를 입력하는 곳에 도매매에서 복사한 송장 번호를 붙여넣기합니다. 송장 번호 붙여넣기가 완료되었으면 [발주확인]을 클릭합니다.

13 앞에서 [발주확인]을 클릭했기 때문에 스마트스토어에서 발송 처리가 진행되는 것을 볼 수 있습니다.

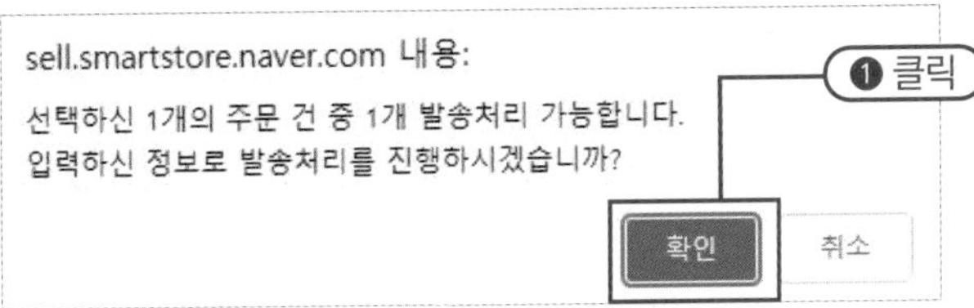

14 발송 처리 팝업 창에서 [확인]을 클릭하면 아래와 같이 발송 처리 완료 팝업 창이 뜹니다. 발송 처리 완료 화면에서 [확인]을 클릭하면 발송이 완료됩니다.

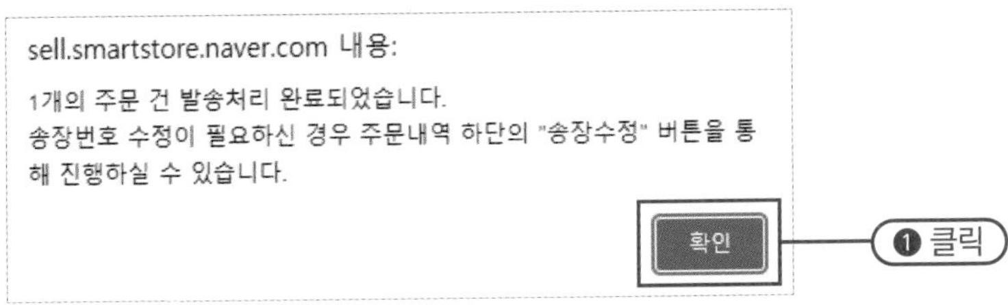

15 스마트스토어 관리자 페이지에서 [배송현황 관리]를 클릭하면 배송 상태를 확인할 수 있습니다.

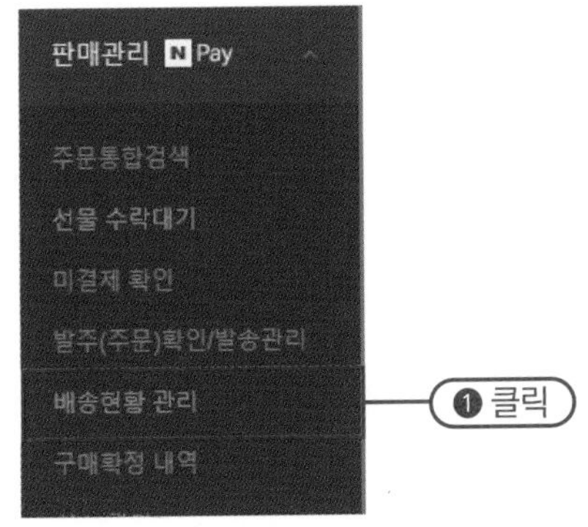

16 주문 상태가 배송 중으로 나오는 것을 볼 수 있습니다.

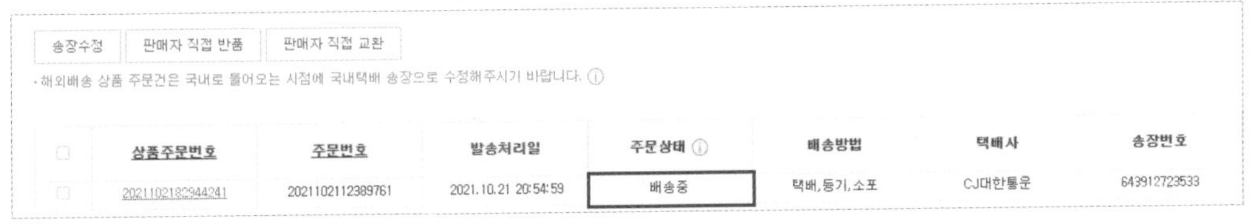

	상품주문번호	주문번호	발송처리일	주문상태	배송방법	택배사	송장번호
	2021102182944241	2021102112389761	2021.10.21 20:54:59	배송중	택배,등기,소포	CJ대한통운	643912723533

주문 취소가 접수된 경우 진행 방법

주문한 고객이 상품 주문을 취소한 경우 관리자 페이지의 취소요청 항목에 숫자가 표시됩니다. 숫자를 클릭하여 취소 사유를 확인하고 상황에 맞게 다음 단계를 처리합니다.

따라해 보세요!

01 구매자가 주문을 취소한 경우 취소요청 항목에 숫자가 있는 것을 확인할 수 있습니다. 표시된 숫자를 클릭합니다.

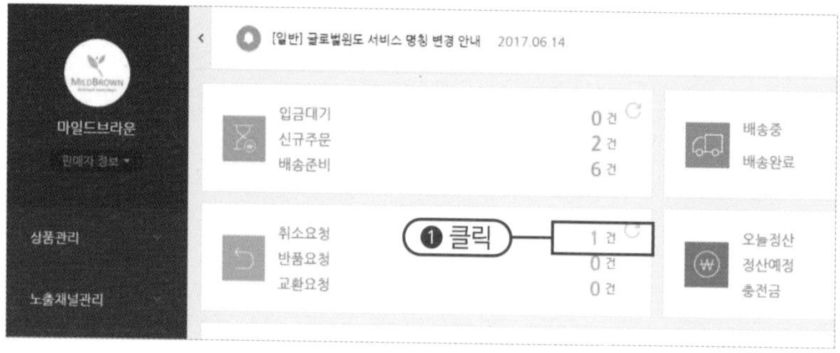

02 취소 관리 화면으로 이동합니다. 취소 관리 리스트에 취소 접수된 건이 있고 상품 주문 번호를 클릭하여 고객의 정보 및 취소 사유를 확인할 수 있습니다. 내용을 확인한 후에 취소 건을 선택하고 [취소 완료처리]를 클릭합니다.

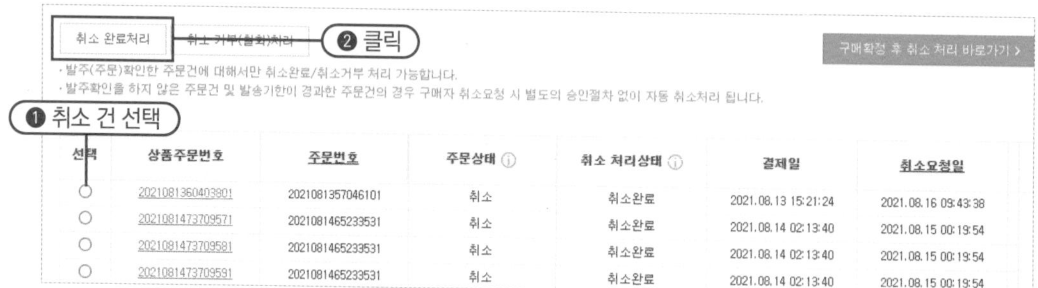

03 취소 처리 진행에 대한 팝업 창이 나타납니다. 메시지를 확인한 후에 [확인]을 클릭합니다.

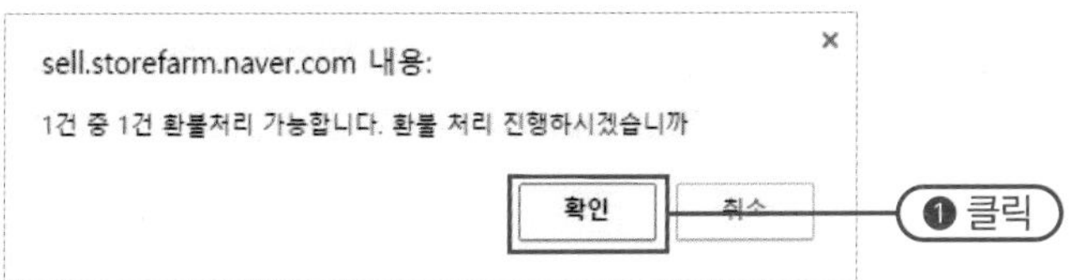

04 이어서 환불 처리가 정상적으로 되었다는 메시지 창이 표시되는 것을 볼 수 있습니다. 메시지를 확인한 후에 [확인]을 클릭하면 취소 처리가 완료됩니다.

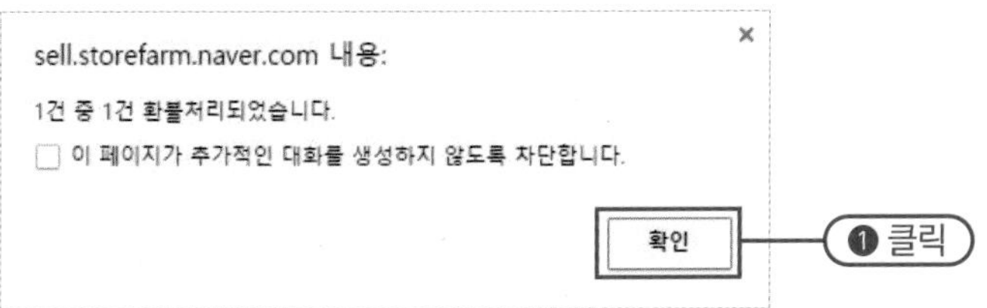

07 구매 확정 내역 확인 및 구매 평 관리

주문한 고객이 구매 확정을 해야 판매 대금에 대한 부분을 입금받을 수 있습니다. 고객의 구매 확정 및 구매 평 관리를 잘해서 재구매 및 매출 증대로 이어지도록 노력해야 합니다.

구매 확정 내역은 [판매 관리] 항목의 [구매 확정 내역]을 클릭하면 볼 수 있습니다. 최근 7일 이내에 구매 확정된 주문 건수가 표시되며 상세 검색 기능을 이용하여 기간, 주문번호 등으로 검색하여 확인할 수 있습니다. 최근 구매 확정된 주문 건부터 위에서부터 노출되며, [전체 주문 엑셀 다운로드]를 클릭하여 구매 확정된 전체 주문 내역을 다운로드하여 보관할 수도 있습니다.

상품주문번호	주문번호	구매확정일 ▼	판매채널	톡톡하기	주문상태
2021111289144681	2021111289641201	2021.11.14 11:13:28	스마트스토어	톡톡하기	구매확정
2021110537293281	2021110539653021	2021.11.08 06:55:43	스마트스토어	톡톡하기	구매확정
2021110157538481	2021110134568961	2021.11.02 13:00:21	스마트스토어	톡톡하기	구매확정
2021102182944241	2021102112389761	2021.10.24 22:55:30	스마트스토어	톡톡하기	구매확정
2021091721031401	2021091714593621	2021.10.06 01:52:00	스마트스토어	톡톡하기	구매확정
2021082573197681	2021082510493141	2021.09.11 01:56:01	스마트스토어	톡톡하기	구매확정
2021082573197671	2021082510493141	2021.09.11 01:56:01	스마트스토어	톡톡하기	구매확정
2021082571190191	2021082599311221	2021.09.05 19:57:35	스마트스토어	톡톡하기	구매확정
2021082567645681	2021082597244681	2021.08.31 08:39:40	스마트스토어	톡톡하기	구매확정
2021082567645671	2021082597244681	2021.08.31 08:39:40	스마트스토어	톡톡하기	구매확정
2021082567645661	2021082597244681	2021.08.31 08:39:40	스마트스토어	톡톡하기	구매확정
2021081970903591	2021081982071281	2021.08.29 03:42:25	스마트스토어	톡톡하기	구매확정

[문의/리뷰 관리] 메뉴에 있는 [리뷰 관리]를 클릭하면 나오는 리뷰 관리 화면에서는 구매자가 작성한 구매 평을 조회하고 구매 평에 대한 댓글 작성이 가능합니다. 구매 평에 욕설 및 비방 글이 있는 경우 신고할 수 있는 기능도 있습니다. 구매 평을 보기 위해 [리뷰내용]을 클릭하면 상세히 볼 수 있는 팝업 창이 나타납니다.

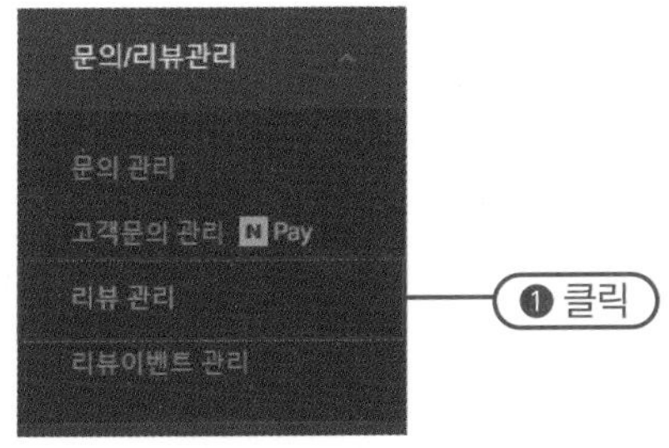

	채널상품번호	상품명	리뷰구분	구매자평점	포토/영상	리뷰내용
	5940355647	안경김서림방지 안경닦이	일반	★★★★★ 5		기대이상으로 기능성효고
	5743697060	S2B VIPFAN X2 C타입 고	한달사용	★★★☆☆ 3	-	많이파세요 ~~~~
	5742555947	헤어 집게핀 한판 세트 컬	한달사용	★★★★★ 5	-	가성비 짱 이에요~~

구매 평 보기 창에서 구매 평의 내용을 확인할 수 있으며, 구매 고객의 평에 대한 댓글을 달 수 있습니다. 만약 욕설 및 비방 글인 경우는 구매 평 보기 창의 아래에 있는 신고하기 기능을 통해 신고할 수 있습니다.

건강 기능 식품, 의료기기, 축산물, 화장품 등 특정 제품의 경우는 판매자가 갖추어야 할 자격 조건이 있습니다. 예를 들어 건강 기능 식품을 판매하기 위해서는 건강기능식품판매업신고증이 있어야 합니다. 상품군별 판매 자격 요건을 확인하려면 도매매 화면에서 [상품검색] 메뉴를 클릭한 후에 [상품군별 판매자격요건 안내]를 클릭하면 해당 내용을 확인할 수 있습니다.

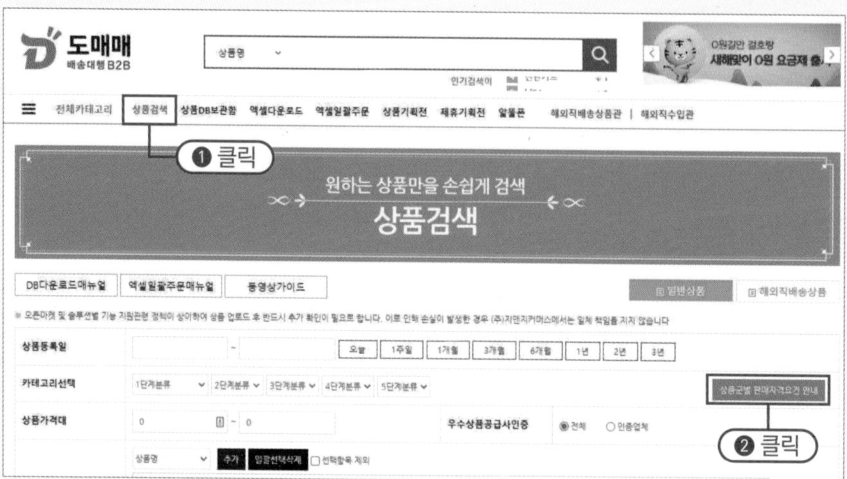

팝업 창으로 뜨는 화면에서 판매하려고 하는 제품의 필요 자격증을 확인해 보시기 바랍니다.

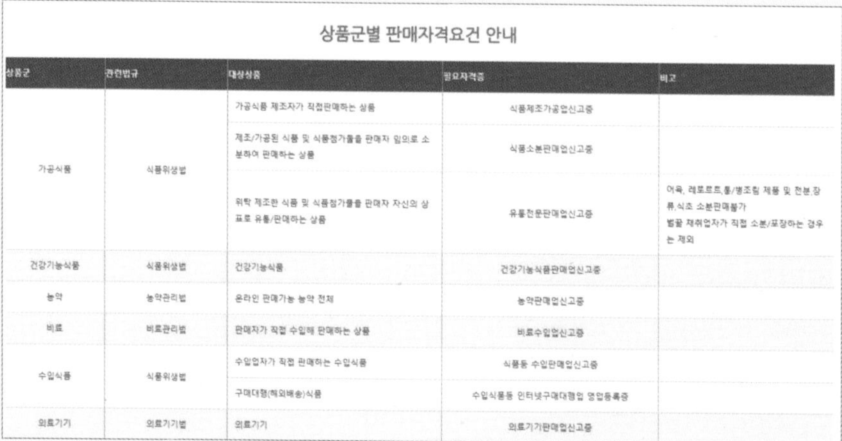

상품군별 판매자격요건 안내

상품군	관련법규	대상상품	필요자격증	비고
가공식품	식품위생법	가공식품 제조자가 직접판매하는 상품	식품제조가공업신고증	
		제조/가공된 식품 및 식품첨가물을 판매자 임의로 소분하여 판매하는 상품	식품소분판매업신고증	
		위탁 제조한 식품 및 식품첨가물을 판매자 자신의 상표로 유통/판매하는 상품	유통전문판매업신고증	어육, 레토르트,통/병조림 제품 및 전분,장류,식초 소분판매불가 벌꿀 채취업자가 직접 소분/포장하는 경우는 제외
건강기능식품	식품위생법	건강기능식품	건강기능식품판매업신고증	
농약	농약관리법	온라인 판매가능 농약 전체	농약판매업신고증	
비료	비료관리법	판매자가 직접 수입해 판매하는 상품	비료수입업신고증	
수입식품	식품위생법	수입업자가 직접 판매하는 수입식품	식품등 수입판매업신고증	
		구매대행(해외배송)식품	수입식품등 인터넷구매대행업 영업등록증	
의료기기	의료기기법	의료기기	의료기기판매업신고증	

축산물	축산물위생관리법	조리하지 않은 생고기류 (생고기, 포장육, 냉장고기, 냉동고기류 모두)	식육판매업신고증 (축산물판매업신고증)	
		식육부산물 상품류 (머리, 뼈, 간, 심장, 비장, 위장, 창자, 꼬리)	식육부산물판매업신고증 (축산물판매업신고증)	
		판매자가 축산가공품을 직접수입해 판매하는 경우	축산물수입판매업신고증 (축산물판매업신고증)	
		판매자가 직접 자사브랜드를 붙여 판매하는 축산물	축산물유통전문판매업신고증 (축산물판매업신고증)	
		양념조리육 판매자(가열/비가열 모두)	식육즉석판매가공업신고증 (축산물판매업신고증)	
		생달걀	식용란수집판매업신고증 (축산물판매업신고증)	
화장품	화장품법	판매자가 직접제조하여 판매하는 화장품	직접제조화장품유통판매업등록증 (화장품제조판매업신고증)	
		판매자가 외부위탁을 통해 제품을 생산하여 판매하는 화장품	위탁제조화장품유통판매업등록증 (화장품제조판매업신고증)	
		판매자가 직접 수입하여 판매하는 화장품	수입화장품유통판매업등록증 (화장품제조판매업신고증)	
		구매대행(해외배송) 화장품	수입대행형거래업등록증 (화장품제조판매업신고증)	

Part 05

스마트스토어 광고 설정

스마트스토어에 등록한 상품을 광고하기 위해서 럭키투데이와 네이버 키워드 광고, 쇼핑 광고를 이용할 수 있습니다. 럭키투데이 광고는 네이버에서 제공하는 무료 광고입니다. 누구에게나 공평하게 노출이 보장되며 럭키투데이 광고를 통해 많은 제품이 판매되고 있습니다. 키워드 광고와 쇼핑 광고는 유료로 진행되는 광고이며, 네이버 광고센터에 별도로 가입을 해야 사용할 수 있습니다. 상품을 등록한 후에 기다리기만 하면 원하는 수입을 만들기까지 시간이 오래 걸릴 수 있습니다. 다각도로 유입량을 늘리고자 하는 노력을 꼭 해야 합니다. 무료 광고인 럭키투데이 광고부터 시작해 보세요.

1 럭키투데이 광고 진행
2 검색 광고 이해하기
3 스마트스토어 쇼핑 광고 등록하기
4 스마트스토어 검색 광고 등록하기

럭키투데이 광고 진행

1 럭키투데이 광고란?

럭키투데이 광고는 판매자가 상품을 직접 선정하고 등록한 후에 프로모션을 진행할 수 있는 광고 방식입니다. 스마트스토어의 대표적인 프로모션 기능이며, 많은 접속량을 통해 판매량을 올릴 수 있습니다. 상품 선정부터 등록까지 판매 활동 전반에 판매자가 직접 참여할 수 있는 오픈 플랫폼입니다.

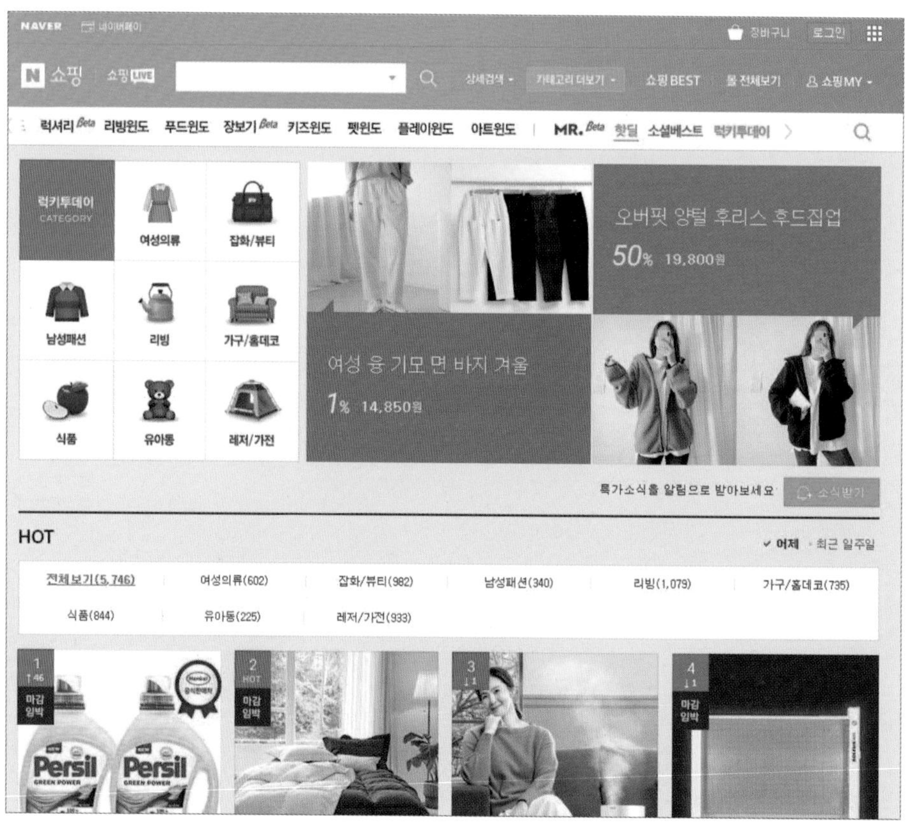

2 럭키투데이 등록 상품 필수 조건

럭키투데이는 스마트스토어에 등록된 상품에 한해 진행이 가능합니다. 앞 파트에서 진행했던 내용을 통해 스마트스토어를 개설하고 제품을 등록했다면 럭키투데이 광고를 진행할 수 있습니다. 다만 스마트스토어를 개설했다고 해도 럭키투데이 필수 조건을 만족하지 않은 상품은 진행이 불가능합니다. 필수 조건은 다음과 같습니다.

① 럭키투데이를 진행하려고 하는 해당 상품(혹은 해당 카테고리의 유사 상품) 중 최저가여야 합니다.

② 할인율이 0%인 상품은 진행이 불가능합니다.

③ 여러 개의 옵션으로 이루어진 상품을 진행 시, 옵션 상품 수의 70% 이상은 균일가여야 합니다(단, 상세페이지 내 옵션별 판매가를 표기한 셀러에 한해 30~70%까지 균일가 진행 가능).

④ 브랜드 및 해외 배송, 캐릭터 상품의 경우 가품 이슈가 없어야 합니다.

⑤ 기존에 C/S 처리(배송 지연, 반품, 환불과 같이 고객 불만에 대한 처리)를 했거나 배송에 이슈가 있었던 상품은 진행이 불가능합니다.

⑥ PC와 모바일 제안가가 동일해야 합니다.

⑦ 재고 수량이 충분해야 합니다.

⑧ 모바일 상세 보기가 가능한 상품이어야 합니다.

⑨ 대표 이미지와 상세페이지 상품이 다를 경우, 진행이 불가능합니다.

⑩ 주류, 전자담배, 성인용품 등 온라인으로 판매 부적격한 상품은 불가능합니다.

⑪ 중고, 스크래치, 반품, B급, 리퍼, 진열 상품 등 신품이 아닌 상품은 진행 불가능합니다.

3 럭키투데이 제안 등록하기

럭키투데이 제안 관리 페이지에서 제안하려고 하는 제품을 등록해 보겠습니다.

01 스마트스토어 관리자 페이지에서 [노출관리] 메뉴의 [럭키투데이 제안 관리]를 클릭합니다.

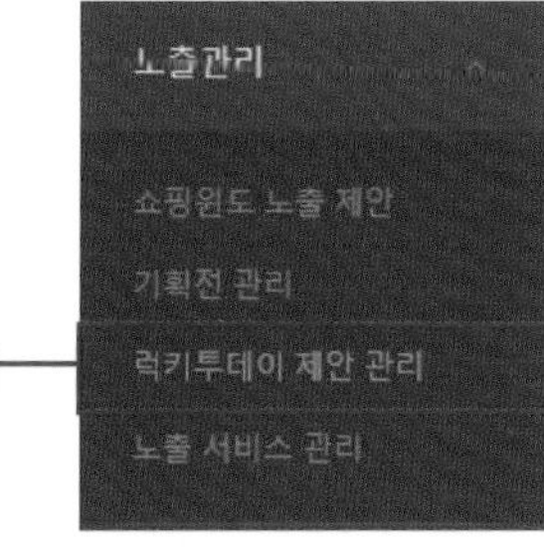

02 럭키투데이 제안 등록/수정 페이지가 나옵니다. 럭키투데이를 진행하기 위해 [제안 등록하기]를 클릭합니다.

럭키투데이 제안 관리

제안 관리 | 제안 등록/수정

제안 등록 및 진행 안내

럭키투데이 가이드 다운로드

· 제안을 등록하면 '검수대기'로 심사 중 상태가 되고, 심사가 완료되면 '검수완료'로 변경됩니다.
· 검수 완료된 건은 상품관리에서 제안가와 동일하게 가격을 세팅해주세요.
· 동일기간 내 최대 1개 상품까지 진행이 가능합니다.
· 진행 이력이 있는 상품은 월 1회로 등록 가능합니다.
· 월 반려 이력 2회 누적 시 30일간 등록이 정지됩니다.

제안 등록하기

❶ 클릭

03 [스마트스토어 상품 찾기]를 클릭하면 스마트스토어에 등록한 모든 상품이 하단에 나옵니다. 해당 상품 중에 럭키투데이를 진행하려고 하는 상품을 선택한 후 [상품등록]을 클릭합니다.

상품명을 기입할 때 다음 사항에 해당하는 경우 반려 처리됩니다.

- 상품명에 쇼핑몰명이 노출된 경우
- 전자제품 이외에는 품번 기재 불가
- 특수 문자가 사용된 경우
- 미확인 홍보성 문구가 노출된 경우
- 단순 단어 나열 및 텍스트가 잘린 경우
- 연예인명을 상품명에 무단 사용한 경우
- 할인율 및 무료 배송은 자동 노출되기에 상품명에 따로 기재하면 안 됩니다.
- 상품에 대한 설명은 최대한 명확하게 기재해야 하며, 추상적인 문구는 지양합니다.

04 다음과 같이 스마트스토어에 등록한 제품의 내용이 자동으로 등록됩니다. 럭키투데이 제안가는 현재 판매가보다 할인된 가격을 적용해야 승인이 됩니다. 33% 할인된 금액을 입력해 보겠습니다. 노출 영역으로는 [모두]를 선택하고 33% 할인된 제안가를 입력합니다. 그다음 럭키투데이에 노출된 이미지를 PC용과 모바일용에 등록하고 [저장]을 클릭하여 럭키투데이를 진행합니다.

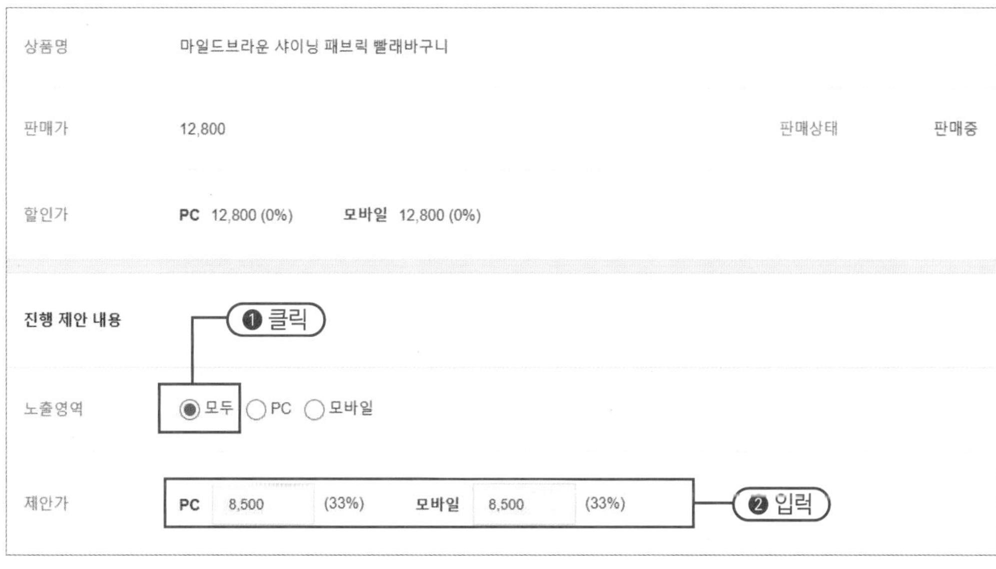

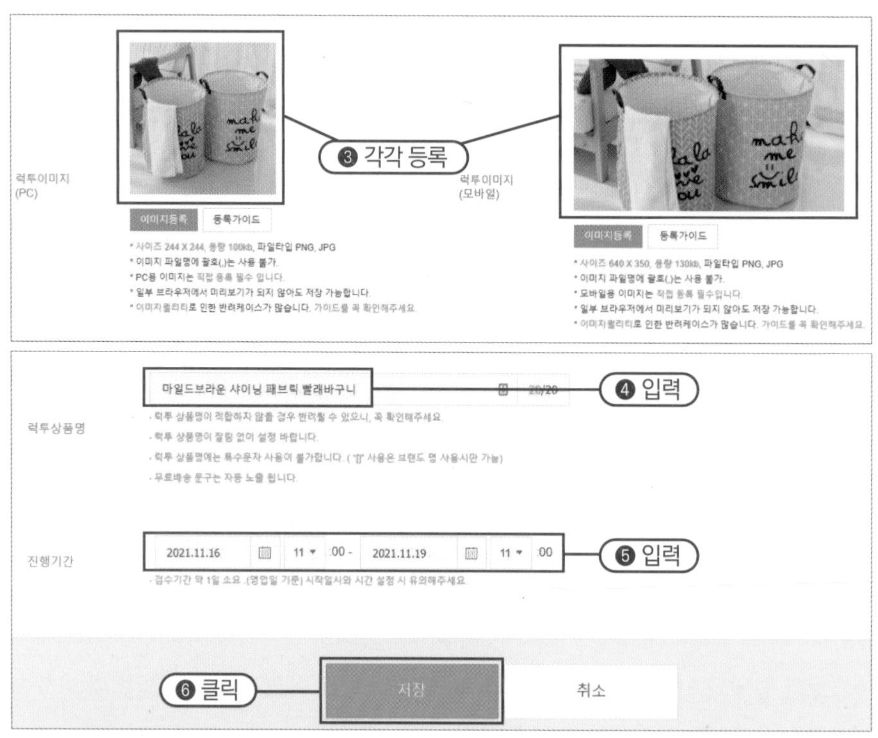

럭투이미지 (PC)
❸ 각각 등록
럭투이미지 (모바일)
이미지등록
등록가이드
* 사이즈 244 X 244, 용량 100kb, 파일타입 PNG, JPG
* 이미지 파일명에 괄호(,)는 사용 불가.
* PC용 이미지는 직접 등록 필수 입니다.
* 일부 브라우저에서 미리보기가 되지 않아도 저장 가능합니다.
* 이미지퀄리티로 인한 반려케이스가 많습니다. 가이드를 꼭 확인해주세요.
이미지등록
등록가이드
* 사이즈 640 X 350, 용량 130kb, 파일타입 PNG, JPG
* 이미지 파일명에 괄호(,)는 사용 불가.
* 모바일용 이미지는 직접 등록 필수입니다.
* 일부 브라우저에서 미리보기가 되지 않아도 저장 가능합니다.
* 이미지퀄리티로 인한 반려케이스가 많습니다. 가이드를 꼭 확인해주세요.
럭투상품명
마일드브라운 샤이닝 패브릭 빨래바구니
20/20
❹ 입력
· 럭투 상품명이 적합하지 않을 경우 반려될 수 있으니, 꼭 확인해주세요.
· 럭투 상품명이 잘림 없이 설정 바랍니다.
· 럭투 상품명에는 특수문자 사용이 불가합니다. ('[]' 사용은 브랜드 명 사용시만 가능)
· 무료배송 문구는 자동 노출 됩니다.
진행기간
2021.11.16
11
:00 -
2021.11.19
11
:00
❺ 입력
· 검수기간 약 1일 소요 .(영업일 기준) 시작일시와 시간 설정 시 유의해주세요.
❻ 클릭
저장
취소

한 걸음 더! 운영 Tip

아래와 같은 이미지를 등록하면 반려 처리됩니다. [출처 : 네이버]

3컷 이상의 분할된 이미지 사용 (X)
인위적인 컬러 배경 (X)
이미지 텍스트 기재 (X)
6,900원
사이즈 맞추기 위한 배경색 추가 (X)
상품의 일부만 확대된 이미지 (X)
BEFORE
AFTER
과도한 노출 이미지 (X)
연출되지 않은 마네킹/옷걸이 컷 (X)
의류 제품의 누끼 이미지 (X)
늘림 현상 및 왜곡 이미지 (X)

[럭키투데이에 등록하면 안 되는 이미지 유형 - 패션의류]

[럭키투데이에 등록하면 안 되는 이미지 유형 - 패션잡화]

[럭키투데이에 등록하면 안 되는 이미지 유형 - 비패션]

05 럭키투데이에 등록된 모습입니다.

NOTE

럭키투데이 검수가 완료된 상태인데 노출이 안 되는 경우가 있습니다. 제안한 가격과 현재 판매가가 동일하지 않으면, 검수되었더라도 미노출됩니다. 제안가를 서비스 시작일에 맞게 즉시 할인 설정해 줘야 하며, 즉시 할인 설정을 하여 제안가와 동일하게 맞추면 자동 노출됩니다.

02 검색 광고 이해하기

검색 광고는 이용자가 특정 검색어를 검색할 때 검색어와 연관된 광고를 보여 주고, 이용자 반응에 따라 더욱 정교하게 정보를 제공하며 광고주의 웹사이트, 상품, 전문 콘텐츠로 연결해 주는 방식입니다.

1 네이버 검색 광고의 특징

① **정교한 타깃팅** : 특정 정보를 찾기 위해 검색하는 이용자에게 관련성이 높은 비즈니스 정보를 노출하여 직접적인 방문을 유도합니다.

② **합리적인 광고 비용** : 광고주의 예산에 맞춰 광고비를 직접 설정할 수 있고, 광고 클릭 수 또는 키워드 조회 수를 기반으로 광고비를 지불합니다.

③ **정확한 효과 분석** : 광고 시스템 내 다양한 보고서를 통해 성과를 즉시 확인할 수 있고, 프리미엄 로그 분석을 통해 더욱 상세한 지표 분석이 가능합니다.

④ **검증된 플랫폼** : 가장 많은 사람과 정보가 모이는 네이버에서 비즈니스를 홍보할 수 있습니다.

2 마케팅 목적에 맞게 선택할 수 있는 다양한 광고 방식

1) 시이트 검색 광고

네이버 통합검색 및 네이버 내/외부의 다양한 영역에 텍스트와 사이트 링크를 노출하는 기본형 검색 광고입니다.

[네이버 통합검색에서 검색된 사이트]

2) 쇼핑 검색 광고

네이버쇼핑의 검색 결과 화면 등에 상품 이미지와 정보를 노출하는 판매 유도형 검색 광고입니다.

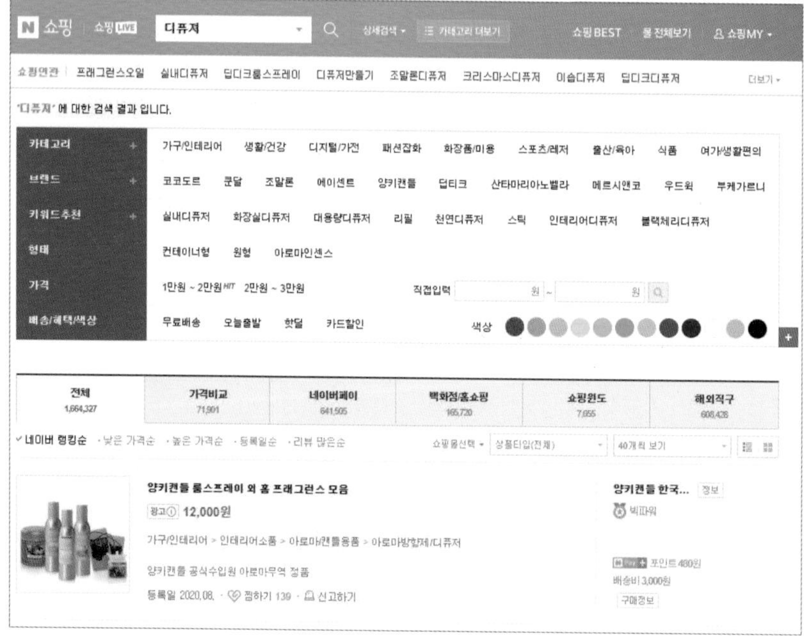

[네이버쇼핑에서 검색된 상품]

3) 브랜드 검색 광고

네이버 통합검색 결과 상단에 브랜드와 관련된 다양한 정보와 이미지를 함께 노출하는 브랜드 콘텐츠형 검색 광고입니다.

[네이버 통합검색에서 브랜드 영역에 노출된 광고]

03 스마트스토어 쇼핑 광고 등록하기

앞에서 네이버 광고에 대한 전체적인 내용을 살펴보았습니다. 지금부터는 네이버에 광고주로 등록하고 광고를 진행하는 방법에 관해 설명하겠습니다.

1 네이버 광고센터 가입하기

광고를 진행하기 전에는 꼭 광고 예산과 기간을 미리 설정해 봅니다. 광고를 시작했으면 최소 3개월은 광고를 진행해야 효과를 볼 수 있습니다. 3개월 동안 광고 진행을 했을 때의 분석 데이터를 통해 접속 키워드, 연령, 구매 건수 등 다양한 데이터를 분석할 수 있으며, 분석된 데이터를 기반으로 다음 설계를 할 수 있습니다.

주의할 점은 초기에 광고비를 많이 써서 아이템을 사입하거나 운영비를 쓰지 못하고 문을 닫는 사례를 조심해야 한다는 점입니다. 처음에는 최소의 비용으로 광고를 집행하며 광고에 대한 이해도를 높이는 것이 중요하며, 유료 광고 외에도 다양한 유입을 만들기 위한 노력을 해야 합니다. 대표적으로 블로그 글쓰기 및 인스타그램 운영 등이 무료로 유입을 만들 수 있는 채널입니다.

따라해 보세요!

01 네이버 광고 페이지에 접속합니다. 검색을 해서 접속하거나 도메인 주소를 입력하고 바로 접속합니다(https://searchad.naver.com).

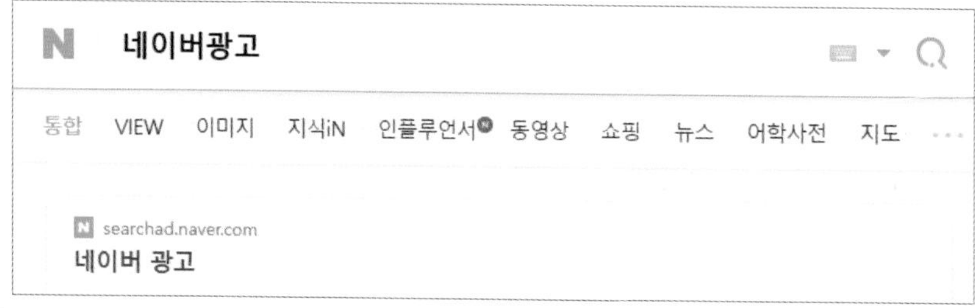

02 네이버 광고 페이지에 가입하기 위해 [신규가입]을 클릭합니다.

03 네이버 아이디 또는 검색광고 아이디로 회원가입을 진행합니다. [네이버 아이디로 회원가입]을 클릭합니다.

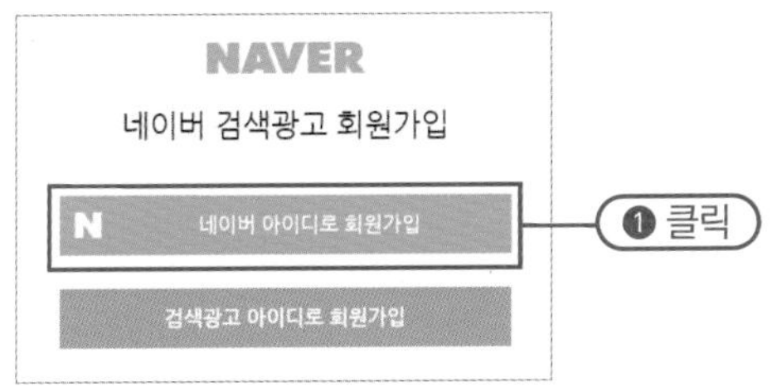

04 네이버 아이디로 신규 회원가입 시 주의사항 안내를 읽어 보고 [확인]을 클릭합니다.

05 네이버 아이디와 비밀번호를 입력하고 [로그인]을 클릭합니다.

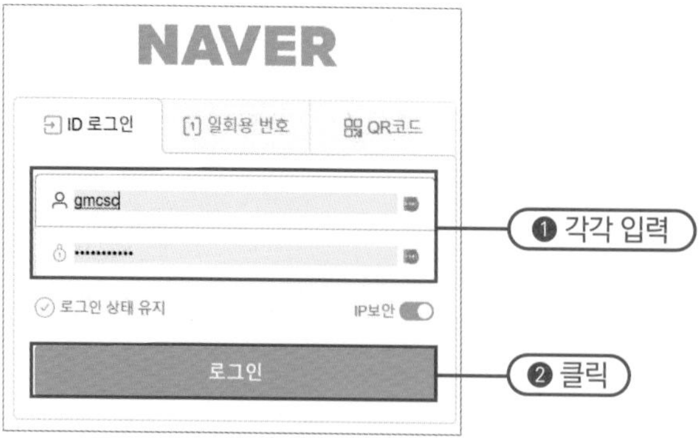

06 약관 동의 화면에서 [동의함]에 체크합니다.

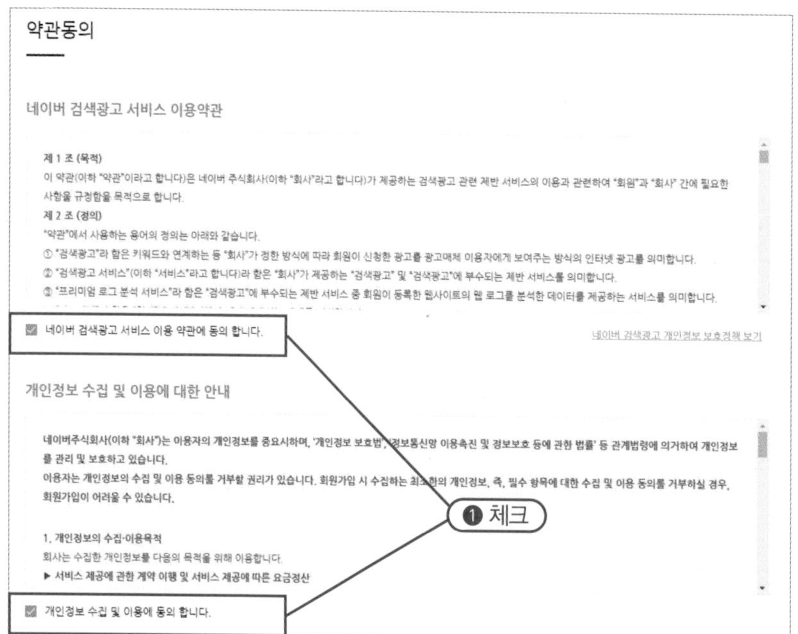

07 가입 유형 선택 화면에서 사업자등록증이 있으면 사업자 광고주를 선택하고 사업자등록증이 없는 경우 개인 광고주를 선택합니다.

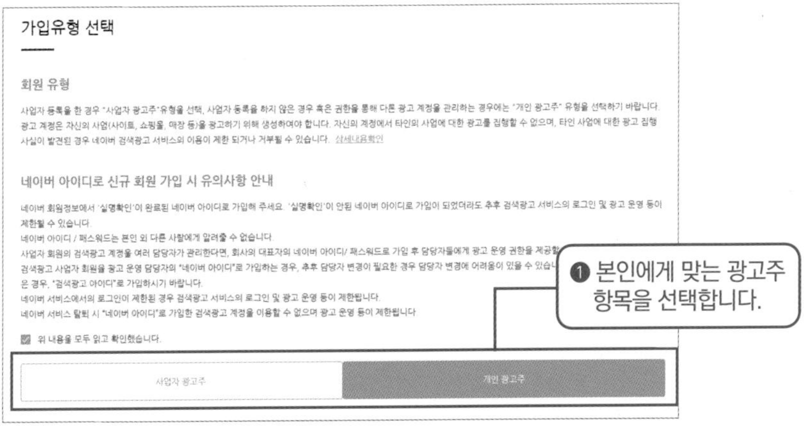

08 회원 정보를 입력합니다.

회원 정보입력

기본 정보

아이디	gmcsc	
이름	전*수	
이메일	gmcsc @ naver.com	네이버 검색광고 관리를 위한 정보를 받을 메일 주소입니다. 광고의 상태 변경 및 비즈머니 잔액, 세금계산서가 네이버 메일 주소로 발송됩니다.
전화번호	02	
휴대전화번호	휴대전화번호 인증	네이버 검색광고 관리를 위한 정보를 받을 휴대전화 번호를 입력하십시오. 휴대전화에 스팸설정을 하신 경우 메시지가 도착하지 않을 수 있으니 스팸설정을 변경하여 주시기 바랍니다.
주소	우편 번호를 검색해주세요 / 우편번호 검색 / 기본 주소 / 상세 주소	

09 홍보성 메일 및 문자, 톡톡에 대한 수신 여부를 선택하고 [가입]을 클릭합니다.

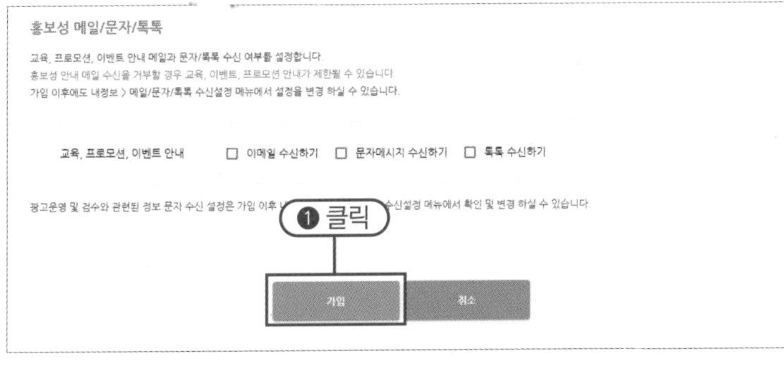

2 스마트스토어 쇼핑 광고 등록

따라해 보세요!

01 네이버 광고센터에 접속한 후 [네이버 아이디로 로그인]을 클릭합니다.

한 걸음 더! 운영 Tip

광고 대행 서비스 이용 시에 '네이버 검색광고 제휴사' 등을 사칭하고 광고주에게 접근하여 금전적 피해를 주는 사례가 수차례 확인되고 있습니다. 광고를 하려 할 때, 아래 내용을 주의 깊게 확인하여 어떤 피해도 입지 않기 바랍니다.

❶ 광고주는 대행사에 네이버 검색광고 운영에 대한 수수료를 지불하지 않아도 됩니다. 네이버 검색광고 공식 대행사는 별도의 비용 없이 대행 서비스를 이용할 수 있습니다. 단, 대행사에서 검색광고 집행 외에 부가적인 서비스를 받는 경우에는 대행사에 따라 추가 비용이 발생할 수 있습니다.

❷ 네이버 검색광고는 클릭당 과금되는 상품으로, 월정액제로 판매되지 않고 광고 위약금이 발생하지도 않습니다. 따라서 매월 얼마의 비용을 지불하면 광고를 계속 운영해 주겠다고 말하고, 광고 집행 취소 시 이에 대한 과도한 위약금을 요구하는 대행사와의 계약을 주의하세요.

❸ 네이버 검색 결과에서 특정한 광고, 지도 영역, 블로그, 지식인 등을 임의로 상단에 고정 노출하는 것은 불가능합니다. 네이버 검색광고는 광고주의 실시간 입찰을 통해 노출 순위가 정해지며, 블로그 등의 서비스는 실시간 이용자의 반응을 통해 위치가 정해집니다. 따라서 상단 고정 노출을 보장할 수 없으며, 이를 빌미로 광고비를 요구하는 대행사가 있다면 계약에 주의하세요.

❹ 네이버 검색광고에는 광고 비용 면제 상품이 존재하지 않습니다. 홈페이지 제작, 관리 또는 서버 비용 등만 내면 광고 비용은 면제되는 이벤트라며 특정 기간 월정액을 요구하는 업체에 대행을 맡길 경우, 금전적 피해를 입을 수 있습니다. 광고 계약 시 이를 주의하세요.

네이버 검색광고는 공식 대행사를 제외한 업체와 어떠한 계약, 제휴 관계도 맺지 않습니다. 공식 대행사 리스트는 네이버 광고 공식 대행사 홈페이지(https://saedu.naver.com/adguide/manage/adAgency.naver)를 통해 확인하시기 바라며, 네이버 혹은 네이버 제휴 업체를 사칭하는 곳과 계약을 맺어 피해를 입는 일이 없도록 각별히 주의하기 바랍니다!

02 아이디와 비밀번호를 입력하고 로그인합니다.

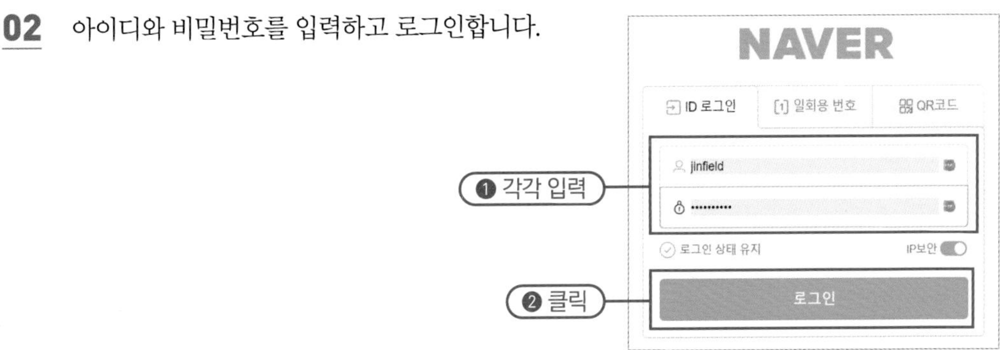

03 검색광고 관리자 페이지에서 [광고시스템] 메뉴를 클릭합니다.

04 광고 관리 화면에서 [광고 만들기]를 클릭합니다.

05 캠페인 만들기 화면에서 [쇼핑검색 유형]을 선택합니다.

06 광고 캠페인 이름과 하루 예산을 설정한 후에 [저장하고 계속하기]를 클릭합니다.

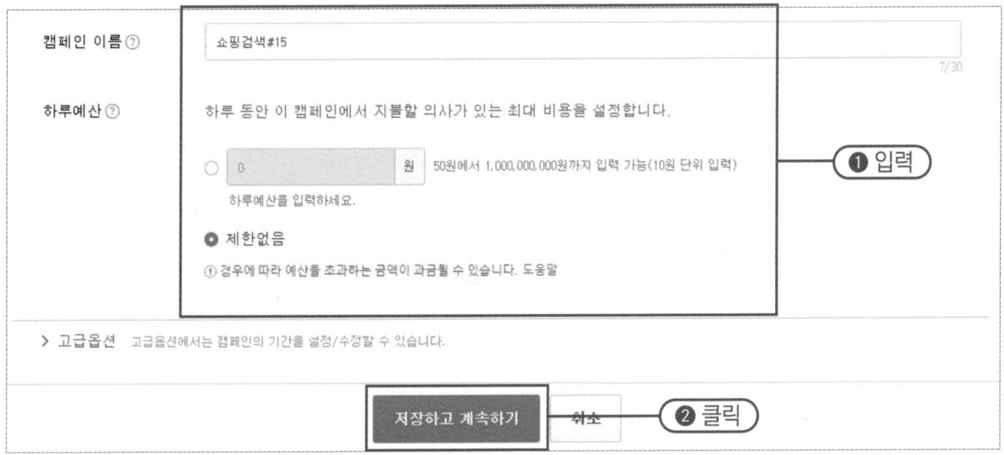

07 그룹 유형에서 [쇼핑몰 상품형]을 선택하고 [저장하고 계속하기]를 클릭합니다.

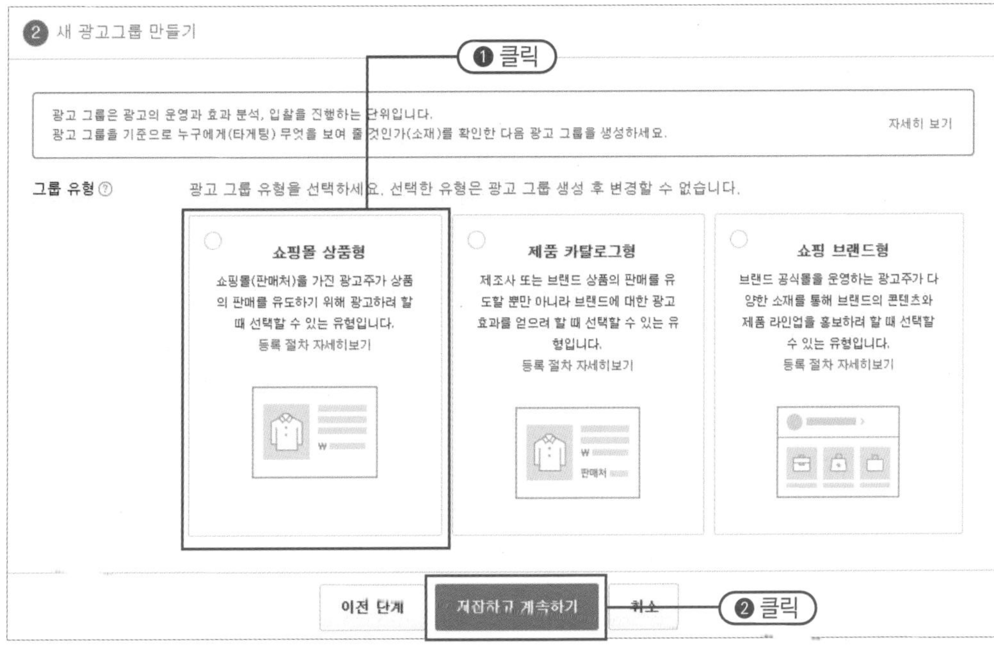

08 광고 그룹 이름과 쇼핑몰을 선택하고 기본 입찰가와 하루 예산을 설정한 후에 [저장하고 계속하기]를 클릭합니다.

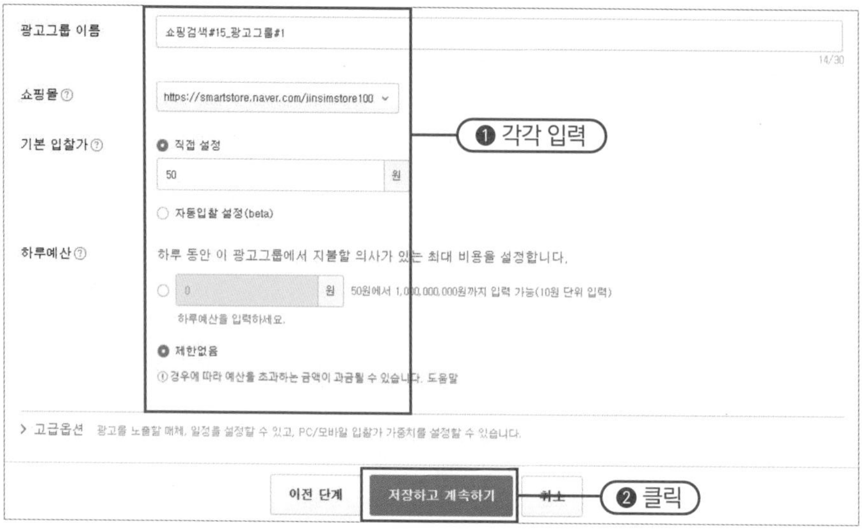

09 광고 만들기 화면에서 상품명과 네이버쇼핑 카테고리에 체크한 상태에서 [검색하기]를 클릭합니다.

10 검색된 상품에서 광고를 진행하려고 하는 상품을 추가합니다.

검색 결과(681) 　 그룹 내 등록상품 제외 　 최신 유입일순 　 행 표시: 10

+ 전체 추가	이미지	상품명 (네이버쇼핑카테고리 / 쇼핑몰카테고리)	네이버쇼핑 상품 ID (몰상품 ID)	상품가격 (단위:원)	배송비	유입일
+ 추가		크리스마스 트리장식 소품 헬로우 인테리어 산타장갑 · 생활/건강 > 문구/사무용품 > 이벤트/파티용품 > 데코용품 · 생활/건강 > 문구/사무용품 > 이벤트/파티용품 > 데코용품	83546177757 (6001678269)	2,380	배송비 : 2,800원	2021.11.10
+ 추가		[선물포장]C06 크리스마스파티5장 크리스마스쇼핑백 · 생활/건강 > 생활용품 > 생활잡화 > 쇼핑백 · 생활/건강 > 생활용품 > 생활잡화 > 쇼핑백	83541065356 (5996565868)			
+ 추가		별 산타 나무 장식크리스마스장식소품 트리 오너먼트 · 생활/건강 > 문구/사무용품 > 이벤트/파티용품 > 데코용품 · 생활/건강 > 문구/사무용품 > 이벤트/파티용품 > 데코용품	83541065399 (5996565911)	4,400	배송비 : 3,000원	2021.11.09
+ 추가		크리스마스 패브릭 트리 가랜드 · 생활/건강 > 문구/사무용품 > 이벤트/파티용품 > 데코용품 · 생활/건강 > 문구/사무용품 > 이벤트/파티용품 > 데코용품	83541065318 (5996565830)	3,530	배송비 : 3,000원	2021.11.09
+ 추가		크리스마스 트리 산타 모자 장식 25cm 트리소품 · 생활/건강 > 문구/사무용품 > 이벤트/파티용품 > 데코용품 · 생활/건강 > 문구/사무용품 > 이벤트/파티용품 > 데코용품	83541064171 (5996564683)	2,430	배송비 : 3,000원	2021.11.09

❶ 원하는 상품을 추가합니다.

11 선택한 상품에 대해 광고를 진행하기 위해 [광고 만들기]를 클릭합니다.

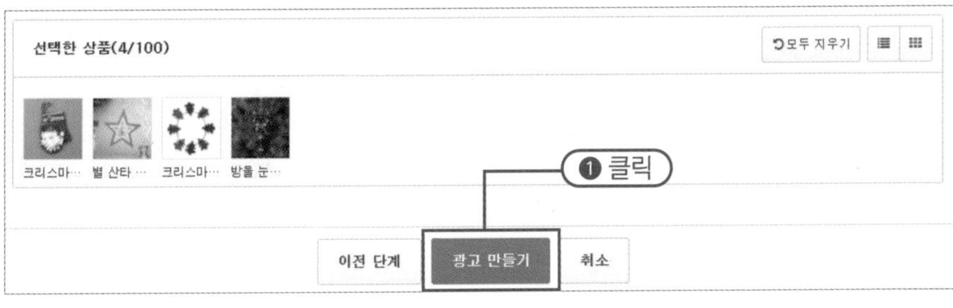

12 광고 설정이 완료된 것을 볼 수 있습니다.

13 소재의 입찰가를 변경해야 하는 경우 해당 상품을 선택하고 [선택한 소재 관리]를 클릭한 후에 [입찰가 변경]을 클릭합니다.

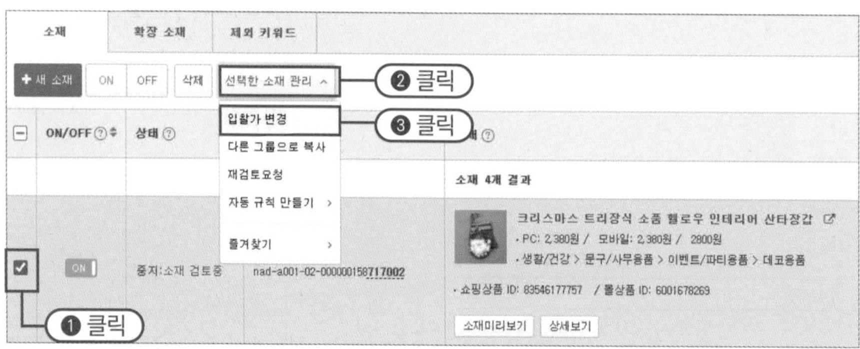

14 [선택한 소재의 입찰가를 모바일 검색 1위 평균 입찰가로 변경]을 선택하고 [변경사항 확인]을 클릭하여 입찰가를 변경하며 광고를 진행할 수 있습니다.

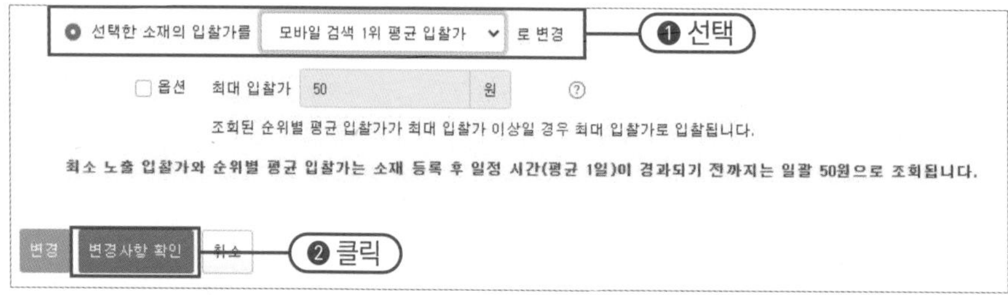

한 걸음 더! 운영 Tip

입찰가를 변경하는 방법에는 총 7가지가 있습니다. 항목별로 특징을 살펴보겠습니다.

❶ 선택한 키워드들의 입찰가를 70원으로 변경 : 최소 70원부터 최대 100,000원까지 10원 단위로 입력하여 입찰할 수 있습니다.

❷ 선택한 키워드들의 입찰가를 각 그룹의 기본 입찰가로 변경 : 키워드가 등록된 광고 그룹의 기본 입찰가를 선택한 키워드의 입찰가로 변경합니다.

❸ 선택한 키워드들의 입찰가를 10% 증액 : 현재 키워드 입찰가를 일정 비율 혹은 일정 금액으로 증액합니다.

❹ 선택한 키워드들의 입찰가를 10% 감액 : 현재 키워드 입찰가를 일정 비율 혹은 일정 금액으로 감액합니다.

❺ 선택한 키워드들의 입찰가를 PC최소노출 입찰가로 변경 : 최소 노출 입찰가 또는 중간 입찰가로 입찰가를 변경합니다.

❻ 선택한 키워드들의 입찰가를 PC 통합검색 1위 평균 입찰가로 변경 : 조회 시점 전주의 일요일부터 과거 28일(4주간) 동안의 PC 통합검색 순위별 평균 입찰가로 입찰가를 변경합니다.

❼ 선택한 키워드의 입찰가를 모바일 검색 1위 평균 입찰가로 변경 : 조회 시점 전부의 일요일부터 과거 28일(4주간) 동안의 모바일 검색 순위별 평균 입찰가로 입찰가를 변경합니다.

○ 선택한 키워드들의 입찰가를 70 원 으로 변경 ⓘ
○ 선택한 키워드들의 입찰가를 각 그룹의 기본 입찰가로 변경 ⓘ
○ 선택한 키워드들의 입찰가를 10 % 증액 ⓘ
○ 선택한 키워드들의 입찰가를 10 % 감액 ⓘ
○ 선택한 키워드들의 입찰가를 PC 최소노출 입찰가 로 변경 ⓘ
◉ 선택한 키워드들의 입찰가를 모바일 검색 1위 평균 입찰가 로 변경 ⓘ
☐ 옵션 최대 입찰가 70 원
조회된 순위별 평균 입찰가가 최대 입찰가 이상일 경우 최대 입찰가로 입찰됩니다.

[입찰가]

15 광고가 정상적으로 진행되기 위해서는 비즈머니를 충전해야 합니다. 검색광고 페이지의 상단에서 [충전하기]를 클릭합니다.

16 원하는 충전 방식을 선택하고 충전을 완료하면 광고가 진행됩니다.

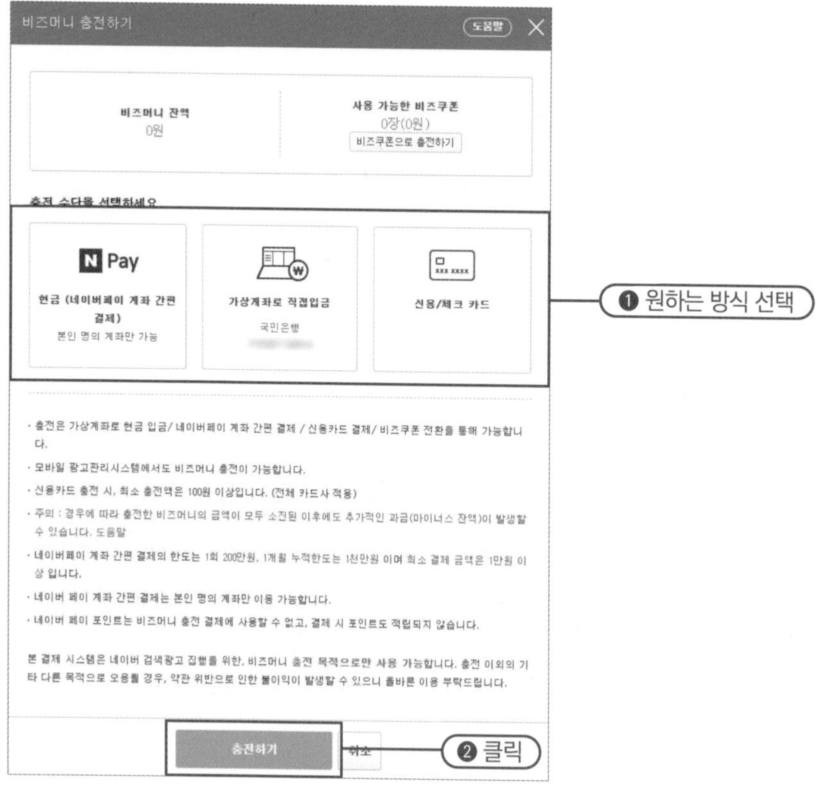

스마트스토어 검색 광고 등록하기

검색 광고 등록은 판매자가 원하는 키워드를 등록하고 광고할 수 있는 설정으로 광고 등록과 노출이 되는 데는 비용이 발생하지 않고, 클릭 시에만 과금되는 CPC 광고 방식입니다. 광고는 언제든지 중지할 수 있으며, 원하는 시간에만 노출하는 기능을 통해 탄력적으로 광고 운용이 가능합니다.

따라해 보세요!

01 앞에서 진행했던 것과 같이 [광고 만들기]를 클릭합니다.

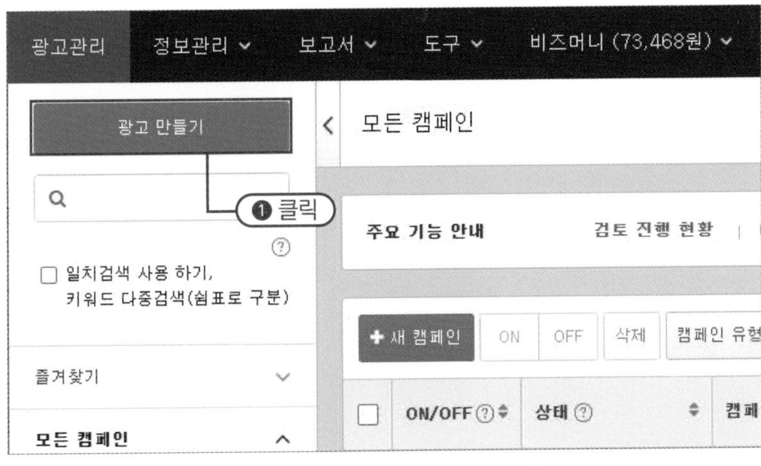

02 캠페인 유형에서 [파워링크 유형]을 선택합니다.

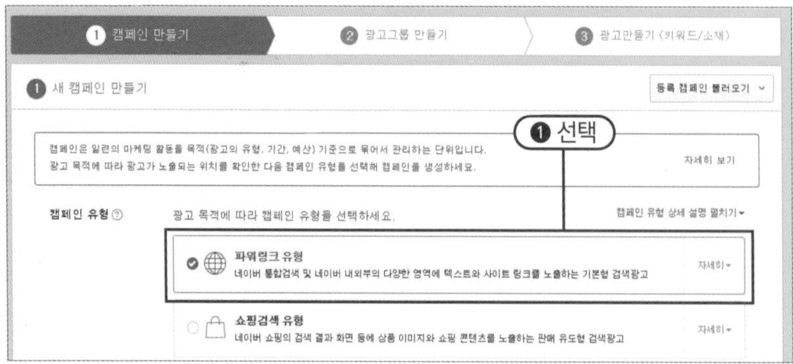

03 캠페인 이름 입력 및 하루 예산을 설정하고 [저장하고 계속하기]를 클릭합니다.

- **캠페인 이름** : 캠페인명 입력
- **기간** : [고급옵션]을 클릭하여 광고를 노출할 기간을 설정
- **하루 예산** : 하루 동안 캠페인에 지불할 비용의 상한선을 설정

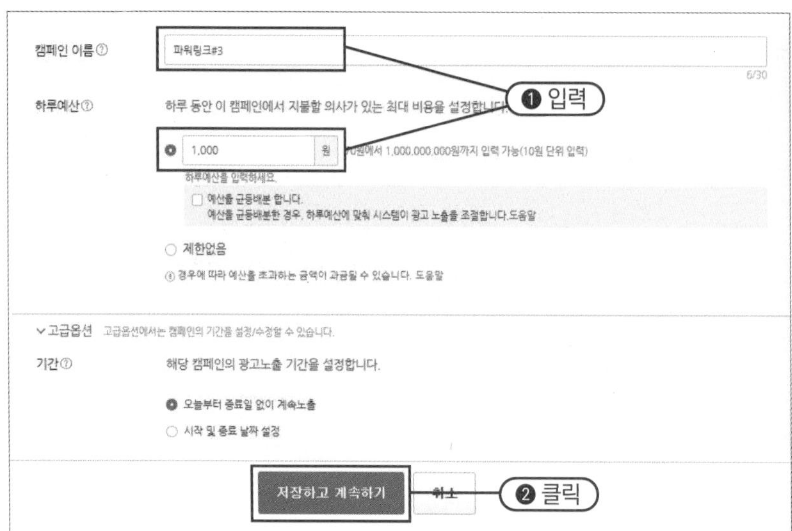

NOTE

- 하루 예산이란, 하루 예산으로 10만 원을 설정한다면 "오늘 하루 동안 캠페인 비용이 10만 원을 넘어가면 광고 노출을 잠시 중단하고 내일부터 다시 집행하겠습니다"라는 것을 의미합니다.

- '예산을 균등배분합니다'란, 광고 예산을 0시부터 24시까지 하루 동안 고르게 배분하여 사용하는 것을 의미합니다. 즉 광고를 24시간 동안 고르게 노출하기 원한다면 체크 박스를 선택하면 됩니다.

04 광고 만들기의 두 번째 단계는 광고 그룹 만들기입니다. 광고 그룹에서는 광고 그룹 이름, 웹사이트, 입찰가를 입력하고 [저장하고 계속하기]를 클릭합니다.

- **광고 그룹 이름** : 광고 그룹명 입력
- **웹사이트** : 광고 그룹에 연결할 웹사이트 URL을 선택합니다. 신규 등록도 가능합니다. 단, 광고 그룹에 한 번 설정한 URL은 수정이 불가능하니 반드시 신중히 입력해야 합니다.
- **기본 입찰가** : 그룹에 속한 모든 키워드의 입찰가를 설정할 수 있습니다. 단, 키워드 입찰가가 설정된 경우 해당 입찰가로 광고에 반영됩니다.

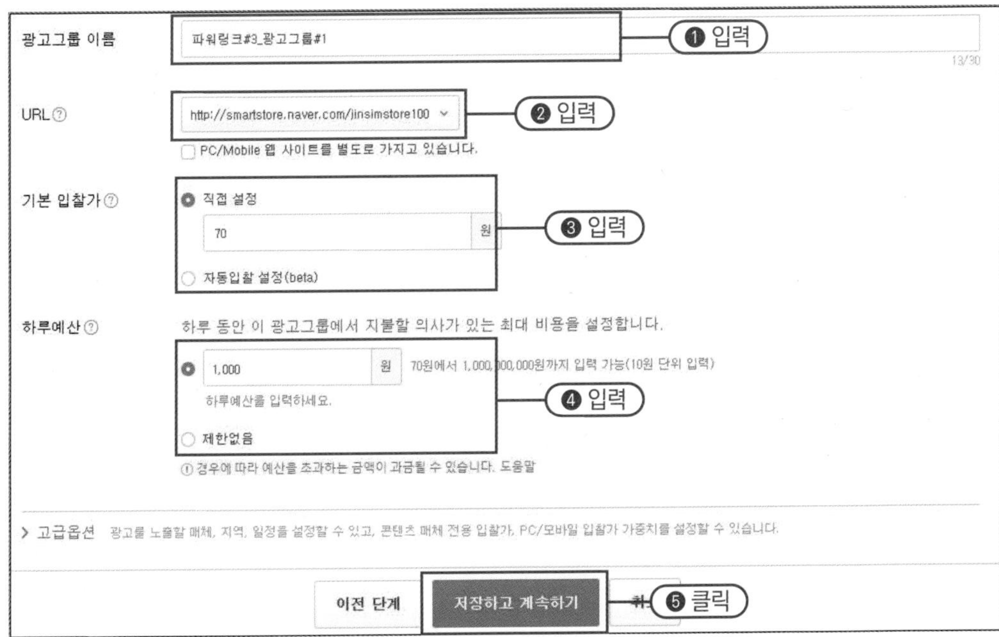

NOTE

'PC/Mobile 웹사이트를 별도로 가지고 있습니다'란, PC 사이트 URL과 모바일 사이트 URL을 구분하여 등록해야 할 때 사용하는 것입니다. 만일 PC/모바일 연동이 가능하다면 별도로 나누어 입력하지 않아도 됩니다. PC와 모바일 성과를 정교하게 관리하고 싶은 경우에는 별도의 캠페인이나 그룹으로 분리, 등록하여 관리하세요. 한 번 등록한 URL은 변경할 수 없습니다.

05 광고 만들기의 마지막 단계인 키워드/소재 만들기 단계입니다. 키워드를 입력합니다. 왼쪽 [선택한 키워드]에 한 줄씩 원하는 키워드를 입력합니다.

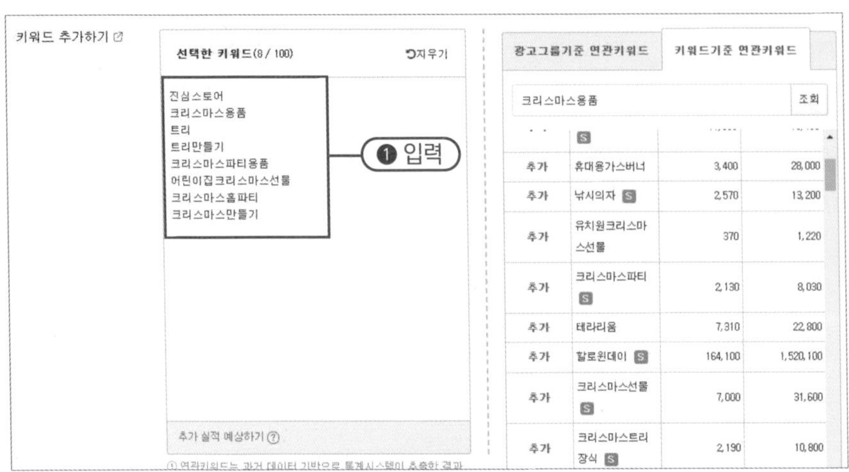

06 소재 만들기 항목에서 제목, 설명, 연결 URL을 입력합니다. 제목과 설명 입력 시 '키워드 삽입' 기능을 활용하면 편리합니다. '키워드 삽입'이란 소재(제목, 설명)에 키워드를 자동으로 삽입해 주는 기능입니다. 키워드 삽입 기능을 활용하면, 제목이나 설명에 볼드(굵은 글씨) 처리된 키워드가 삽입되어 주목도를 높일 수 있습니다. 또한 소재는 해당 광고 그룹 내 모든 키워드에 공통으로 적용되기 때문에 적절하게 키워드 삽입 기능을 사용한다면 키워드별로 소재를 차별화할 수 있습니다. 내용을 입력한 후에 [광고 만들기]를 클릭합니다.

07 등록한 광고 그룹 정보와 키워드를 확인합니다.

모든 캠페인 > 캠페인: 파워링크#3
파워링크 광고그룹: 파워링크#3_광고그룹#1

< 지난 7일 : 2021.11.07. ~ 2021.11.13. >

광고그룹 : 파워링크#3_광고그룹#1 ■ 노출수 선택 안 함

0

11.07. 11.08. 11.09. 11.10. 11.11. 11.12. 11.13.

광고그룹 정보	ON 수정
상태	노출가능
채널 정보	smartstore.naver.com/jinsimstore100
기본 입찰가	70원
하루예산	1,000원
요일/시간	모든 요일/시간
지역	모든 지역

[광고 그룹 정보]

08 광고 등록이 완료되었다면 이제 네이버 검색 광고 내부 기준에 따라 광고 검토가 진행됩니다. 등록한 광고에 유해한 콘텐츠가 없는지, 이용자가 클릭했을 때 여러분의 사이트로 문제없이 잘 연결되는지 등을 확인합니다.

키워드 | 키워드 확장 beta | 소재 | 확장 소재

+ 새 키워드 | ON | OFF | 삭제 | 입찰가 변경 | 선택한 키워드 관리 | 다운로드 | 기본 설정 | 상세 데이터 | 필터

☐	ON/OFF	상태	키워드	현재 입찰가(VAT미포함)	품질지수	노출수	클릭수	클릭률(%)
			키워드 8개 결과			0	0	0.00 %
☐	ON	노출가능	어린이집크리스마스선물	[기본] 70원		0	0	0.00 %
☐	ON	노출가능	진심스토어	[기본] 70원		0	0	0.00 %
☐	ON	노출가능	크리스마스만들기	[기본] 70원		0	0	0.00 %
☐	ON	노출가능	크리스마스용품 B	[기본] 70원		0	0	0.00 %
☐	ON	노출가능	크리스마스파티용품	[기본] 70원		0	0	0.00 %
☐	ON	노출가능	크리스마스홈파티	[기본] 70원		0	0	0.00 %
☐	ON	노출가능	트리 B	[기본] 70원		0	0	0.00 %
☐	ON	노출가능	트리만들기	[기본] 70원		0	0	0.00 %

[등록한 키워드]

한 걸음 더! 운영 Tip

광고 용어 정리

❶ 노출 수(Impression) : 일정 기간 동안 광고가 노출된 횟수

❷ 클릭 수(Clicks) : 일정 기간 동안 광고가 클릭된 횟수

❸ 클릭률(CTR, Click Through Rate) : 노출 수 대비 클릭 수(클릭률 = 클릭 수 / 노출 수)

❹ 총비용(Cost) : 일정 기간 동안 광고를 통해 지출한 비용(광고비)

❺ 평균 클릭 비용(CPC, Cost Per Click) : 클릭 1건당 지출한 광고비(평균 클릭 비용 = 광고비 / 클릭 수)

❻ 광고 수익률(ROAS, Return On Ad Spending) : 광고비 대비 매출(광고 수익률 = 매출 / 광고비)

❼ 전환율(CVR, Conversion Rate) : 광고를 클릭한 이용자가 광고주가 원하는 특정 행동을 한 비율(전환율 = 전환 수 / 클릭 수)

❽ 전환당 비용(CPA, Cost Per Action) : 전환 한 번에 대한 광고비(전환당 비용 = 광고비 / 전환 수)

❾ 광고 품질 지수(QI, Quality Index) : 광고의 품질을 나타내는 지수로 클릭초이스 광고 노출 순위에 영향을 주는 지표

09 입찰가 변경을 하기 위해 등록한 키워드 전체를 선택하고 [입찰가 변경]-[입찰가 일괄 변경]을 클릭합니다.

10 입찰가 항목에서 [선택한 키워드의 입찰가를 PC 통합검색 1위 평균 입찰가로 변경]을 선택한 후에 [변경사항 확인]을 클릭합니다.

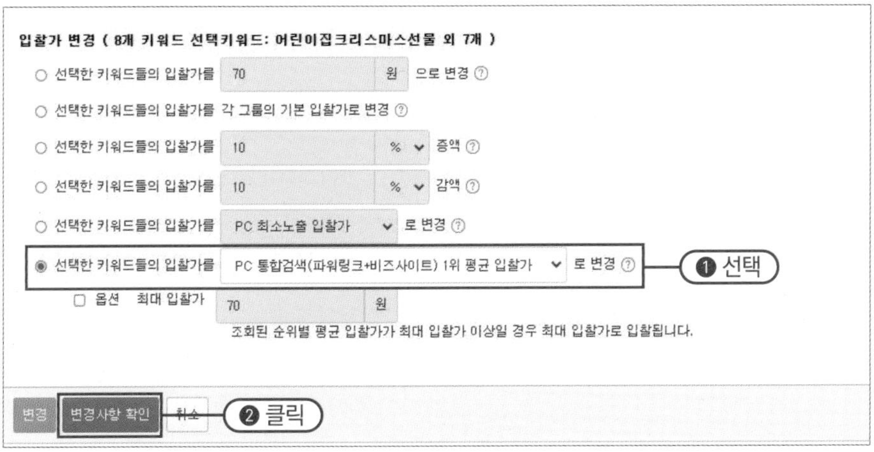

입찰가 변경 (8개 키워드 선택키워드: 어린이집크리스마스선물 외 7개)

○ 선택한 키워드들의 입찰가를 70 원 으로 변경
○ 선택한 키워드들의 입찰가를 각 그룹의 기본 입찰가로 변경
○ 선택한 키워드들의 입찰가를 10 % 증액
○ 선택한 키워드들의 입찰가를 10 % 감액
○ 선택한 키워드들의 입찰가를 PC 최소노출 입찰가 로 변경
◉ 선택한 키워드들의 입찰가를 PC 통합검색(파워링크+비즈사이트) 1위 평균 입찰가 로 변경 ❶ 선택
□ 옵션 최대 입찰가 70 원
조회된 순위별 평균 입찰가가 최대 입찰가 이상일 경우 최대 입찰가로 입찰됩니다.

변경 | 변경사항 확인 | 취소 ❷ 클릭

11 입찰가가 변경된 내용을 확인합니다. 입찰가 결과 화면을 보면 현재 설정 금액과 새로운 설정 금액이 나오는 것을 볼 수 있습니다. 네이버 PC 통합검색 1위 평균 입찰가로 변경할 경우 해당 키워드를 검색하면 네이버에서 1위에 노출이 됩니다. 비고 항목에 나온 비율은 현재 설정되어 있는 입찰가 70원 대비 새로운 설정에 해당하는 입찰가 변동에 대한 비율이 표시되어 있습니다. 새로운 설정 입찰가로 적용하려면 [변경]을 클릭합니다.

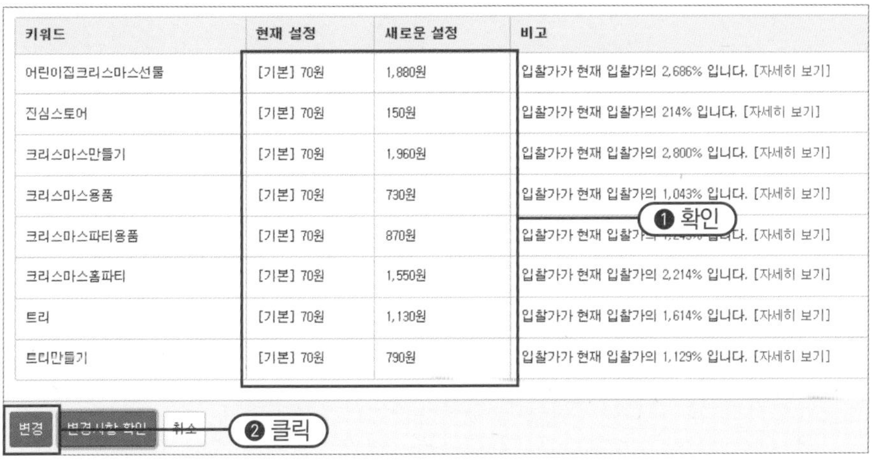

키워드	현재 설정	새로운 설정	비고
어린이집크리스마스선물	[기본] 70원	1,880원	입찰가가 현재 입찰가의 2,686% 입니다. [자세히 보기]
진심스토어	[기본] 70원	150원	입찰가가 현재 입찰가의 214% 입니다. [자세히 보기]
크리스마스만들기	[기본] 70원	1,960원	입찰가가 현재 입찰가의 2,800% 입니다. [자세히 보기]
크리스마스용품	[기본] 70원	730원	입찰가가 현재 입찰가의 1,043% 입니다. [자세히 보기]
크리스마스파티용품	[기본] 70원	870원	입찰가가 현재 입찰가 [illegible] 니다. [자세히 보기]
크리스마스홈파티	[기본] 70원	1,550원	입찰가가 현재 입찰가의 2,214% 입니다. [자세히 보기]
트리	[기본] 70원	1,130원	입찰가가 현재 입찰가의 1,614% 입니다. [자세히 보기]
트리만들기	[기본] 70원	790원	입찰가가 현재 입찰가의 1,129% 입니다. [자세히 보기]

❶ 확인

변경 | 변경사항 확인 | 취소 ❷ 클릭

12 실제 키워드에 적용된 것을 볼 수 있습니다.

☑	ON/OFF	상태	키워드	현재 입찰가(VAT미포함)	품질지수	노출수	클릭수	클릭률(%)
			키워드 8개 결과			0	0	0.00 %
☑	ON	노출가능	어린이집크리스마스선물	1,880원		0	0	0.00 %
☑	ON	노출가능	진심스토어	150원		0	0	0.00 %
☑	ON	노출가능	크리스마스만들기	1,960원		0	0	0.00 %
☑	ON	노출가능	크리스마스용품	730원		0	0	0.00 %
☑	ON	노출가능	크리스마스파티용품	870원		0	0	0.00 %
☑	ON	노출가능	크리스마스홈파티	1,550원		0	0	0.00 %
☑	ON	노출가능	트리	1,130원		0	0	0.00 %
☑	ON	노출가능	트리만들기	790원		0	0	0.00 %

13 광고 소재를 추가하기 위해 확장 소재를 클릭합니다. [새 확장 소재] 항목에서 [파워링크 이미지]를 클릭하여 노출된 이미지를 선택합니다.

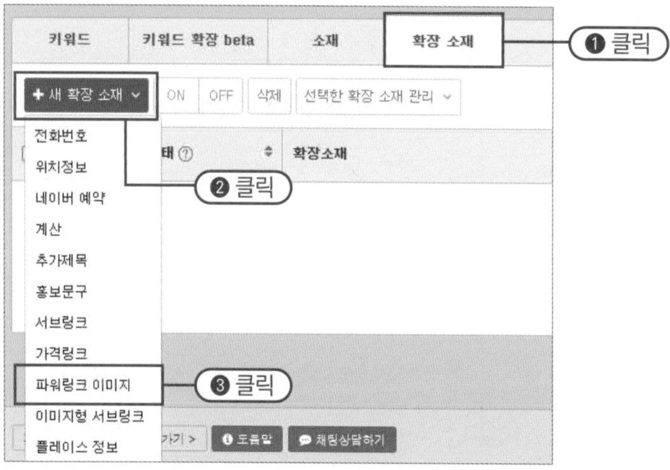

14 이미지를 선택하여 불러온 후에 [저장 후 닫기]를 클릭하면 적용됩니다.

15 확장 소재에 이미지가 들어가는 것을 볼 수 있습니다.

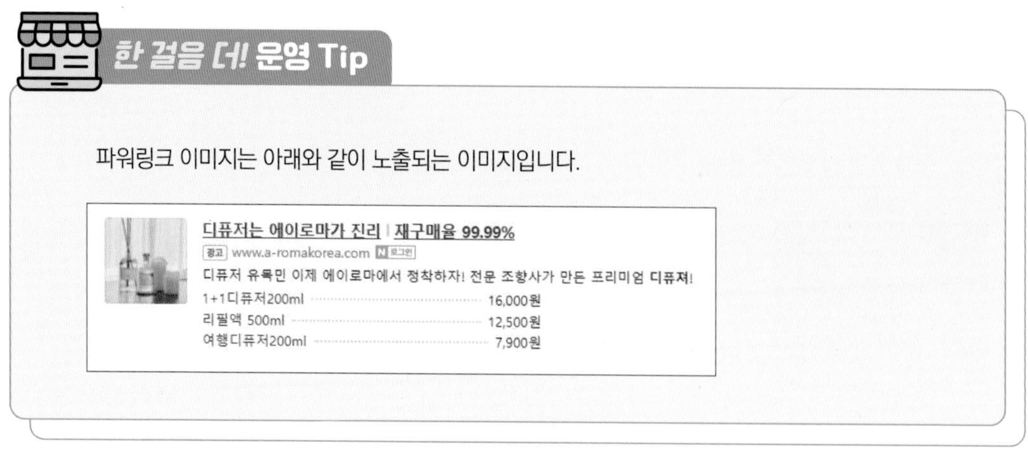

16 다양한 확장 소재를 제공하고 있습니다. 하나하나 클릭하며 진행하려고 하는 광고에 맞는 소재를 선택하여 적용합니다.

새 확장 소재 추가 (가격링크)

가격링크1

가격이름 / 1자 이상 입력하세요. 0/11

가격 0 원

가격수식 체크 후 선택하세요

연결 URL http://

항목 설정 추가

"가격링크" 를 생성하면?

- 가격 이름과 가격, 연결 URL을 입력해 가격 링크를 추가할 수 있으며, 가격 수식어(까지/부터)를 추가할 수 있습니다.
- 가격 링크는 최대 3개까지 노출됩니다.
- 확장소재는 광고 성과 향상에 유의미한 기여를 하지 못한 경우 미노출 될 수 있습니다.
- 이 확장 소재는 의료광고 사전 심의 제도에 따라 병/의원 업종의 광고에는 사용할 수 없습니다. 자세히 보기

[가격 링크 확장 소재]

새 확장 소재 추가 (홍보문구)

홍보종류 선택하여주세요

추가 설명 / 1자 이상 입력하세요. 0/14

"홍보문구" 를 생성하면?

- 선택한 홍보 종류에 따라 정해진 문구(이벤트/추가할인/신상품)가 홍보 문구 맨 앞에 자동으로 추가됩니다.
- 확장소재는 광고 성과 향상에 유의미한 기여를 하지 못한 경우 미노출 될 수 있습니다.
- 이 확장 소재는 의료광고 사전 심의 제도에 따라 병/의원 업종의 광고에는 사용할 수 없습니다. 자세히 보기

[홍보 문구 확장 소재]

검색 광고 입찰 관련 용어

광고주는 직접 원하는 키워드를 선택하여 고객이 1회 클릭 시(방문 시) 허용되는 최대 금액을 입찰가로 설정합니다. 입찰가와 품질 지수를 반영하여 순위를 결정하고 보통 10순위 이내에 포함되는 경우에 고객이 검색 포털에서 해당 키워드를 검색할 때 광고주의 광고가 노출되고, 노출된 광고를 고객이 클릭하는 경우에는 광고주에게 클릭당 비용(CPC)이 부과됩니다.

- **최대 클릭 비용:** 최대 클릭 비용은 광고주가 자신의 광고가 한 번 클릭될 때 지급할 의사가 있는 최대 금액을 의미합니다. 광고주는 자신의 예산에 따라 최대 클릭 비용을 입력함으로써 자신의 노출 순위를 조정할 수 있습니다. 하지만 이것이 순위를 결정하는 절대적인 요소는 아닙니다. 여기서 알아야 할 사항은 예를 들어 '원피스'라는 키워드에 200원이라는 최대 클릭 비용을 입력하면 클릭당 200원이 무조건 과금되는 것이 아니라는 점입니다.

- **품질 지수:** 리스팅된 광고의 품질을 반영하는 지수입니다. "키워드 검색을 통한 의도와 요구를 얼마나 잘 나타내고 있는가?"를 반영하여 측정한 척도입니다.

- **순위 지수:** 최대 클릭 비용 X 품질 지수 = 순위 지수입니다. 순위 지수가 높은 순서대로 광고의 노출 순위가 결정됩니다. 순위 지수의 조정을 통해 원하는 순위에 광고를 노출할 수 있습니다.

- **광고비(실제 클릭 비용):** 광고주가 각 클릭에 대해 실제로 지급하는 금액을 의미합니다. 실제 클릭 비용은 차순위 광고의 순위 지수를 자신의 품질 지수로 나눈 값에 10원을 더하여 산정됩니다. 실제 클릭 비용은 입력한 최대 클릭 비용을 절대 초과하지 않습니다. '실제 클릭 비용 = (차순위 광고의 순위 지수/자신의 품질 지수) + 10원'입니다.

광고주	입찰가	품질 지수	순위 점수	지불 CPC
AA	750원	6	4,500	510원
BB	1,000원	3	3,000	610원
CC	600원	3	1,800	260원
DD	250원	3	750	150원

AA 광고주의 실제 지불 CPC = (후순위 BB의 순위 점수/광고주 AA의 품질 지수) + 10원 = 510원
BB 광고주의 실제 지불 CPC = (후순위 CC의 순위 점수/광고주 BB의 품질 지수) + 10원 = 610원

Part 06

브랜딩을 위한 네이버모두와 스마트스토어 연동

네이버모두는 앞에서 공부한 스마트스토어와 같이 네이버에서 제공하는 서비스입니다. 네이버모두를 통해 홈페이지를 만들고 홈페이지에 쇼핑몰을 연동시켜서 제품 홍보 및 판매를 할 수 있습니다. 홈페이지 주소, 공간, 제작 등 비용을 들이지 않아도 검색이 잘되는 멋있는 홈페이지를 쉽게 만들 수 있습니다.

1 네이버모두란?

2 네이버모두가 지원하는 기능

3 네이버모두로 제작된 홈페이지를 보며 나만의 스토리보드 만들기

4 네이버모두 홈페이지 만들기

5 스마트스토어 연동하기

6 SNS 연동 설정하기

네이버모두란?

네이버모두는 모바일 홈페이지를 쉽게 만들 수 있는 홈페이지 제작과 관리를 위한 프레임 워크입니다. 모바일 홈페이지 용도로 개발되기는 했지만, PC에서 봐도 어색하지 않게 잘 구성된 레이아웃으로 완성됩니다. 네이버모두를 이용하면 편리하게 모바일과 PC 버전의 2가지 홈페이지를 동시에 만들어 관리할 수 있습니다.

네이버모두라는 홈페이지를 갑자기 설명하는 이유는, 네이버모두를 통해 효과적인 마케팅을 할 수 있기 때문입니다. 우리의 최종 목표는 스마트스토어로 유입을 많이 만드는 것입니다. 특히 브랜딩이 필요한 상품군을 판매하고 있다면 나의 브랜드에 대해 잘 알릴 수 있는 채널이 필요합니다. 스마트스토어는 브랜드를 소개할 수 있는 페이지를 별도로 제공하고 있지 않기 때문에 자신의 브랜드를 만들어서 판매하는 판매자의 경우 네이버모두와 병행하여 스마트스토어에서 하지 못한 이야기를 네이버모두를 통해 알려 줄 수 있습니다.

네이버모두를 활용하여 홈페이지를 개설하고 스토어에 연동한 좋은 예가 있습니다. 바로 '애띠애'라는 곳입니다. 애띠애는 오프라인에서 피부 관리 숍을 운영하며 스마트스토어에 피부 관리 상품권을 올려서 예약을 받고 있습니다. 네이버 검색 창에 '애띠애'를 검색하거나 인터넷 주소란에 홈페이지 주소(https://etie.modoo.at)를 입력하고 이동하여 홈페이지 상단에 있는 [스토어] 메뉴를 클릭하면 스마트스토어로 연결이 됩니다.

애띠애는 네이버모두를 통해 자신들이 추구하는 바를 고객에게 확실하게 전달하고 있으며, 예약하는 방법 및 관리 프로그램 등 고객이 궁금해하는 내용을 PC와 모바일에서 볼 수 있도록 상세하게 설명하고 있습니다. 온라인 설명을 보고 고객이 오프라인 숍으로 방문하여 결제를 하거나 예약을 해야 한다면 그 과정에서 이탈할 확률이 있습니다. 하지만 애띠애는 네이버의 스마트스토어에 피부 관리를 상품으로 올려놓고, 결제부터 예약까지를 한 번에 할 수 있도록 네이버모두와 스마트스토어를 연동해 놓았습니다. 그리고 네이버 예약 기능 및 채팅 프로그램, 쿠폰 기능 등 네이버모두가 제공하는 고객과의 소통 기능을 활용하여 숍을 효과적으로 운영하고 있습니다.

스마트스토어를 운영하는 판매자의 경우 많은 접속량을 만들기 위해 네이버모두, 블로그, 인스타그램, 페이스북 등 다양한 채널을 개설하여 운영합니다. 이 많은 채널을 효과적으로 활용하는 방법은, 오프라인 매장이 있거나 오프라인 관련 서비스를 함께 제공하고 있다면 네이버모두로 공식 홈페이지를 운영하면서, 추가적으로 다른 SNS에 힘을 실어 운영하는 것입니다. 이유는 네이버모두가 SNS 연동, 스마트스토어 연동 등 관련 채널을 연동하여 하나로 보여 주는 허브 역할을 할 수 있기 때문입니다. 이를 잘 활용하면 검색량이 확실히 증가합니다.

특히 온라인 예약 서비스를 통해 매출 증대를 기대할 수도 있습니다. 기존에는 전화 예약 및 예약 프로그램을 별도로 제작하려면 많은 비용을 지불하고 구축해야 했습니다. 그러나 네이버모두를 이용하면 무료로 예약 서비스를 제공할 수 있습니다. 예약을 하고 고객이 찾아올 수 있는 서비스까지 원스톱으로 제공합니다. 저도 컨설팅 예약을 네이버모두를 통해 받고 있는데 이 서비스를 사용하기 전보다 컨설팅 의뢰가 3배는 많아졌습니다. 네이버모두에 입력한 내용이 곳곳에 노출되고, 예약 및 전화, 톡톡을 통해 고객이 쉽게 서비스 제공자에게 연락할 수 있기에, 네이버모두를 개설하기 전보다 많은 연락을 받고 있습니다.

[애띠애의 네이버모두 홈페이지]

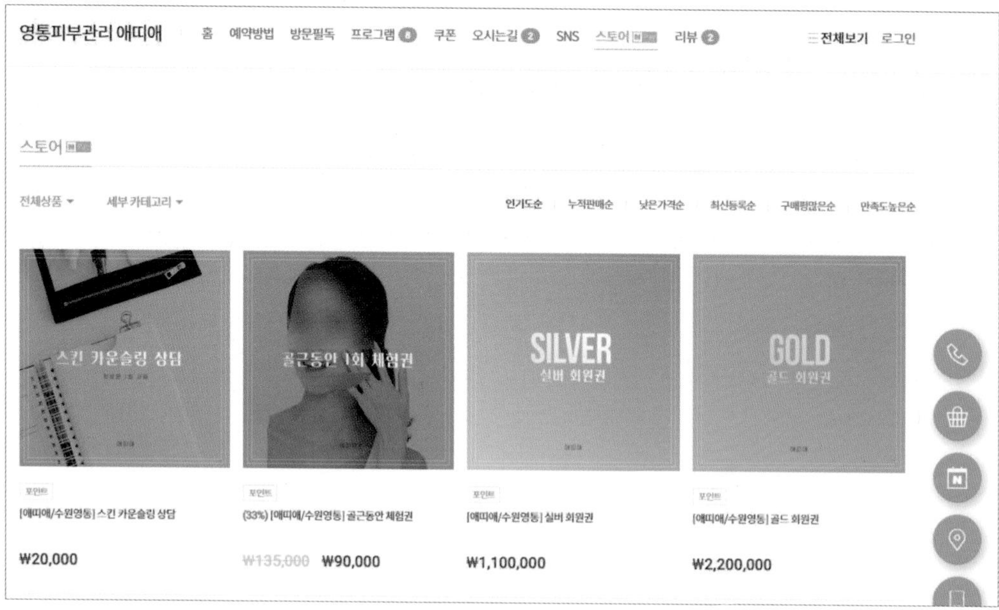

[네이버모두에 연동된 스마트스토어]

네이버모두가 지원하는 기능

네이버모두는 홈페이지에 필요한 대부분의 기능을 최적화 형태로 제공하고 있습니다. 초보자라면 우선 기본 레이아웃이 만들어져 있다는 것에 안정감을 가질 수 있고 상황에 따라 필요한 기능을 클릭 몇 번으로 적용하여 사용할 수 있습니다.

1) 나만의 특화된 홈페이지를 만들 수 있습니다

네이버모두는 디자인 타입과 색상을 자유롭게 선택할 수 있으며, 보여 주고 싶은 정보를 모아서 소개할 수 있습니다. 특히 사진과 동영상을 자유롭게 표현할 수 있으며 메시지를 가독성 높게 전달할 수 있고 자주 찾는 기능을 바로 노출해서 고객에게 정보를 빠르게 전달할 수 있습니다.

[정보를 한눈에 보여 주는
'전주한옥마을 게스트 하우스' 홈페이지]

[다양한 메뉴 사진을 감각적으로 보여 주고 있는 '마더앤찬' 홈페이지]

[사진으로 브랜드를 강조하고 있는 '액정픽스' 홈페이지]

2) 홈페이지를 만들기 위한 페이지 구성 템플릿이 미리 제작되어 있습니다

제작되어 있는 다양한 템플릿 중에 만들고 싶은 유형을 선택하여 제작할 수 있습니다. 기본형인 단순 템플릿과 업종별 맞춤 템플릿으로 간편하게 홈페이지를 만들 수 있습니다. 이미지, 글, 지도, 게시판, 링크 등 원하는 페이지를 선택할 수도 있으며, 쉽고 자유롭게 만들 수 있는 기능들로 이루어져 있습니다.

[네이버모두에서 제공하는 기본 템플릿]

3) SNS와 홈페이지들을 한번에 모아 소개할 수 있습니다

SNS를 모바일 홈에 연동해 더욱 많은 소식과 정보를 한번에 알릴 수 있습니다.

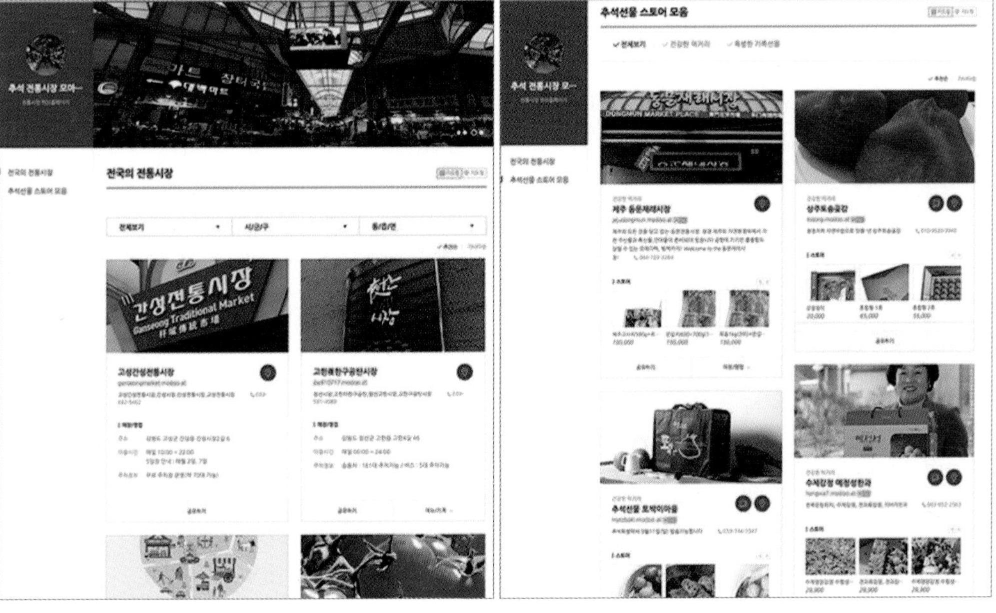

[네이버모두로 만든 개별 홈페이지들을 모아 한번에 소개하는 페이지]

[스토어가 연결된 개별적인 네이버모두 홈페이지를 모아서 상품을 소개하는 페이지]

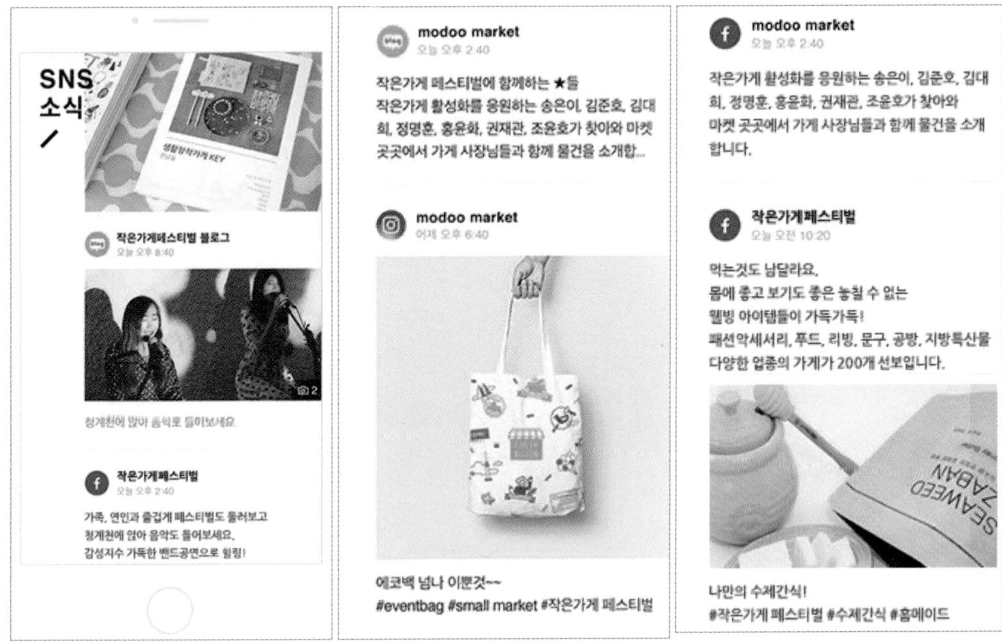

[SNS 소식을 통해 블로그, 인스타그램, 페이스북이 연동된 모습]

4) 편의 기능을 활용하여 홈페이지를 더 쉽고 편하게 관리할 수 있습니다

홈페이지의 메뉴/가격표를 아주 쉽고 예쁘게 만들 수 있으며, 게시판 알림을 문자, 이메일, 톡톡으로 확인할 수 있습니다. 네이버 마이비즈니스 정보를 연동해서 상점의 정보를 홈페이지에 편집하여 보여 줄 수 있으며, 예약 기능을 통해 손님들이 홈페이지에서 예약한 뒤에 방문하도록 할 수도 있습니다.

[메뉴/가격표를 꾸민 모습]

[게시판 알림 문자, 이메일, 톡톡 설정]

[네이버 마이비즈니스 정보를 연동한 모습]

[네이버 예약 페이지를 만든 모습]

[홈페이지에 올린 이미지가
네이버 통합검색 이미지에 노출된 모습]

네이버모두로 제작된 홈페이지를 보며 나만의 스토리보드 만들기

네이버모두로 제작된 다양한 분야의 홈페이지가 있습니다. 하나하나 방문해 보며 나의 홈페이지는 어떻게 만들 것인가를 고민해 보고 마음에 드는 부분이 있다면 메모를 하며 나만의 스토리보드를 만들어 갑니다.

1 네이버모두로 제작된 홈페이지 방문하기

홈페이지를 만들기 전에 다른 홈페이지를 보며 이런 구상을 해 봅니다. '나라면 현재 이 아이템으로 브랜드명은 어떻게 만들 것인가?' '한마디로 내 상점을 표현한다면 어떻게 말할 수 있을까?' '메뉴 구성은 어떻게 할까?' 홈페이지에는 어떤 내용을 기준으로 채울까에 대한 생각을 해 봅니다. 몇 가지 예를 보며 함께 연습해 보기를 권합니다.

[사례 1]

- **브랜드명 :** 밥앤컵
- **한마디로 표현한다면 :** 자주 가는 동네 식당
- **메뉴 구성** : 소개 / 이용 안내 / 예약 안내 / 갤러리 / 오시는 길 / 공지사항
- **홈페이지 내용 :** 홈페이지에는 식당에서 만들고 있는 음식의 재료는 어떤 것인지, 새롭게 개발한 메뉴는 어떤 맛인지를 손님들에게 알리는 내용을 채웁니다.

[메인 화면] [소개 화면] [갤러리] [예약 문의]

[사례 2]

- **브랜드명 :** 연우소극장
- **한마디로 표현한다면 :** 열정 가득 대학로 소극장
- **메뉴 구성 :** 상영 중 공연 / 상영 예정 공연 / 오시는 길 / 공연 후기
- **홈페이지 내용 :** 소극장의 공연 홍보에 대한 어려움을 해소하기 위해 홈페이지를 만들어서 작품에 대한 정보, 공연 안내, 출연 배우 소개 등 관람객에게 정보를 제공하는 내용을 기준으로 채웁니다.

[메인 화면] [공연 안내] [극장 소개] [위치 안내]

2 나만의 홈페이지 스토리보드 만들기

나는 어떤 주제로 홈페이지를 만들 것인가부터 시작하여 상세한 설계 화면까지 구상한 결과를 자세히 기록하는 과정을 스토리보드 만들기 단계라고 합니다.

앞에서 본 것과 같이 브랜드명, 홈페이지를 표현하는 한마디, 홈페이지의 메뉴 구성, 어떤 내용을 담을 것인지에 대한 장면 장면을 쉽게 이해할 수 있도록 그림 또는 문서로 만들면 됩니다. 처음 작업을 하는 경우 매우 어렵다고 느껴지며 어디서부터 시작해야 할지 모르는 경우가 많이 있습니다. 아래 표를 보면 기존에 스토리보드를 만들었던 예시를 적어 놓았습니다. 해당 내용을 참고하여 한 칸씩 내용을 만들어 보세요. 홈페이지의 기본 설계도가 만들어질 것입니다.

아래 빈칸을 채워 가며 여러분의 스토리보드를 만들어 보세요.

[브랜드명]

예) 마일드 브라운(Mild Brown)

[한마디로 표현한다면]

예) 생활을 물들이다!

[메뉴 구성]

예) 소개 / 갤러리 / SNS / 동영상 / 이벤트 / 스토어 연동 / 오시는 길 / 공지사항

[홈페이지 내용]

예) 생활용품을 소개하는 홈페이지를 만듭니다. 북유럽 패턴 빨래 바구니 34종을 메인 상품으로 판매하며 가정에서 필요한 아기자기한 소품으로 확대해 나갈 수 있도록 구성합니다.

한 걸음 더! 운영 Tip

우리에게 제일 중요한 것은 스토어 연동입니다. 간단하게라도 홈페이지를 만들고 스토어를 연동해 보세요. 유입이 늘어나는 것을 볼 수 있습니다.

스토리보드를 완료한 후에 각 메뉴에 내용을 채울 때는 세분화한 소비자에게 하고 싶은 이야기를 사진과 함께 구성하기를 추천합니다. 제품을 구매하는 소비자에게 신뢰할 수 있는 요소를 제공하기 위해 홈페이지를 만드는 것이므로 나의 제품 소구점 표현, 제품을 만들고 있는 나의 마음자세(직접 만드는 제품이라면), 재료, 만들고 있는 환경 등을 글 및 사진으로 소통한다면 홈페이지 방문자가 구매 결정을 내리는 데 도움이 될 것입니다.

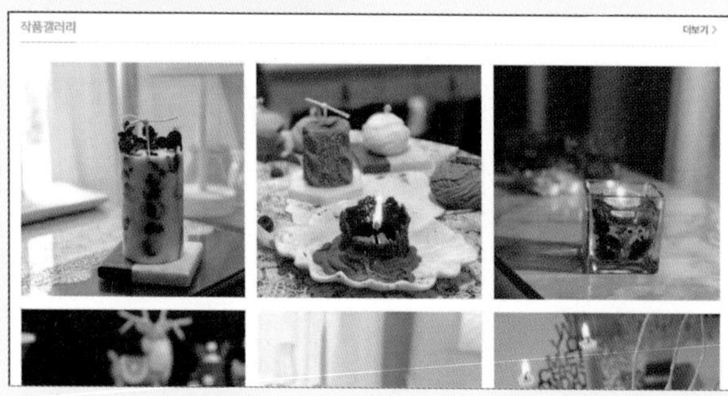

[쇼핑몰보다는 편안하게 제품을 소개하는 모습]

네이버모두 홈페이지 만들기

네이버모두 홈페이지의 제작 단계는 아주 간단하게 되어 있습니다. 호스팅(Hosting)에 홈페이지를 직접 설정해 봤거나 HTML을 이용하여 코딩하며 홈페이지를 만들어 봤던 사람들이라면 네이버모두에서 홈페이지를 만들 때 깜짝 놀랄 수 있습니다. 지금부터 뚝딱 뚝딱 홈페이지를 만들어 보겠습니다.

따라해 보세요!

01 인터넷 주소에 http://www.modoo.at을 입력하고 네이버모두 홈페이지로 이동합니다. 홈페이지 메인 화면의 오른쪽 위에 있는 [로그인]을 클릭합니다.

02 네이버 로그인 페이지에서 아이디와 비밀번호를 입력하고 [로그인]을 클릭합니다.

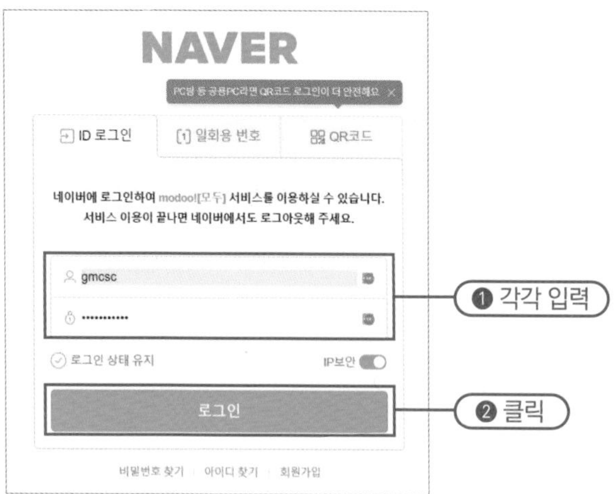

03 로그인이 완료된 후에 네이버모두 메인 페이지에서 [나도 시작하기]를 클릭합니다.

04 네이버모두에 관한 내용이 정리된 페이지가 나옵니다. 페이지의 하단으로 이동하면 나오는 [나도 지금 만들기]를 클릭합니다.

05 네이버 아이디 하나에 홈페이지는 3개까지 만들 수 있습니다. 홈페이지 관리 화면으로 이동하면 지금 생성한 기본 내용의 홈페이지가 만들어진 것을 볼 수 있습니다.

한 걸음 더! 운영 Tip

웹 페이지는 형식에 따라 정보형, 이미지형, 포스터형, 버튼형 중 원하는 형식으로 설정할 수 있습니다.

❶ 정보형

메인 이미지를 4개까지 전환하며 보여 줄 수 있습니다. 동영상 추가가 가능하며 주요 연결 정보를 메인 페이지에 바로 노출합니다. 연결 정보는 우선순위에 따라 3개의 아이콘을 제공하며 전화 〉 톡톡〉 톡톡친구 〉 연결 정보 문자 〉 공유하기 순으로만 노출 가능합니다.

톡톡은 앱 설치나 친구 추가 없이 PC와 모바일에서 바로 고객과 상담할 수 있는 기능입니다. 톡톡을 연결하면 톡톡 친구 기능도 자동으로 이용할 수 있습니다. 톡톡 친구에게는 무료 단체 메시지로 할인/특가 소식, 이벤트, 쿠폰 등을 전할 수 있어 고객 관리에 도움이 됩니다.

[정보형으로 설정한 화면입니다. 다양한 정보를 제공할 수 있도록 화면 구성이 간결합니다.]

❷ 이미지형

정보형과 비교하면 이미지/상품을 부각하고자 할 때 사용할 것을 추천합니다. 꽉 찬 이미지 1개가 고정되며, 영상 추가가 가능합니다. 정보형과는 다르게 메뉴 뒤의 배경 이미지 등록이 가능합니다.

[이미지형으로 설정한 화면입니다. 보여 주고 싶은 이미지가 많을 때, 개성 있게 꾸밀 수 있습니다.]

❸ 포스터형

전시회, 청첩/초대장 등 홍보에 적합한 유형으로 노출 메뉴가 5개로 제한되는 것 외에는 이미지형과 같습니다.

[포스터형으로 설정한 화면입니다. 첫 이미지를 포스터처럼 강조하여 간단하게 만들어도 짜임새 있게 구성할 수 있습니다.]

❹ 버튼형

설정한 이미지가 1개로 고정되어 있으며, 연결 정보 버튼이 하단에 배치되는 것을 제외하고는 정보형과 유사합니다.

[버튼형으로 설정한 화면입니다. 나만의 브랜드를 잘 보여 주고, 버튼을 앞쪽에 노출할 수 있어서 한눈에 정보를 확인할 수 있습니다.]

06 홈페이지의 기본 정보를 설정하는 항목에서는 홈페이지 이름 및 주소, 홈페이지 로고 등을 등록할 수 있습니다. 홈페이지의 여러 곳에 노출됩니다. 홈페이지에서 사용하는 로고에 적합한 사이즈가 있으니, 사이즈를 확인한 후에 제작하여 등록하기를 바랍니다. 홈페이지 관리 창에서 [홈]에 해당하는 첫 페이지를 클릭한 후 오른쪽에 나오는 홈페이지 정보 항목의 [정보수정]을 클릭합니다.

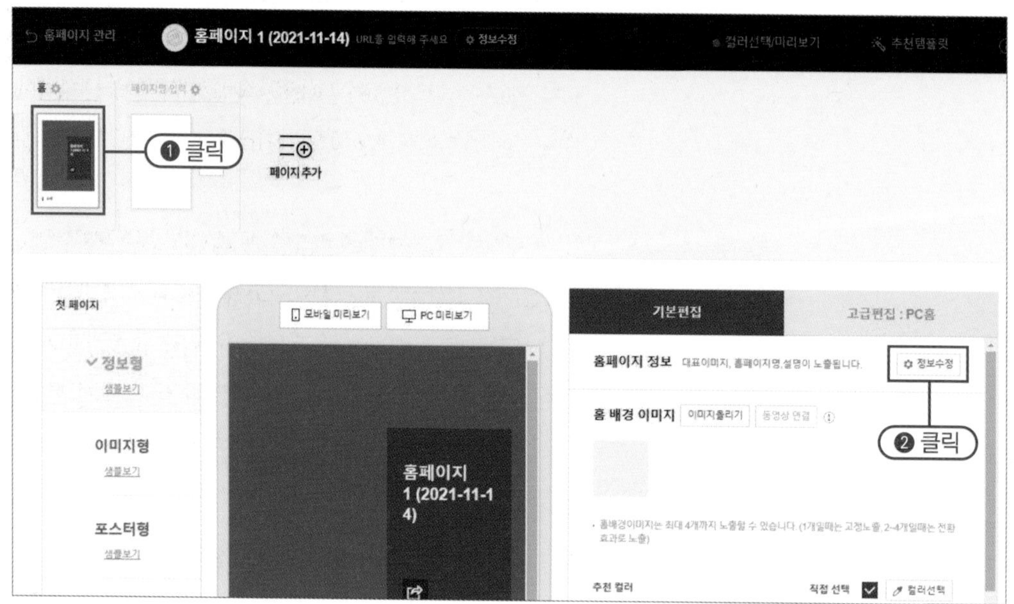

NOTE

홈 배경 이미지의 용량은 최대 10MB입니다. 가로 1280px 이상의 큰 이미지를 올린 후에 편집 화면에서 자르기 기능을 활용하여 일부를 잘라 낼 수 있습니다.

07 홈페이지 필수 정보 항목에서 홈페이지명과 인터넷 주소를 입력하고 대표 이미지를 등록하기 위해 [이미지 올리기]를 클릭한 후에 로고 이미지를 선택하여 등록합니다. 모든 정보를 입력한 후에는 [저장]을 클릭합니다.

❶ 홈페이지명 : 앞 장에서 고민해 보았던 나의 홈페이지 이름을 입력합니다. 예) 진심스토어

❷ 인터넷 주소: 도메인(Domain) 주소를 의미합니다. 원하는 주소를 입력하면 홈페이지 주소가 생성됩니다. 최대 20자까지 입력할 수 있으며 영문과 숫자만 가능합니다.
예) jinsimstore를 입력하면 도메인 주소는 http://jinsimstore.modoo.at으로 설정됩니다.

08 메인 페이지 형식 설정 및 배경 이미지를 적용하기 위해 [버튼형]을 선택하고 홈 배경 이미지와 소개, 공지 한마디를 입력한 후에 [홈페이지 반영]을 클릭합니다.

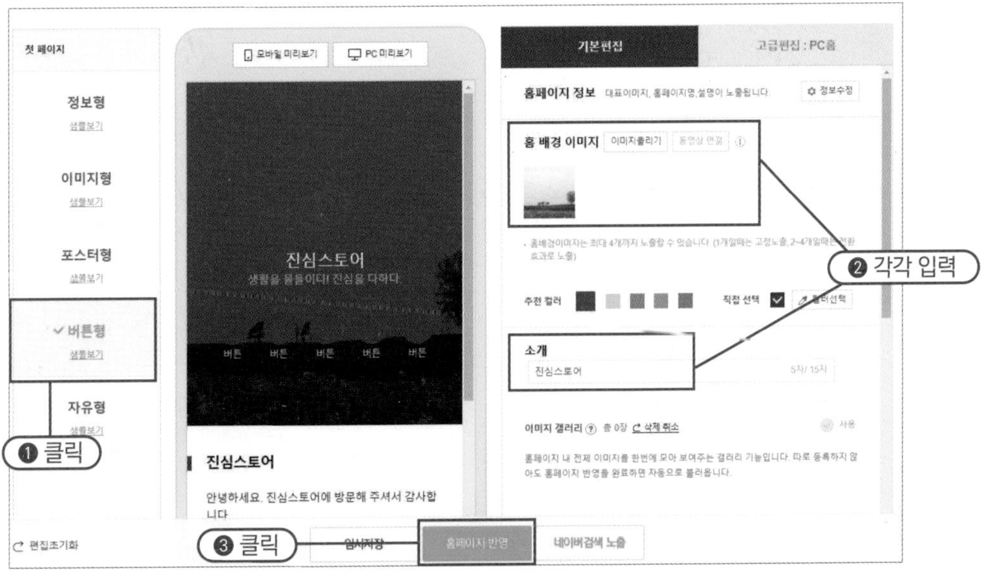

09 메인 페이지에 고급 설정을 하기 위해 [고급편집:PC홈] 메뉴를 클릭합니다. 홈 배경 이미지로는 [꽉찬 배경]을 선택하고 이미지를 4장 불러 옵니다. [홈페이지 반영]을 클릭하여 저장합니다.

10 인터넷 주소에 앞에서 입력한 네이버모두 홈페이지 주소를 입력하면 제작한 홈페이지가 뜨는 것을 볼 수 있습니다.

05 스마트스토어 연동하기

우선 홈페이지에 어떤 메뉴를 만들 것인가를 생각합니다. 아래 예시와 같이 구성을 해 보세요. 처음이라 잘 떠오르지 않는다면 예시처럼 만들어 봐도 됩니다.

예시 : 소개 / 갤러리 / SNS / 스토어 / 오시는 길 / 공지사항

따라해 보세요!

01 원하는 카테고리로 홈페이지를 구성하기 위해 기본으로 제공된 카테고리를 삭제하고 [페이지 추가] 기능을 통해 새롭게 카테고리를 구성합니다.

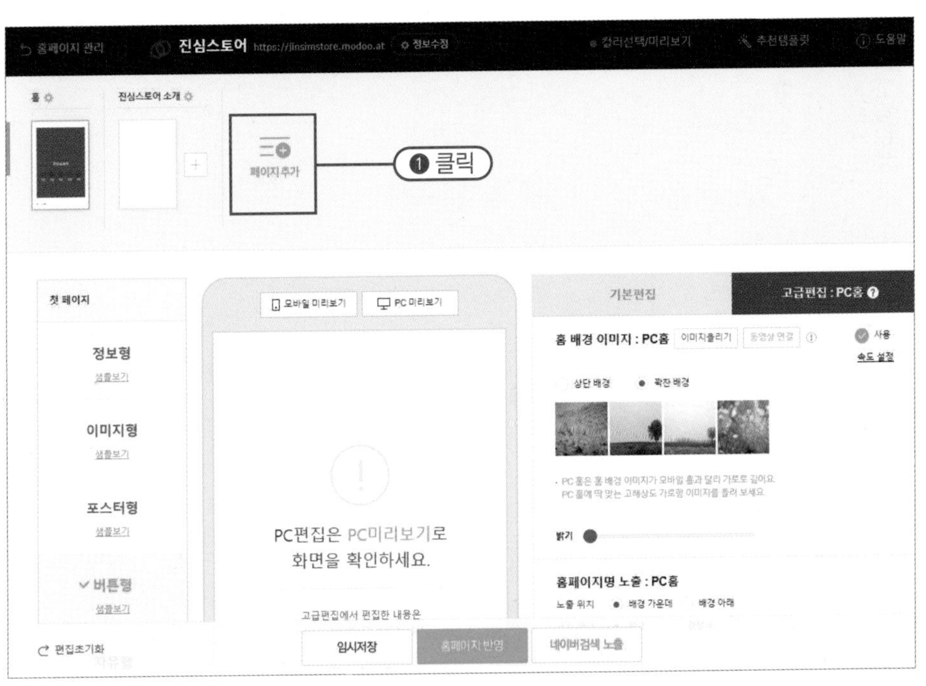

네이버모두 홈페이지의 메인 페이지를 보면 네이버모두로 만든 홈페이지를 테마별로 볼 수 있습니다. 다른 사람의 홈페이지를 참고하여 카테고리 및 페이지의 구성을 다양하게 만들어 보며 여러분의 홈페이지를 완성했으면 합니다. 잘 떠오르지 않을 때는 무조건 잡고 있지 말고 다른 사람들의 페이지를 많이 보며 구상해 보세요.

[네이버모두의 테마 보기]

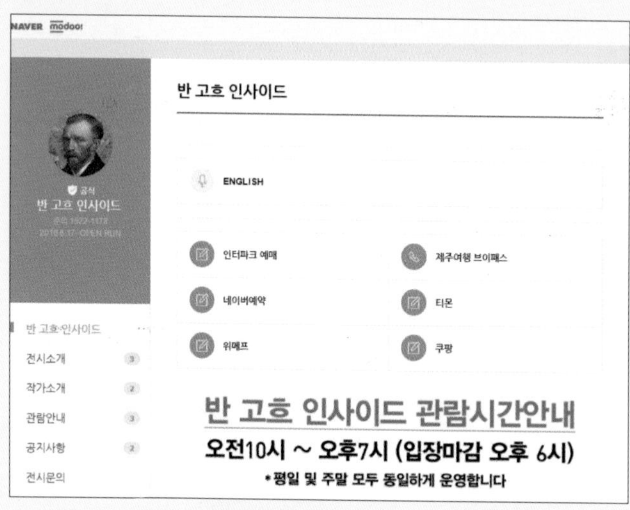

[문화충전 테마 중에 반 고흐를 클릭한 모습]

02 앞에서 구상해 놓았던 카테고리를 등록합니다. [페이지 추가]를 클릭한 후에 페이지 유형을 선택하고 [페이지 추가하기]를 클릭합니다.

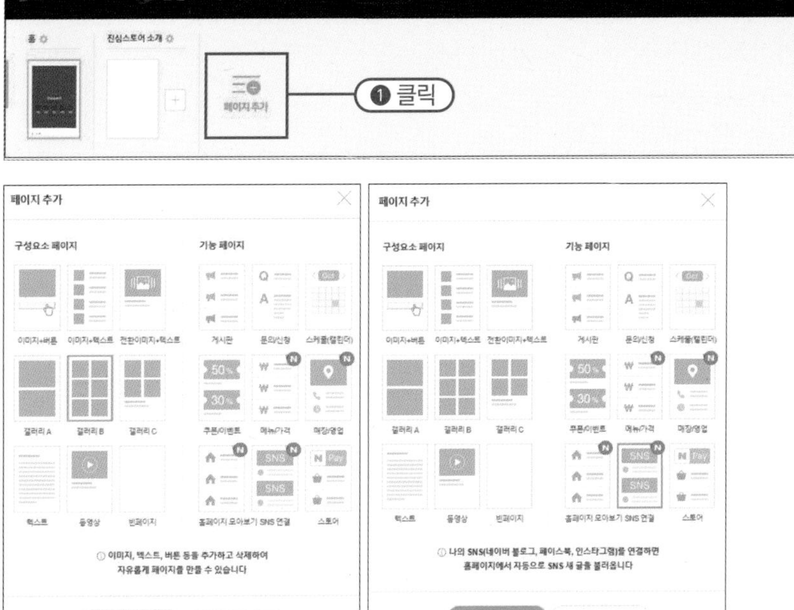

[갤러리 페이지] [SNS 연결 페이지]

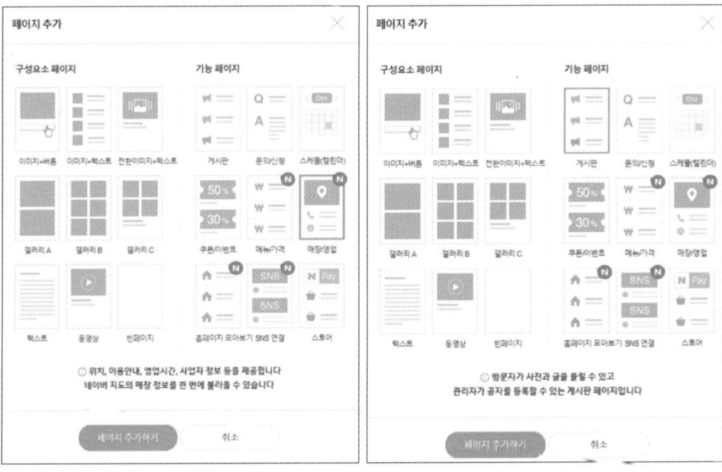

[약도 페이지] [공지사항 페이지]

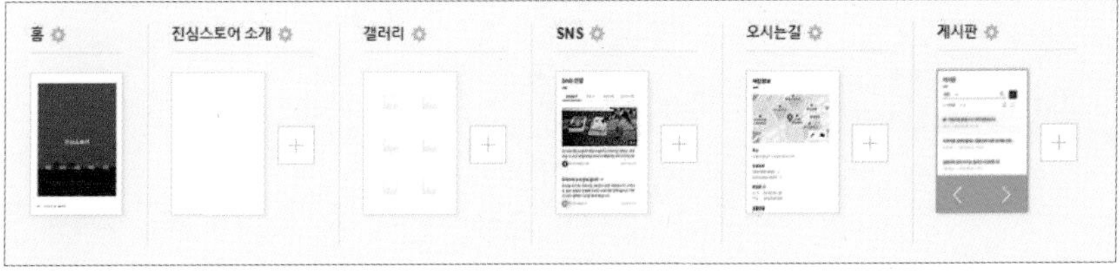

[기본 페이지가 모두 만들어진 모습]

03 스토어와 연동하기 위해서는 [페이지 추가]를 클릭한 후 [스토어]를 선택하고 [페이지 추가하기]를 클릭합니다.

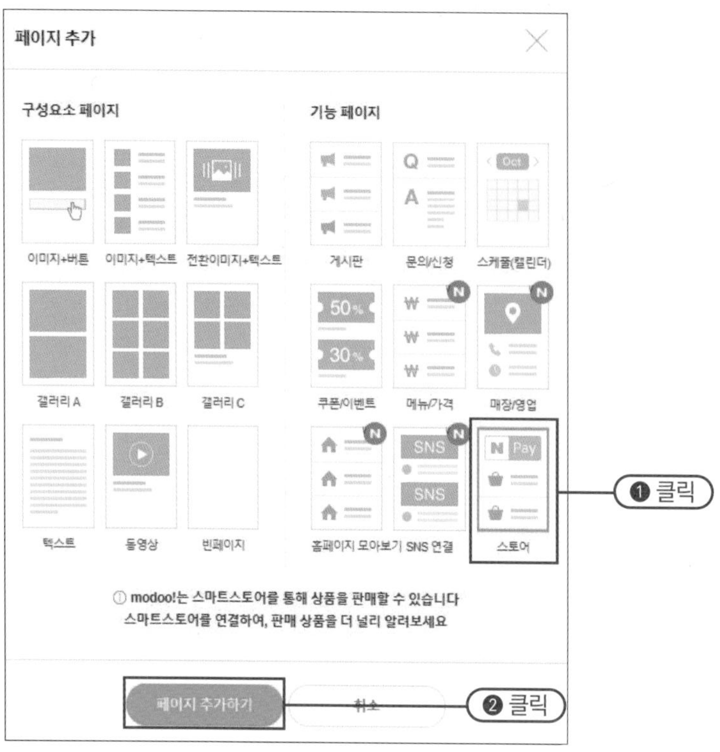

04 스토어와 연동하는 팝업 창에서 [Modoo에 내 스마트스토어 연결하기]를 클릭합니다.

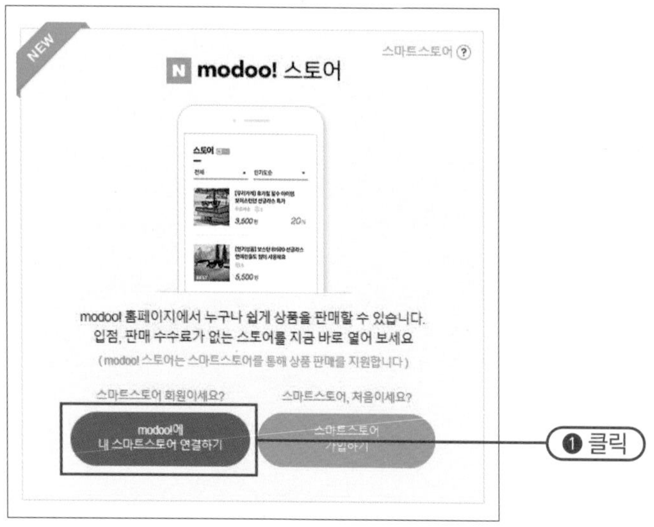

05 스마트스토어에 가입할 때 네이버 아이디로 가입한 경우는 [네이버 아이디로 인증]을 클릭하고 판매자 아이디로 가입한 경우는 [판매자 아이디로 인증]을 클릭합니다. 앞 파트에서 스마트스토어에 가입할 때 네이버 아이디로 가입했기 때문에 여기에서는 [네이버 아이디로 인증]을 클릭합니다.

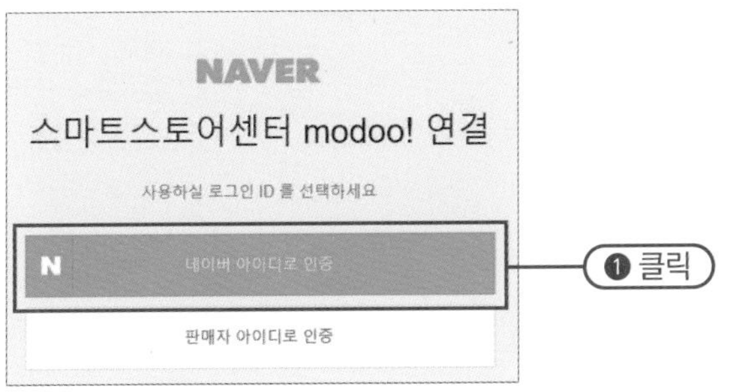

06 네이버 아이디와 비밀번호를 입력하고 [로그인]을 클릭합니다.

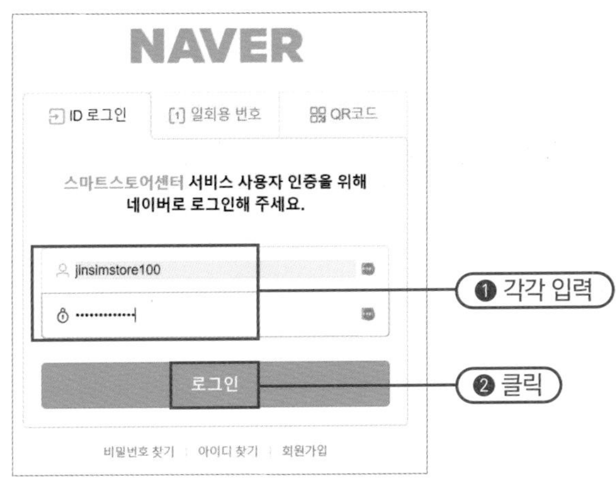

07 연동이 완료된 것을 볼 수 있습니다. [확인]을 클릭합니다.

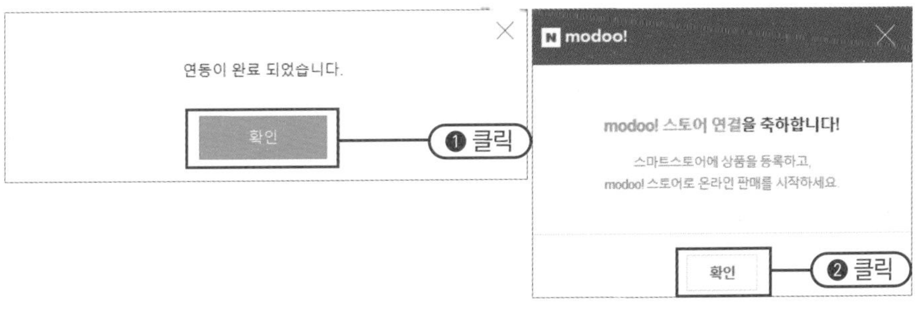

08 메뉴의 위치를 드래그하여 변경합니다. 맨 뒤에 있는 스토어 메뉴를 드래그하여 SNS 앞으로 이동합니다.

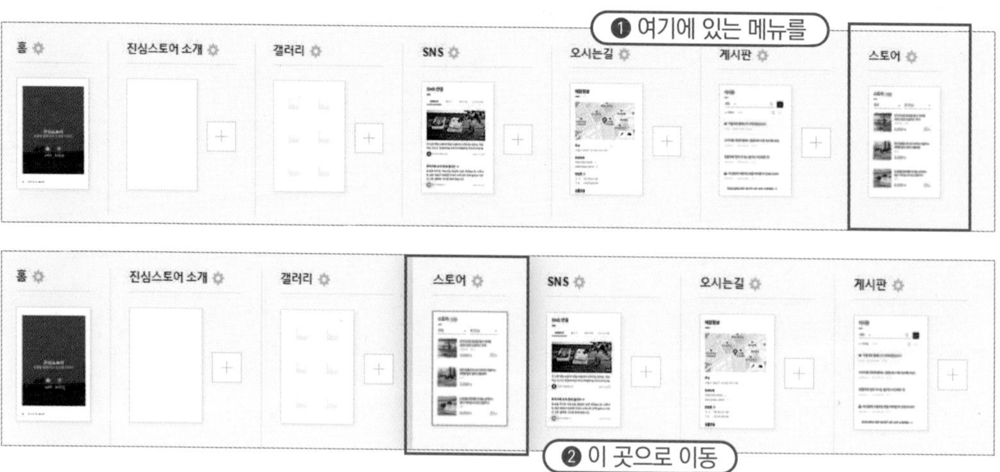

09 홈페이지 반영을 클릭하여 저장한 후 접속된 홈페이지에서 [스토어]를 클릭하여 연결을 확인합니다. 이 과정을 통해 네이버모두 홈페이지에 접속한 사람들이 스토어로 접속하여 구매로 이어질 확률을 높였습니다.

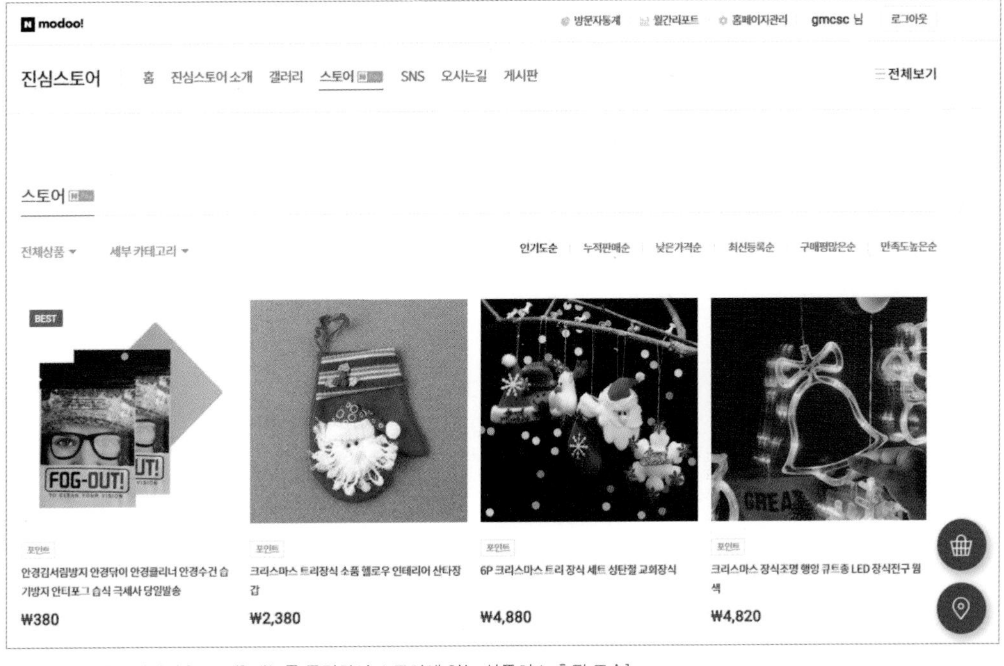

[네이버모두 홈페이지의 [스토어] 메뉴를 클릭하여 스토어에 있는 상품이 노출된 모습]

SNS 연동 설정하기

SNS 연동 기능을 통해 SNS에 올린 내용을 네이버모두 홈페이지에 노출할 수 있습니다. 네이버 블로그, 페이스북, 인스타그램을 연결할 수 있습니다. 페이스북과 인스타그램은 최초로 연결할 때 인증 절차를 거칩니다.

운영 중인 블로그가 있다면 네이버모두에 연결해 보세요. 블로그에 올린 글을 자동으로 네이버모두 홈페이지에 보여 줍니다. 홍보할 내용이 있으면 일반적으로는 홈페이지에도 올리고 블로그에도 올리는 등 다양한 마케팅 채널에 올리게 됩니다. 이럴 때 네이버모두에 SNS 채널을 연동해 놓으면 SNS 채널에 올린 내용을 자동으로 노출시켜 주기 때문에 홈페이지에는 별도로 올리지 않아도 됩니다. SNS와 연동하기 위해 편집 화면에서 [SNS] 메뉴를 클릭합니다.

SNS 항목 중에 [네이버블로그 연결하기]를 클릭하여 네이버 블로그를 네이버모두 홈페이지에 연결합니다.

- SNS별로 1개 계정만 연결할 수 있습니다.
- 페이스북, 인스타그램의 최초 연결 시, 인증이 필요합니다.

gmcsc 에 연결 중

네이버블로그 연결끊기 | 내 블로그에 modoo! 명함달기

[블로그가 연결된 모습]

블로그가 연결된 경우 네이버모두 홈페이지의 SNS 페이지에 블로그의 글이 표시되는 것을 볼 수 있습니다. 다른 페이지도 연결하기를 통해 연결하면 바로 완성할 수 있습니다.

NOTE

SNS 채널 중에 현재는 블로그, 페이스북, 인스타그램만 연결이 됩니다. 해당 계정이 여러 개 있더라도 각 채널별로 1개의 계정만 연결할 수 있습니다.

앞의 페이지 설명은 스마트스토어 활성화를 위해 도움이 되는 내용을 중심으로 설명했습니다. 추가적으로 오시는 길과 게시판 페이지를 활용하고 싶다면, 아래 내용을 참고하여 홈페이지를 완성하기를 바랍니다.

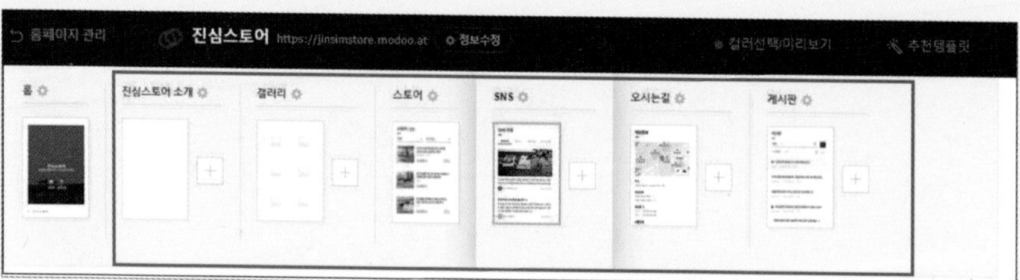

수정하려고 하는 페이지를 클릭하면 아래와 같이 편집 화면이 나옵니다. 홈페이지 운영에 필요한 메뉴를 클릭하여 수정해 보세요.

[오시는 길 페이지]

오시는 길 페이지는 지도를 등록하여 매장 안내 및 영업에 관한 내용을 효과적으로 전달할 수 있습니다. 매장의 위치, 전화번호, 영업시간, 사업자 정보 등 홈페이지나 쇼핑몰을 운영할 때 고객이 많이 찾는 정보에 해당하니 꼼꼼하게 잘 기재해야 합니다.

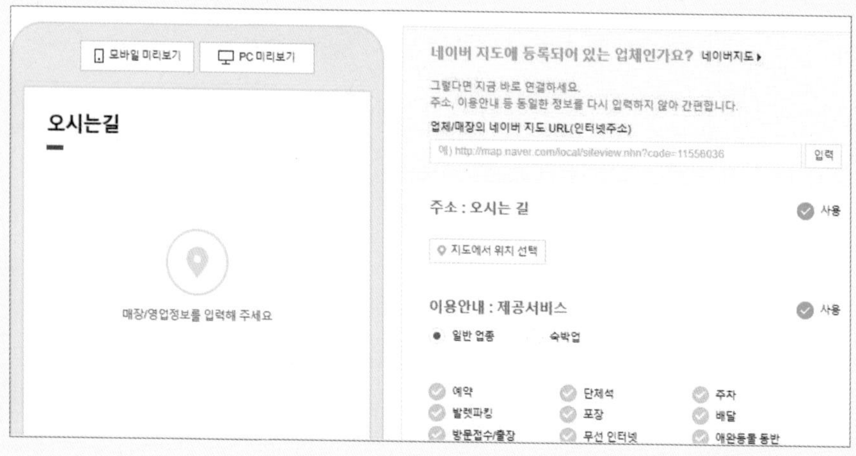

[게시판 페이지]

게시판은 누구나 쓸 수 있는 게시판과 관리자만 쓸 수 있는 게시판으로 만들 수 있습니다. 홈페이지를 고객과의 소통의 공간으로 사용하려고 한다면 누구나 쓸 수 있는 형식으로 지정하고, 회사의 공지사항을 전달하는 형태로 사용하려는 경우라면 관리자만 쓸 수 있게 하는 것이 좋습니다.

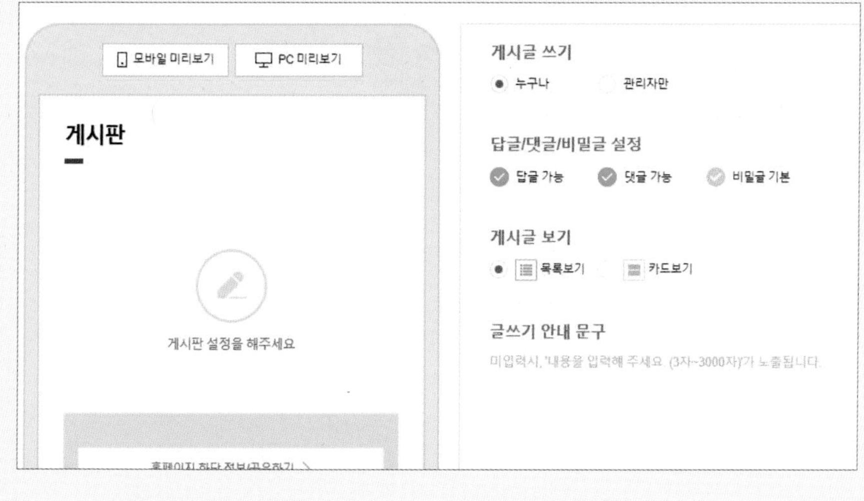

Part 07

사업 확장! 쿠팡 연동하기

위탁판매에 대한 전체적인 내용을 이해했다면 이제는 판매 채널을 확장할 차례입니다. 판매하는 아이템에 따라 주력 채널이 다를 수는 있지만, 가능하면 많은 판매 채널을 갖고 있는 것이 판매자로서는 유리합니다. 스마트스토어에서만 판매하는 것보다, 쿠팡, 11번가, G마켓 등 다양한 채널로 확장하여 판매한다면 해당 채널만 이용하는 고객에게도 나의 제품을 보여 줄 수 있어서, 판매 확률을 높일 수 있습니다.

1 쿠팡에서 판매 준비하기
2 쿠팡에서 판매 시작하기
3 쿠팡 채널 광고하기

쿠팡에서 판매 준비하기

판매자의 입장에서는 많은 고객이 있고 판매가 활발히 이루어지는 채널에 입점을 안 할 이유가 없습니다. 그렇지만 최소한 판매 여건에 대해서는 알아보는 것이 좋습니다. 그중에 꼭 알아봐야 하는 것이 수수료일 것입니다. 쿠팡의 현재 수수료는 네이버 스마트스토어 다음으로 저렴합니다.

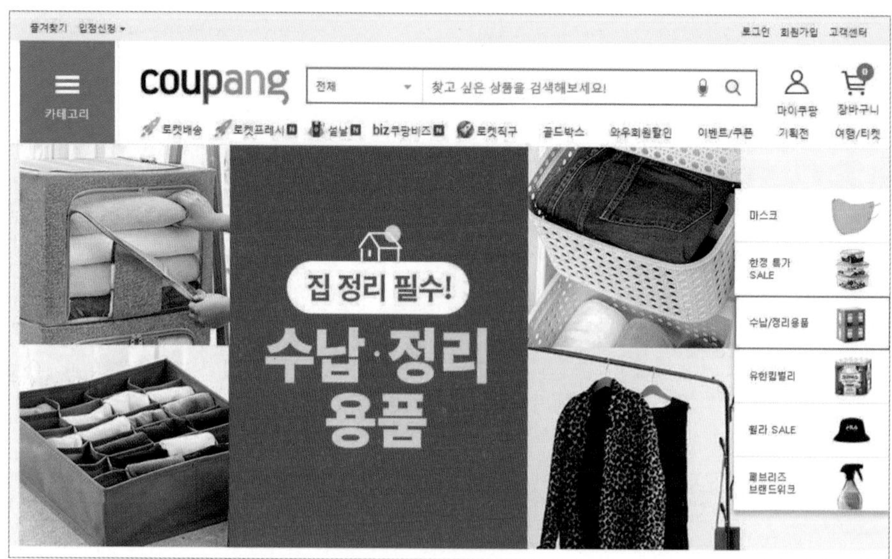

1 쿠팡 수수료 이해

쿠팡은 수수료에 대한 부분이 조금 복잡합니다. 수수료가 일반 수수료, 배송비 수수료, 판매자 서비스 이용료로 구분됩니다.

일반 수수료는 옆의 수수료 표와 같이 판매하는 상품군에 따라 다릅니다. 예를 들어 출산/유아 카테고리 제품을 판매했다면 카테고리 수수료는 10%에 부가세 별도 1%를 추가하여 11%가 됩니다. 여기에 배송비 수수료 3%와 부가세 별도 0.3%가 추가되어 총 14.3%가 됩니다.

대분류	중분류	소분류	기준 수수료
가전디지털	기본 수수료	-	7.8%
	게임	성인용게임(19)	6.8%
		휴대용게임	6.8%
		PC게임	6.8%
		TV/비디오게임	6.8%
	냉난방가전	냉난방에어컨	5.8%
	냉방가전	멀티형에어컨	5.8%
		벽걸이형에어컨	5.8%
		스탠드형에어컨	5.8%
		이동식 스탠드형에어컨	5.8%
	카메라/카메라용품	기타카메라	6%
		디지털카메라	5.8%
		초소형/히든카메라	6%
		카메라렌즈	5.8%
		캠코더/비디오카메라	6%
		DSLR/SLR카메라	5.8%
	태블릿PC/액세서리	태블릿PC	5%
	생활가전	냉장고	5.8%
		세탁기	5.8%
	빔/스크린	빔/프로젝터	5.8%
	영상가전	영상액세서리	5.8%
		TV	5.8%
		VTR/DVD플레이어	5.8%
	컴퓨터/게임	컴퓨터	5%
	컴퓨터주변기기	3D프린터	5.8%
		기타프린터	5.8%
		레이져복합기	5.8%
		레이져프린터	5.8%
		모니터	4.5%
		복사기	5.8%
		스캐너	5.8%
		잉크젯복합기	5.8%
		잉크젯프린터	5.8%
		포토프린터	5.8%
		마우스/키보드	6.5%
		유무선공유기	6.5%
		태블릿/노트북악세사리	6.4%
		기타	6.4%
가구/홈인테리어	기본 수수료	-	10.8%
도서	기본 수수료	-	10.8%
음반	기본 수수료	-	10.8%
문구/사무용품	기본 수수료	-	10.8%
	문구/팬시용품	광학용품	8.8%
	사무용지류	포토전용지	7.8%
출산/유아	기본 수수료	-	10%
	기저귀/물티슈	기저귀크림/파우더	9.8%
	영유아물티슈	영유아물티슈	8.2%
	영유아식품	-	7.8%
	분유	유아분유	6.4%
	기저귀	배변훈련팬티	6.4%
		수영장기저귀	6.4%
		일회용기저귀	6.4%
		천기저귀	6.4%
스포츠/레저용품	기본 수수료	-	10.8%
	골프용품	골프거리측정기/GPS	7.6%
		골프클럽	7.6%
		골프풀세트	7.6%
	자전거용품	성인용자전거	7.6%
		아동용자전거	7.6%
	스포츠의류	-	10.5%
	스포츠신발	-	10.5%
뷰티	기본 수수료	-	9.6%

많은 분들이 질문하시는 내용인 판매자 서비스 이용료는 2개의 카테고리로 나눠집니다. 일반 카테고리와 가전/컴퓨터/디지털 카네고리로 구분합니다. 일반 카테고리는 배송비를 제외하고 월 매출이 100만 원 이상일 때 월 1회 5만 원을 부과합니다. 가전/컴퓨터/디지털 카테고리 상품은 월 매출이 500만 원 이상일 때 월 1회 5만 원을 부과합니다. 예를 들어 판매자가 컴퓨터 카테고리에서 500만 원 이상의 매출이 나왔다면 일반 수수료 + 판매자 서비스 이용료(5만 원) + 배송비 수수료를 내게 되는 것입니다.

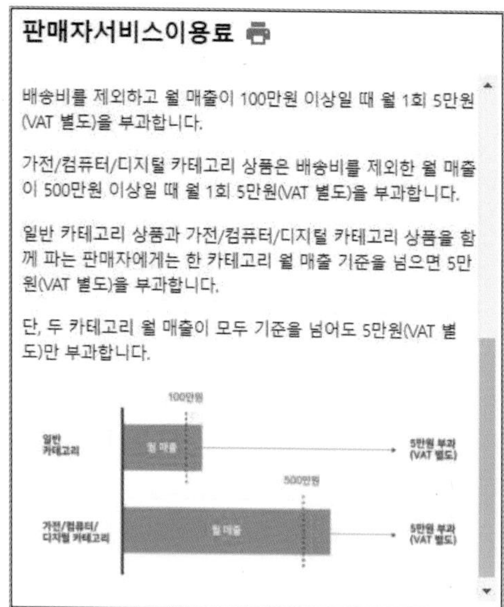
판매자서비스이용료

배송비를 제외하고 월 매출이 100만원 이상일 때 월 1회 5만원(VAT 별도)을 부과합니다.

가전/컴퓨터/디지털 카테고리 상품은 배송비를 제외한 월 매출이 500만원 이상일 때 월 1회 5만원(VAT 별도)을 부과합니다.

일반 카테고리 상품과 가전/컴퓨터/디지털 카테고리 상품을 함께 파는 판매자에게는 한 카테고리 월 매출 기준을 넘으면 5만원(VAT 별도)을 부과합니다.

단, 두 카테고리 월 매출이 모두 기준을 넘어도 5만원(VAT 별도)만 부과합니다.

[출처 : 쿠팡 서비스센터]

2 쿠팡 판매자 가입하기 및 관리자 접속

따라해 보세요!

01 쿠팡 판매자로 가입하기 위해서는 쿠팡 마켓플레이스 홈페이지(https://marketplace.coupangcorp.com)에 접속하여 [판매자 가입하기] 메뉴를 클릭하고 가입을 진행해야 합니다.

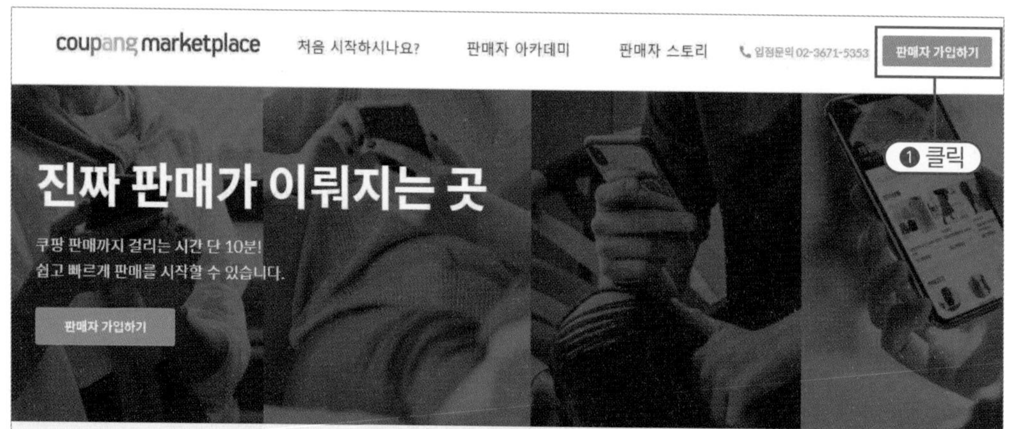

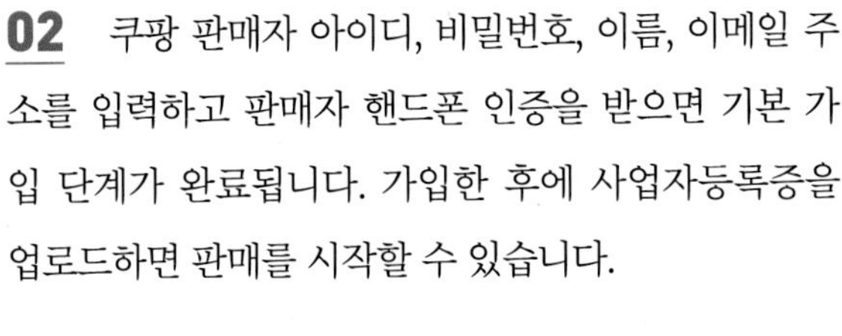

02 쿠팡 판매자 아이디, 비밀번호, 이름, 이메일 주소를 입력하고 판매자 핸드폰 인증을 받으면 기본 가입 단계가 완료됩니다. 가입한 후에 사업자등록증을 업로드하면 판매를 시작할 수 있습니다.

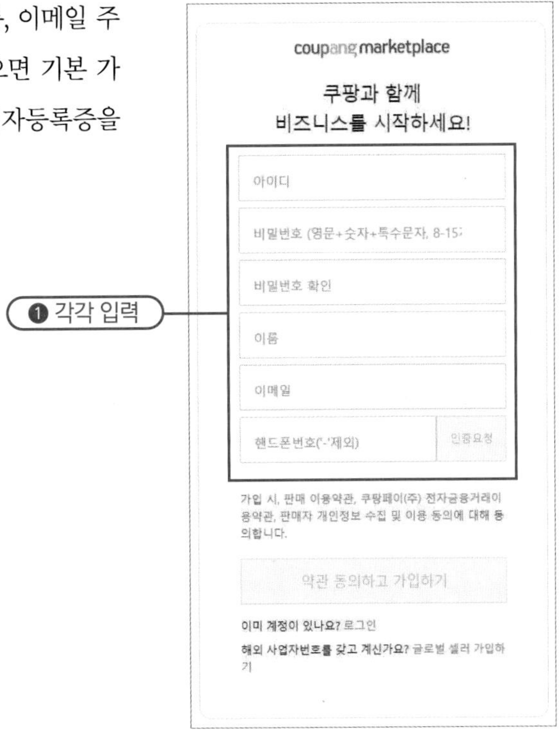

03 가입이 완료된 후에 관리자 페이지로 접속하기 위해서는 쿠팡윙 페이지로 이동해야 합니다. 쿠팡윙 페이지(https://wing.coupang.com/login)에 접속한 후에 가입한 아이디와 비밀번호를 입력하고 로그인하면 관리자 페이지로 접속됩니다.

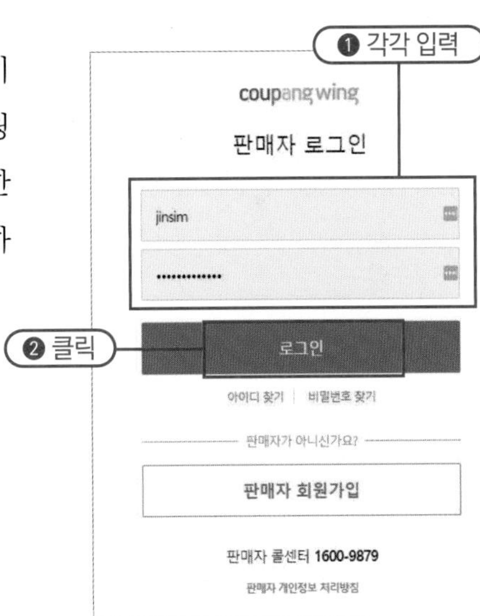

04 아래와 같이 관리자 페이지에 접속되는 것을 볼 수 있습니다.

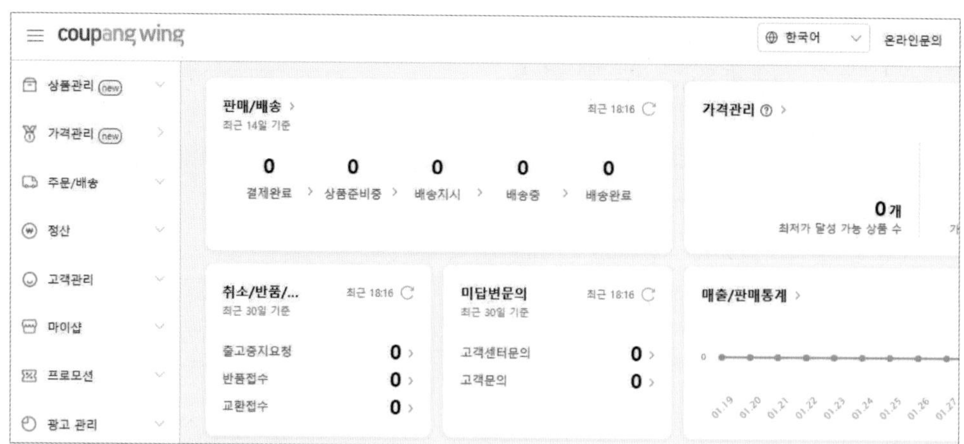

한 걸음 더! 운영 Tip

관리자 페이지에서 마이샵을 클릭하여 간단하게 스마트스토어처럼 개인 쇼핑몰을 구성할 수 있습니다. 마이샵이란 판매자가 판매 중인 다양한 상품을 한 번에 볼 수 있는 페이지입니다. 한 명의 판매자는 한 개의 마이샵만 가질 수 있습니다.

마이샵을 꾸미면 아래와 같이 마이샵 주소가 만들어집니다. 해당 주소로 홍보할 수 있습니다. 주소는 **https://store.coupang.com/link/쿠팡ID**로 만들어집니다. 만약 아이디가 jinsimstore라면 주소는 아래와 같이 만들어집니다.

https://store.coupang.com/link/jinsimstore

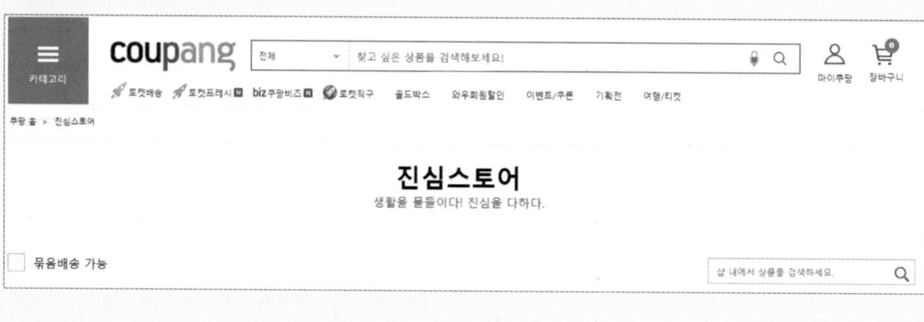

쿠팡에서 판매 시작하기

도매매를 연동하여 쿠팡에서 판매하기 위한 기본 설정을 모두 마쳤습니다. 이제부터는 상품을 전송하고 쿠팡에서 판매가 되었을 때 배송 처리하는 방법을 살펴보겠습니다.

1 도매매와 쿠팡 연동하기

따라해 보세요!

01 도매매의 스피드고전송기를 활용하여 제품을 전송하기 위해 쿠팡에서 API 키를 발급받아 도매매에 입력해야 합니다. 쿠팡윙을 통해 관리자 페이지에 접속한 후에 [판매자정보]-[추가판매정보]를 클릭하고 페이지에서 OPEN API 키 발급 항목의 [발급] 버튼을 클릭하면 API 키가 생성되는 것을 볼 수 있습니다. 쿠팡에서 API 생성은 성공하였으며 해당 키를 도매매에 입력하면 연동 과정은 완료됩니다.

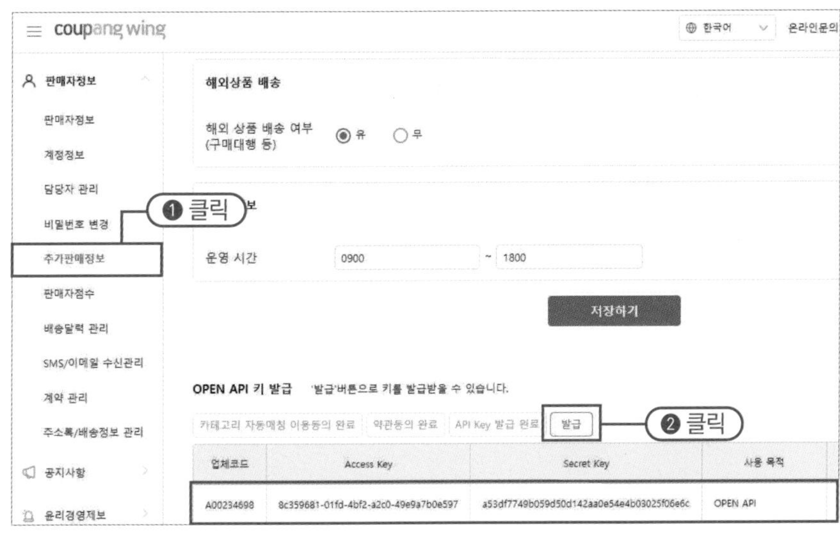

02 쿠팡의 API 키를 도매매에 입력하기 위해 도매매로 이동하고, [스피드고전송기]-[마켓계정관리]를 클릭합니다.

03 마켓계정관리 페이지에서 쿠팡 항목에 업체 코드, AccessKey, SecretKey, 쿠팡 Wing ID를 입력하고 페이지 하단에 있는 [저장]을 클릭하여 연동을 완료합니다.

마켓계정관리

도매매 ID	도매매 API KEY
jinsimshop	eaf81d9e3a5a8786743ca7f0fdf26bf4

※ 스피드고전송기를 사용하여 연동 할 마켓을 선택한 후, 필요한 정보를 기재하세요

스마트스토어	스마트스토어 상점명	스마트스토어API 연동용 판매자ID
스마트스토어1	스마트스토어 상점명	ncp_1o3r05_01
스마트스토어2	스마트스토어 상점명 추가1	스마트스토어API 연동용 판매자ID 추가2
스마트스토어3	스마트스토어 상점명 추가3	스마트스토어API 연동용 판매자ID 추가3
스마트스토어4	스마트스토어 상점명 추가4	스마트스토어API 연동용 판매자ID 추가4
스마트스토어5	스마트스토어 상점명 추가5	스마트스토어API 연동용 판매자ID 추가5

* '스마트스토어API 연동용 판매자ID'를 입력하세요

스마트스토어 > 스토어 전시관리 > 스토어관리 > API정보에 있는 API 연동용 판매자ID를 기재하세요 스마트스토어에서 API 대행사는 (주)지앤지커머스로 선택한 후 저장해야 사용이 가능합니다

❶ 각각 입력 후 저장

쿠팡

업체코드	AccessKey	SecretKey	쿠팡 Wing ID
A00234698	8c359681-01fd-4bf2-a2c0-49e9a7b0e5	a53df7749b059d50d142aa0e54e4b030	jinsim

* 쿠팡 Wing > 업체정보변경 > 판매정보 탭의 API 키를 발급받은 후 업체코드, Access Key, Secret Key, 쿠팡 Wing ID(관리자로그인ID) 순서대로 기재하세요

2 스피드고전송기로 쿠팡에 상품 전송하기

따라해 보세요!

01 도매매에서 쿠팡에 판매하려고 하는 상품을 검색한 후에 DB 보관함에 담고 한 번에 전송하겠습니다. 검색어에 인테리어를 입력하고 [검색]을 클릭합니다.

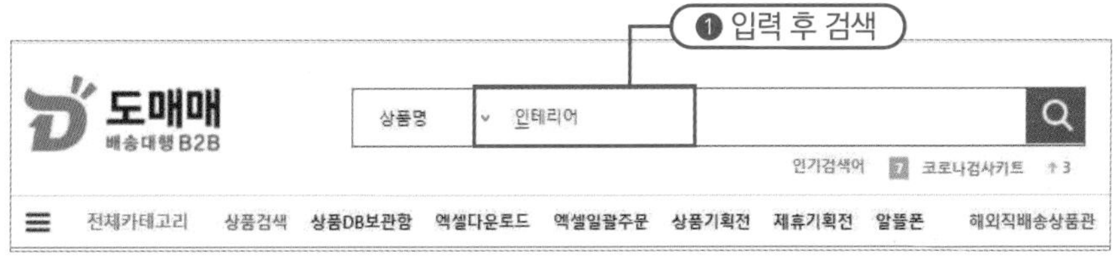

02 검색 결과에서 쿠팡으로 전송하려고 하는 상품을 체크하고 [선택상품DB담기]를 클릭합니다.

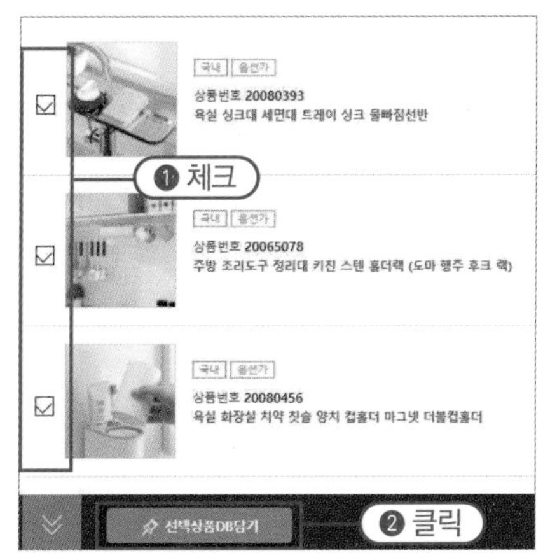

03 선택한 상품을 DB에 담았다는 팝업 창이 뜨는 것을 볼 수 있습니다. 해당 화면에서 추가로 상품을 더 담기 위해 [이 페이지에 머무르기]를 클릭합니다.

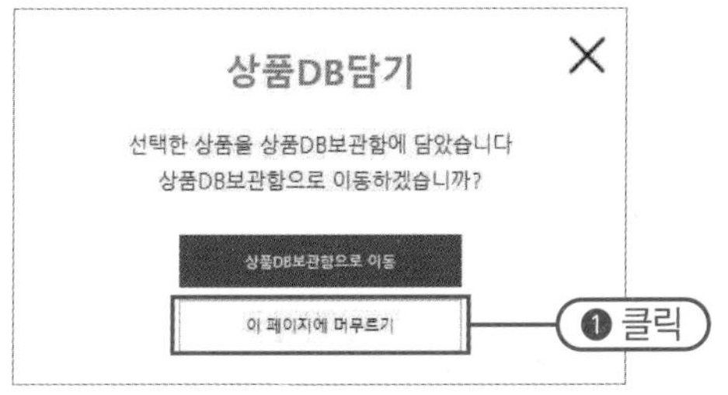

04 추가로 전송할 상품을 선택한 후에 [선택상품DB담기]를 합니다. 같은 과정을 반복하며 판매할 상품을 DB보관함으로 이동합니다.

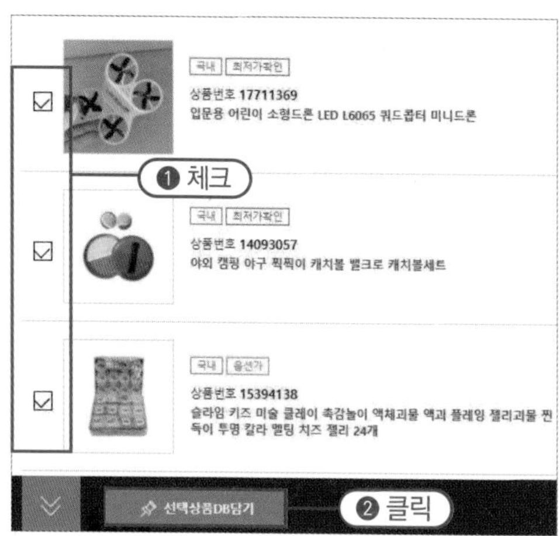

05 이번에는 [상품DB보관함으로 이동]을 클릭합니다.

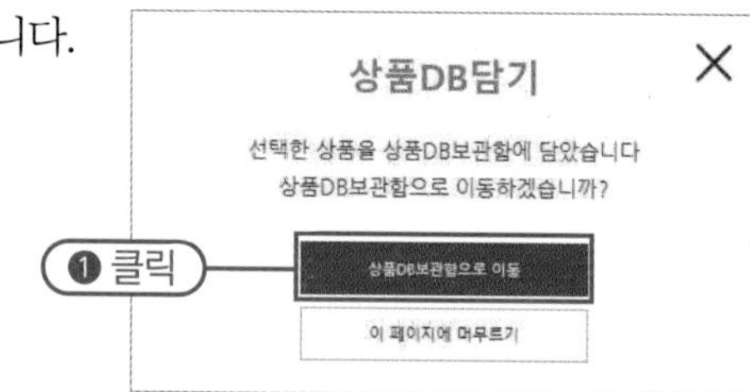

06 쿠팡으로 전송하기 위해 DB보관함으로 이동한 상품이 있는 것을 볼 수 있습니다. 쿠팡으로 전송할 상품을 선택한 후에 [스피드고전송]을 클릭합니다.

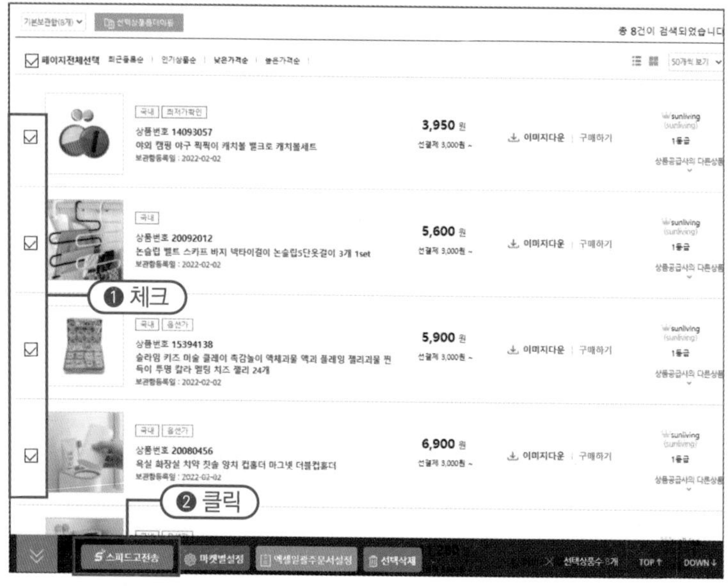

07 스피드고 전송 정보 설정 화면이 나오는 것을 볼 수 있습니다. 솔루션 선택 화면에서 [쿠팡 전송]을 선택합니다.

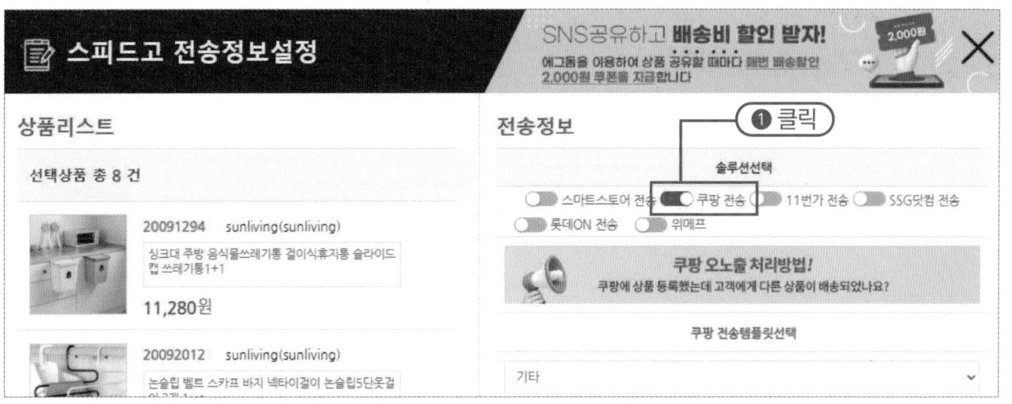

08 스피드고 전송 정보 설정 화면의 하단으로 이동하면 판매가요율 및 할인가를 정하는 화면이 나옵니다. 해당 내용을 입력한 후에 [스피드고전송]을 클릭합니다.

09 도매매에서 쿠팡으로 상품 전송이 완료된 것을 볼 수 있습니다. 실제로 잘 전송되었는지 쿠팡 판매자센터로 접속하여 확인합니다.

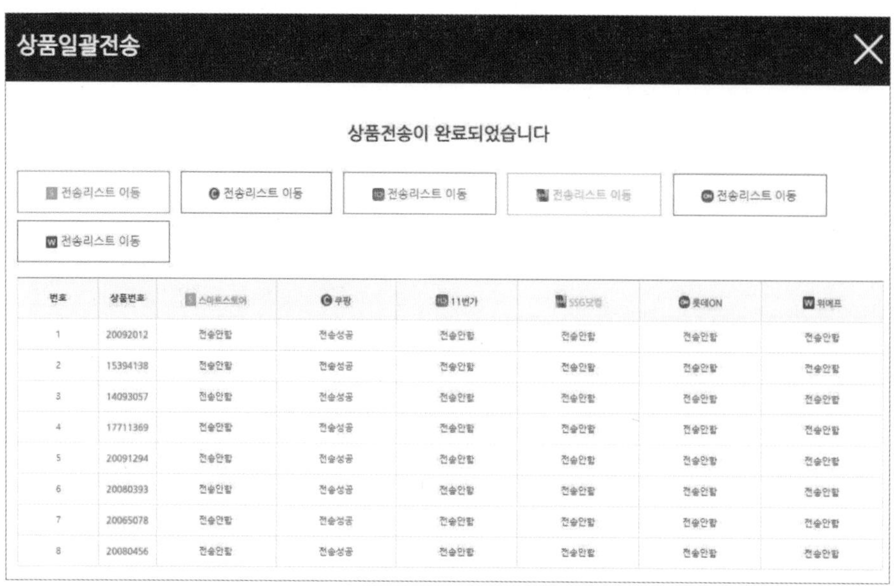

10 쿠팡 판매자센터로 접속한 후에 [상품관리]-[상품 조회/수정]을 클릭하면 조금 전에 전송된 상품이 상품 목록에 있는 것을 확인할 수 있습니다. 등록된 상품ID를 클릭하여 쿠팡 고객 구매 페이지에 상품이 노출되는 것을 확인합니다.

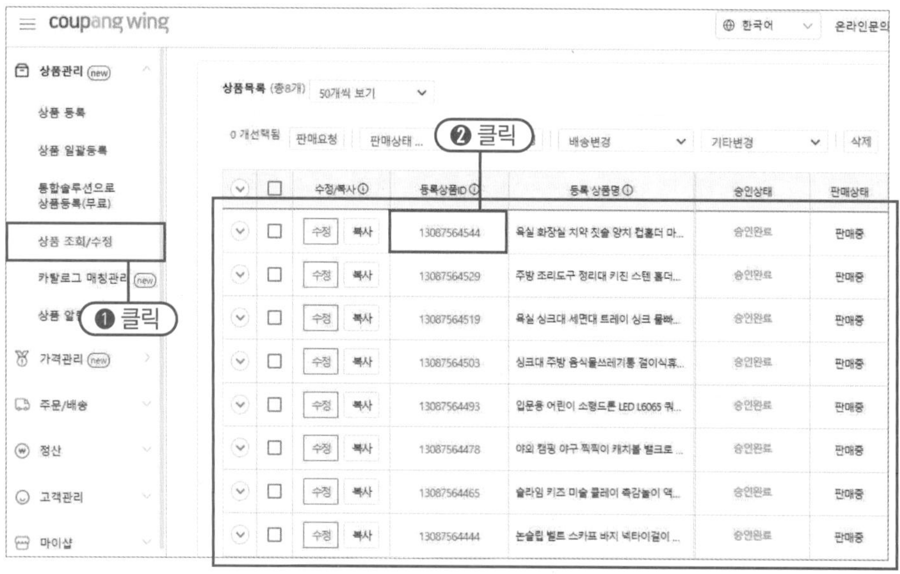

3 쿠팡 주문 배송 처리 방법

주문 확인은 도매매에서 확인해도 되고, 쿠팡에서 확인한 후에 도매매로 이동해도 됩니다. 마켓을 2개 이상 운영할 때는 도매매의 스피드고전송기를 메인으로 하여 전체 마켓의 주문 정보를 한눈에 확인하는 방법으로 운영하는 것을 추천합니다.

따라해 보세요!

01 쿠팡 주문 내역을 확인하기 위해 [스피드고전송기]-[쿠팡전송]-[주문관리]를 클릭합니다.

02 쿠팡의 최근 주문 내역이 나오는 것을 볼 수 있습니다. 항목 중에 [마켓신규주문]을 클릭합니다.

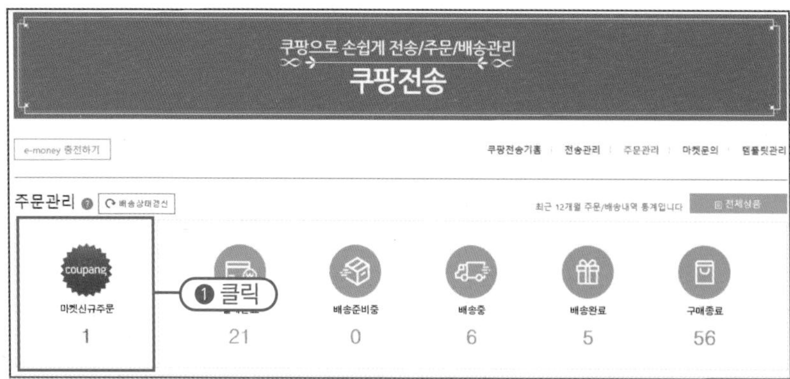

03 신규주문 1건에 대한 상세한 정보가 나오는 페이지로 이동합니다. 주문 건을 체크하고 [e-money 결제]를 클릭합니다.

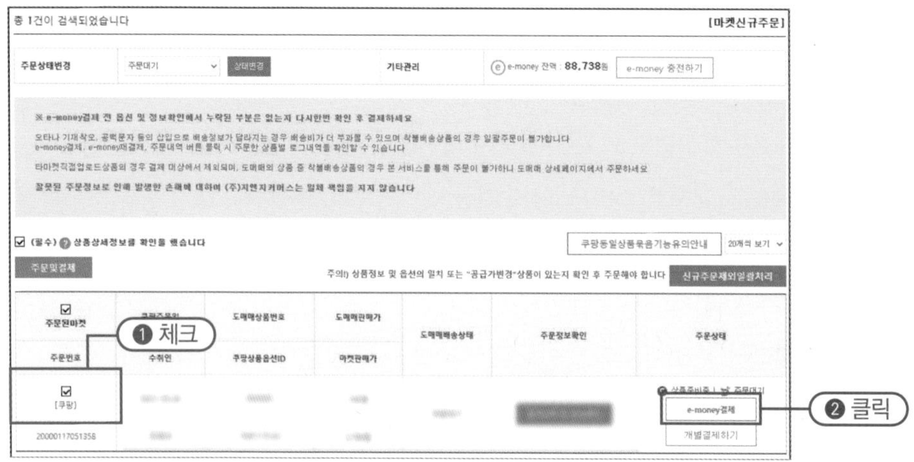

04 쿠팡 주문 1건에 대한 결제 확인 팝업 창이 나옵니다. [확인]을 클릭합니다.

05 도매매에 주문 결제가 완료되는 것을 볼 수 있습니다. [확인]을 클릭합니다.

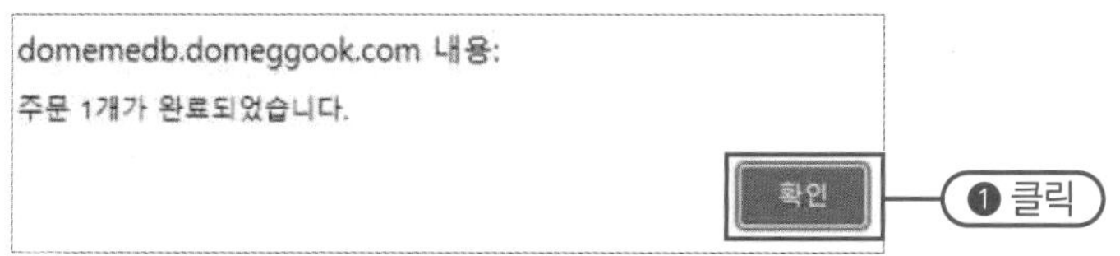

06 도매매에서 주문 건에 대해 오전에 결제를 하면 오후 1~2시 사이에 운송장 번호를 확인할 수 있습니다. 판매자 카카오톡으로도 운송장 번호가 동시에 전송되기 때문에 휴대폰에서 운송장 번호 입력도 가능합니다. 운송장 번호를 확인하기 위해 도매매 사이트 상단에 있는 [마이페이지]를 클릭하고 [전체목록]을 클릭하면 최근 주문에 대한 운송장 번호가 출력된 것을 볼 수 있습니다. 해당 운송장 번호를 복사하여 쿠팡 판매자 센터에서 배송 처리를 하면 됩니다.

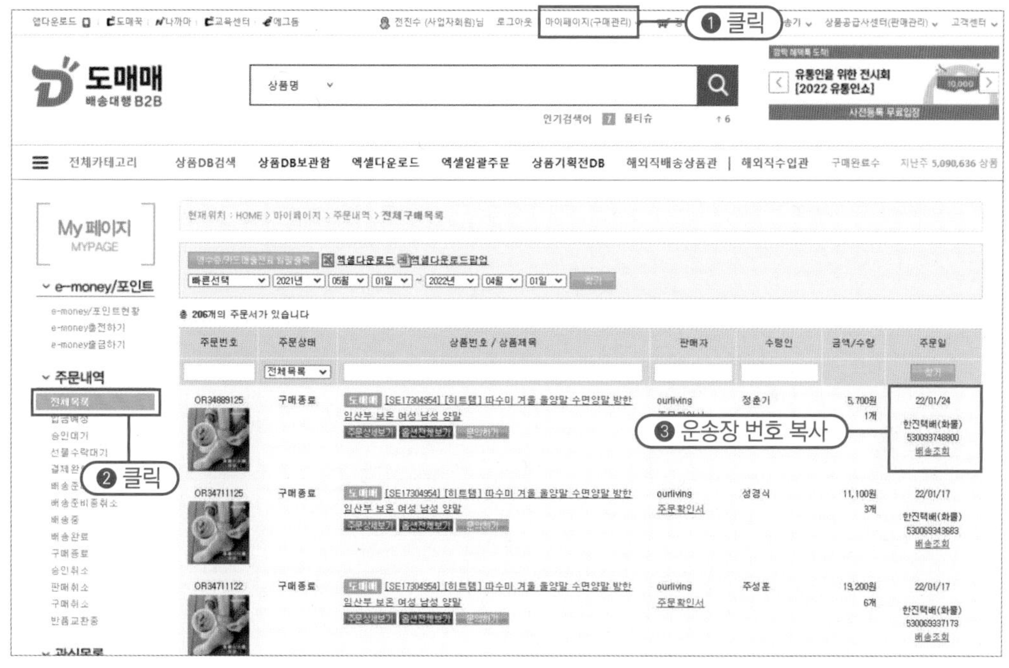

07 쿠팡 판매자센터 화면에서 [주문/배송]-[배송 관리]를 클릭한 후에 도매매에서 복사한 운송장 번호를 쿠팡의 운송장 번호 항목에 붙여넣기하고 [선택물품 배송]을 클릭하여 배송 처리를 완료합니다.

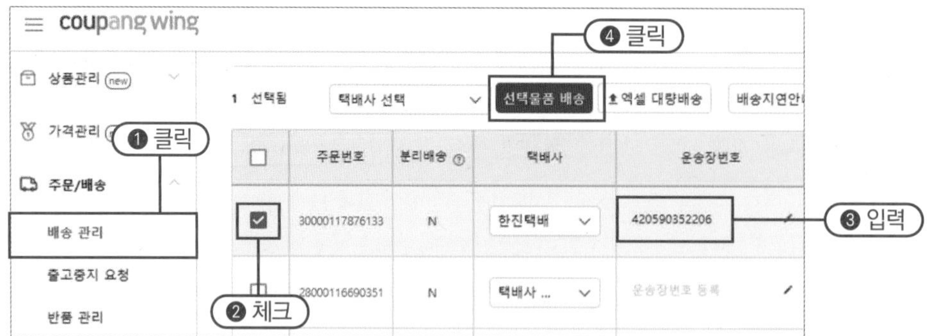

08 배송 완료에 관한 팝업 창에서 [확인]을 클릭하면 배송 처리가 완료됩니다.

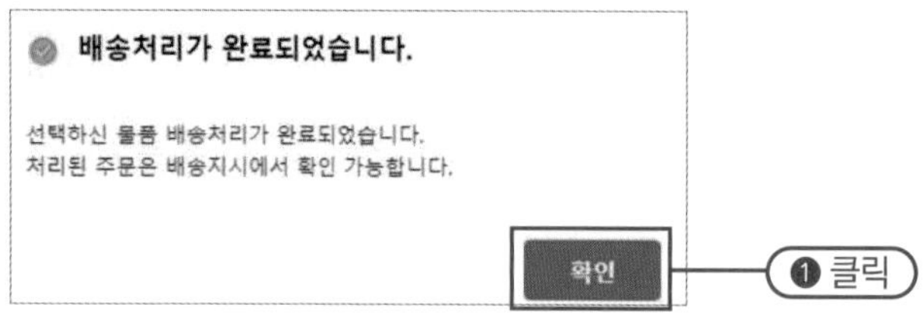

쿠팡 채널 광고하기

온라인 마케팅에는 다양한 방법이 있습니다. 인스타그램에 궁금증을 유발하는 사진을 올려서 쿠팡 또는 스마트스토어로 유입하는 방법도 있고, 블로그에 글을 써서 쇼핑몰로 유입을 유도하는 방법 등 다양합니다. 다양한 마케팅 채널을 모두 익히기에 앞서 꼭 해야 될 것이 있습니다. 바로 채널 마케팅입니다. 쿠팡에 상품을 등록했다면 쿠팡 채널 마케팅을 해야 합니다. 쿠팡으로 유입된 고객을 나의 고객으로 만들기 위한 첫 번째 단계입니다.

광고를 집행하기 전에 등록한 상품의 수정 사항이 있는지 미리 살펴보세요. 도매매를 통해 자동으로 전송하다 보니 상품 제목에 상품에 맞지 않는 내용이 들어가 있거나, 상세페이지가 미흡할 수 있는데, 수정 보완할 수 있습니다. 그리고 쿠팡에서는 얼마의 광고비를 지출할 것인지 예산 설정을 미리 해 봅니다. 쿠팡은 하루 최소 1만 원부터 최대 10억까지 입력 가능합니다. 1만 원부터 가능하지만 쿠팡에서는 3만 원 이상의 광고비를 권장하고 있습니다.

따라해 보세요!

01 광고 설정을 하기 위해 쿠팡윙(https://wing.coupang.com)에 접속합니다. 로그인 화면에서 아이디와 비밀번호를 입력하고 [로그인]을 클릭합니다.

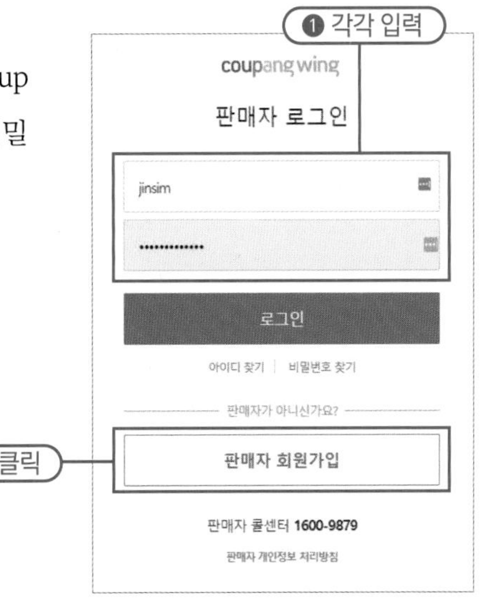

02 쿠팡윙 관리자 페이지에서 [광고 관리]-[광고 운영] 메뉴를 클릭하여 광고 관리 페이지로 이동합니다. 광고 페이지에서 [광고 시작하기]를 클릭합니다.

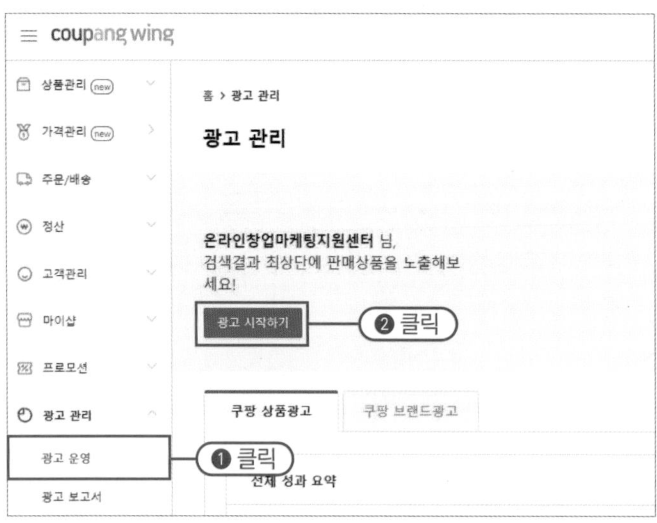

03 쿠팡 광고에는 크게 상품별 광고와 브랜드별 광고가 있습니다. 상품별 광고는 단일 상품만 광고하는 방식이고, 브랜드별 광고는 해당 브랜드를 모아서 광고하는 방식입니다. 옆의 상품별 광고와 브랜드별 광고 예시를 보면 쉽게 이해할 수 있습니다. 도매매를 활용한 위탁상품 판매의 경우는 브랜드로 모아서 광고하기보다는 개별 상품으로 광고할 확률이 높습니다. 여기에서는 [각 상품들을 광고할래요]를 선택합니다.

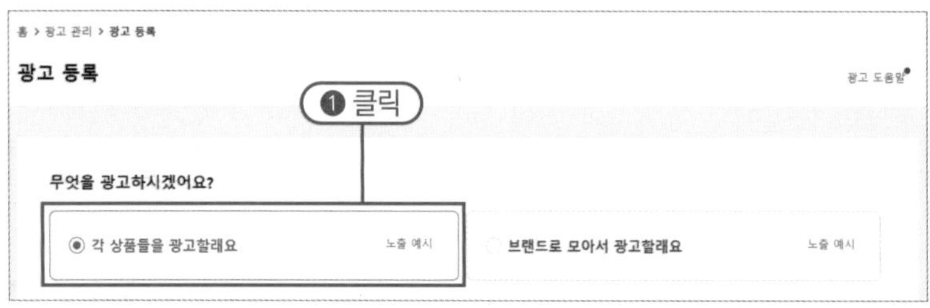

[상품별 광고 예시]

[브랜드별 광고 예시]

04 광고 목표를 정하는 항목이 나옵니다. 광고 목표에는 수익률을 고려한 매출 성장, 상세한 키워드 및 입찰가 관리, 쿠팡에 처음 소개되는 상품의 매출 활성화로 나눠집니다. 일반적으로는 수익률을 고려한 매출 성장 항목으로 광고하게 됩니다.

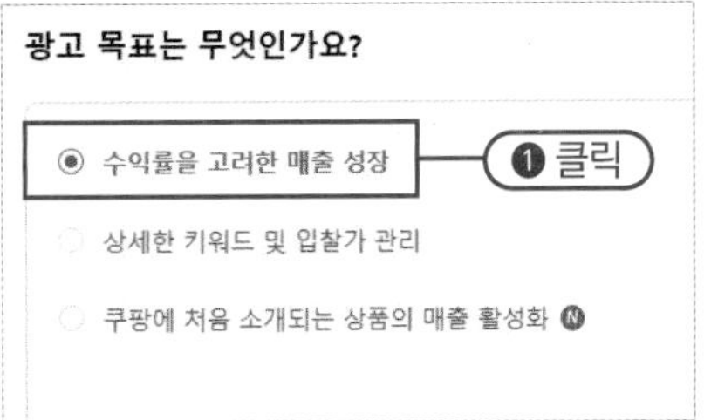

NOTE

마케팅 상황별 추천

- 수익률을 고려한 매출 성장 : 좀 더 안정적으로 매출을 높이고 싶을 때, 적정 광고 수익률을 유지하고 싶을 때, 효율이 높은 키워드에 자동으로 광고하고 싶을 때 추천합니다.
- 상세한 키워드 및 입찰가 관리 : 원하는 키워드만 선택해서 광고하고 싶을 때, 키워드와 입찰가를 상세하게 조절하고 싶을 때, 상품/시기별로 광고를 다르게 운영하고 싶을 때 추천합니다.
- 쿠팡에 처음 소개되는 상품의 매출 활성화 : 첫 입점 상품을 2주 동안 집중적으로 노출해 매출이 더 잘 일어날 수 있게 하고 싶을 때 추천합니다.

05 광고 설정 페이지의 하단에 있는 [광고 만들기]를 클릭하여 캠페인 설정 화면으로 이동합니다.

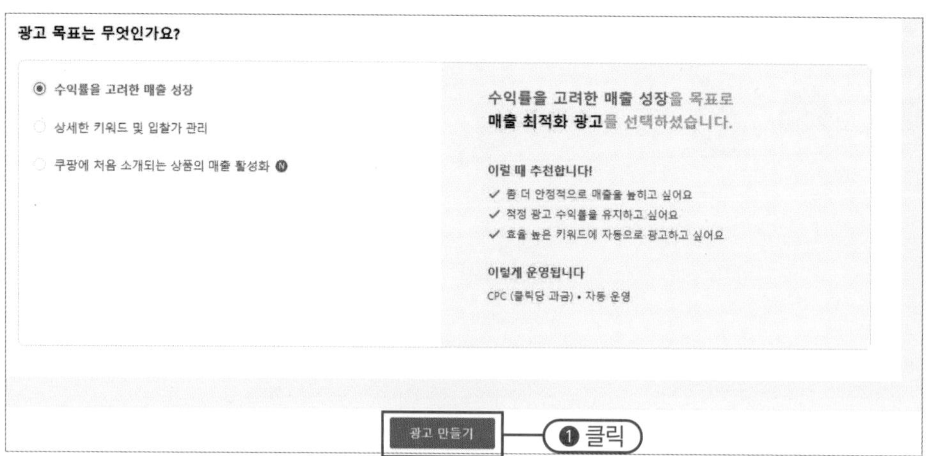

06 캠페인 설정 화면에서 캠페인 이름과 하루 예산을 설정하는 부분에 예산을 입력합니다. 탄력 일예산은 설정한 예산이 광고비로 다 써지지 않을 경우, 미사용된 금액을 예산이 부족한 날에 쓸 수 있도록 일 예산의 범위가 탄력적으로 조정됩니다.

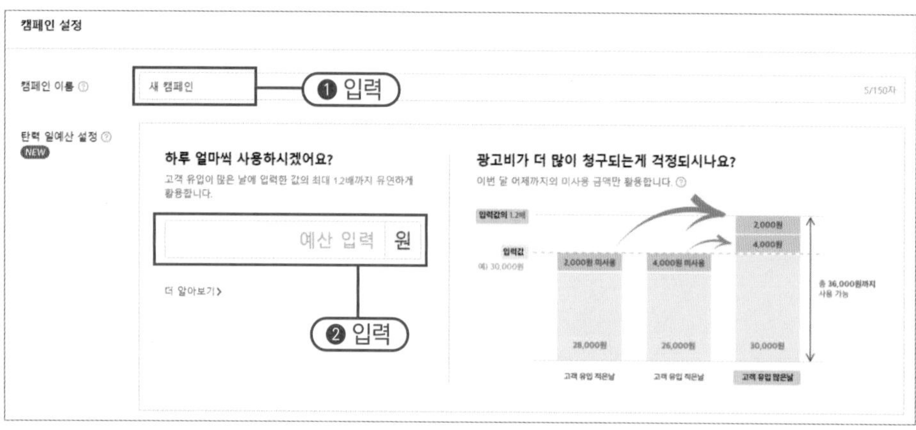

캠페인 이름 : 신상품광고
예산 : 10,000원

NOTE

예산을 높게 잡을수록 더 좋은 결과를 얻을 수 있나요?

매출 최적화 광고의 알고리즘은 입력한 목표 광고 수익률을 달성하기 위해 정한 예산을 효율적으로 사용하여 상품, 키워드, 노출, 입찰가까지 최적의 조건을 만들어 냅니다. 예산이 너무 빠듯한 경우, 광고가 중단되거나 쿠팡 피크타임 노출을 놓칠 수 있어 매출 상승과 최적화에 제한이 될 수 있습니다. 따라서 최적화를 제한하지 않도록 충분한 금액의 일 예산을 설정하는 것이 좋습니다(최소 3만 원 권장).

07 기간 설정 화면이 나옵니다. 캠페인에 속한 상품들의 광고 노출 기간을 선택합니다. 종료일 없음을 선택하면 예산이 모두 소진되거나 수동으로 중지할 때까지 광고를 진행합니다.

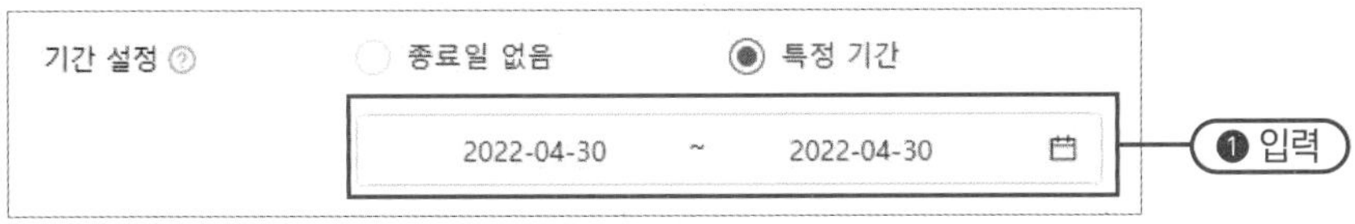

08 광고 상품 설정 화면에서 광고 그룹 이름을 입력하고 원하는 상품을 직접 선택하여 광고하는 [수동 상품 설정]을 선택합니다.

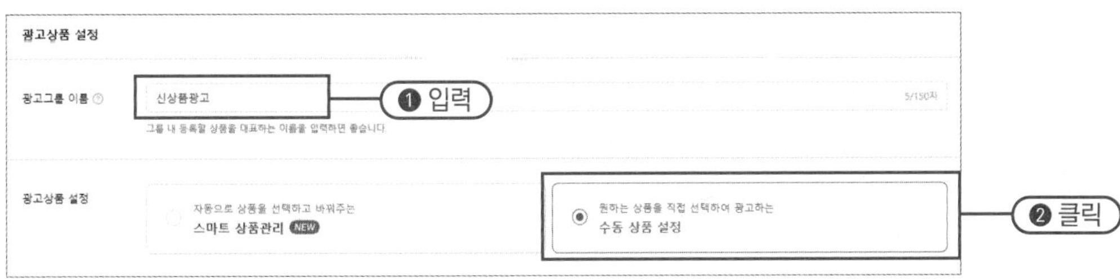

광고 상품 설정 차이점

- 자동으로 상품을 선택하고 바꿔 주는 스마트 상품 관리 : 최근에 새롭게 생긴 광고 방법입니다. 높은 효율이 예상되는 상품을 골라 한 번에 광고 등록을 하고, 재고 상황과 광고 효율에 따라 자동으로 광고 상품을 변경해 줍니다. 광고 중인 상품 현황은 매일 업데이트 및 최적화됩니다.
- 원하는 상품을 직접 선택하여 광고하는 수동 상품 설정 : 상품은 최대 1만 개까지 표시되며 그중에서 광고하기를 원하는 상품을 판매자가 직접 선정하여 광고를 실행하는 방식입니다.

09 광고하고 싶은 상품을 왼쪽에서 선택하면 오른쪽 화면에 추가가 됩니다. 지금은 나무와 새 모양 무소음 벽시계/침실/사무실 상품을 광고하기 위해 클릭했습니다. 클릭한 상품이 오른쪽으로 이동된 것을 볼 수 있습니다. 스크롤바를 아래로 내리면 목표 광고 수익률 입력하기 화면이 나옵니다.

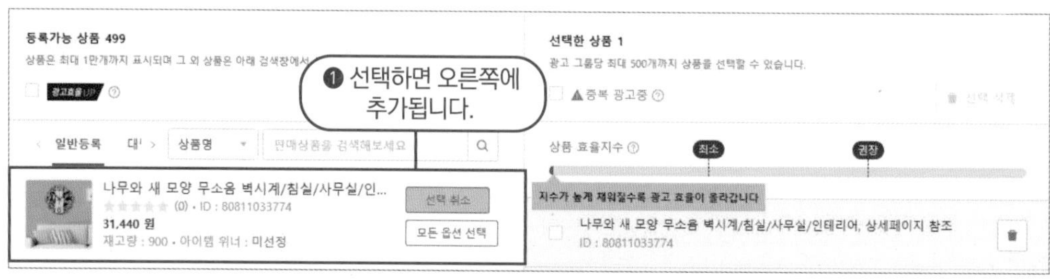

10 목표 광고 수익률은 최소 100%에서 최대 10,000%까지 입력할 수 있습니다.

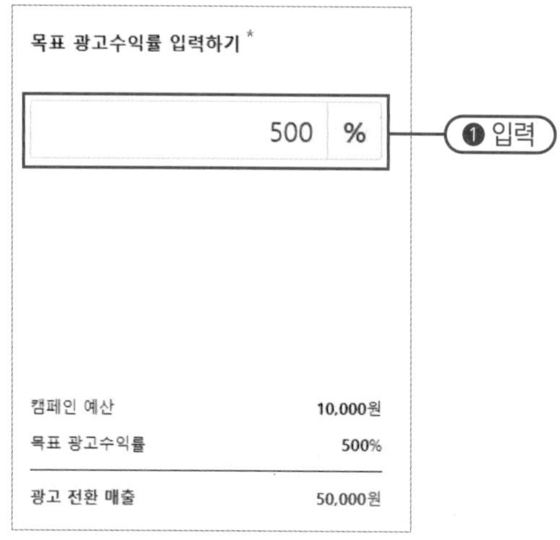

무조건 높은 광고 수익률을 입력하면 되지 않냐고 생각할 수 있습니다. 하지만 높은 광고 수익률(A)이 꼭 높은 매출 달성(B)을 의미하지는 않습니다.

예시A

광고비	10만 원
광고 매출	100만 원

➡

광고 수익률	광고 이익
1,000%	90만원

예시B

광고비	80만 원
광고 매출	400만 원

➡

광고 수익률	광고 이익
500%	320만원

광고 이익을 고려한 적정 광고 수익률을 유지하면서 전체 매출량을 늘리는 것이 지속적인 매출 성장에 도움이 됩니다. 오히려 목표 광고 수익률을 너무 높게 입력할 경우, 목표를 맞추기 위해 키워드 입찰가가 자동으로 낮아져 광고 노출이 적어질 수 있습니다.

11 기본적은 설정은 앞에서 살펴본 내용을 기준으로 입력하면 됩니다. 이 외에 캠페인 중지기능 추가 및 키워드 제외 항목을 선택적으로 설정할 수 있습니다. 모든 설정이 완료된 후에 [완료]를 클릭합니다.

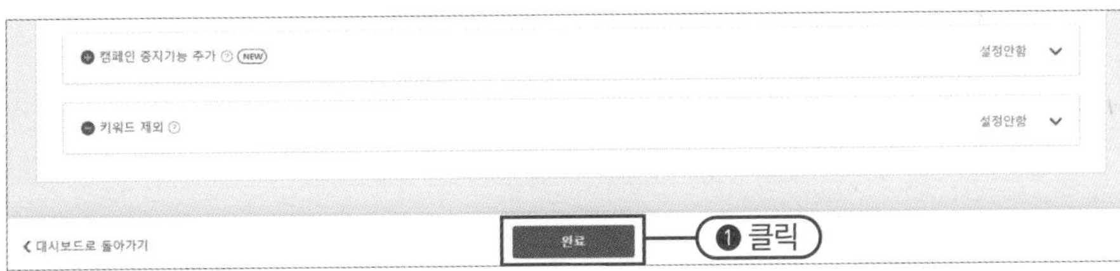

NOTE

- **캠페인 중지기능 추가 :** 설정한 최소 광고 수익률에 도달하지 않을 경우 자동으로 캠페인을 중지시켜 보다 안전하게 광고 운영을 할 수 있습니다. 지난 7일 동안의 합산 광고 수익률(지난 7일 간, 총 광고비 대비 광고 전환 매출)을 기준으로 입력값보다 작을 경우 광고가 자동으로 중지됩니다.
- **키워드 제외 :** 스마트 타깃팅에 매칭되는 키워드 중 노출을 원하지 않는 키워드를 추가합니다(광고 관리/수정 단계에서도 설정 가능). 스마트 타깃팅 광고 집행 후, 보고서를 통해 광고 성과를 확인하고, 불필요한 키워드를 선별하여 키워드 제외로 설정할 수 있습니다.

12 앞에서 설정한 광고 목표와 유형, 캠페인, 광고 그룹 상품, 상세 설정의 내용이 표시되는 것을 볼 수 있습니다. 최종 확인한 후에 [완료]를 클릭합니다.

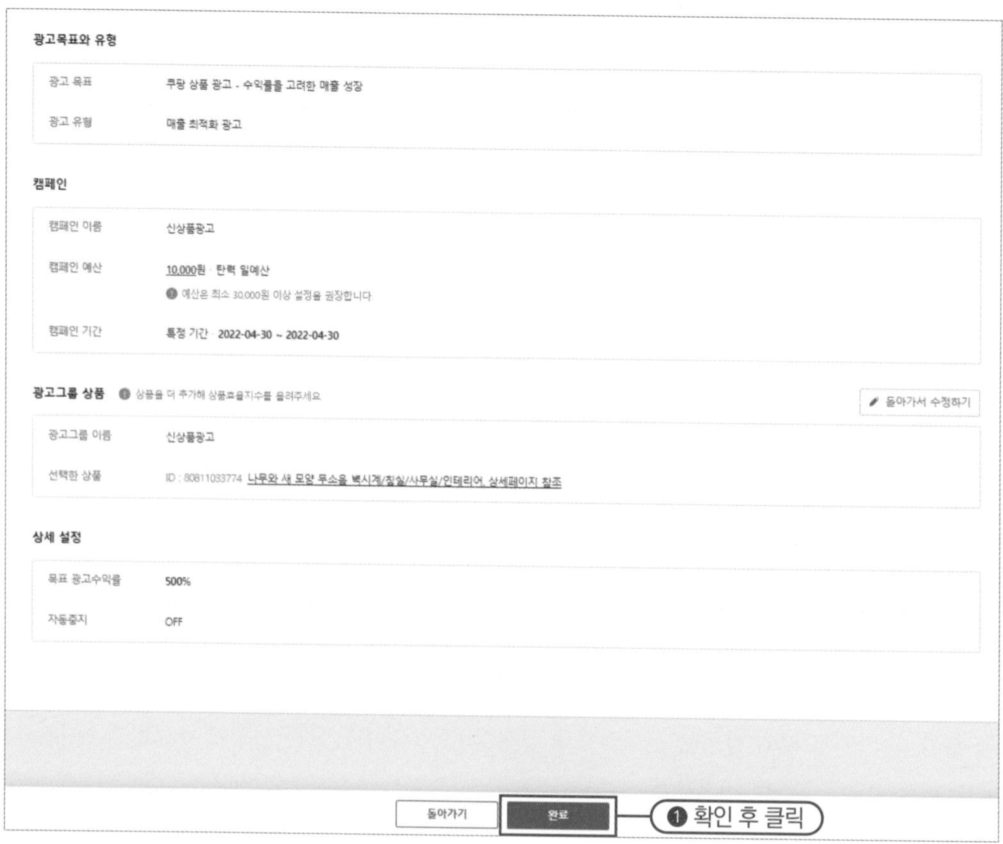

13 캠페인 등록이 완료된 것을 볼 수 있습니다. 광고 시작은 20분 뒤부터 진행됩니다.

설정한 광고는 쿠팡에서 자동으로 다양한 곳에 노출이 됩니다.

		노출 지면
특정 키워드 검색 시	검색 결과 페이지	검색 결과 중간
		검색 결과 상단 배너
		검색 결과 중간 배너
		검색 결과 '같이 보면 좋은 상품'
		검색 창 추천 상품
특정 페이지 방문 시	메인 페이지	오늘의 스마트한 쇼핑
		요즘 뜨는 상품
		카테고리별 추천 광고 상품
		라인 배너
	상품 페이지	상단 배너
		중단 배너
		하단 배너
		함께 비교하면 좋을 상품
		하단 연관 추천 상품
	카테고리 페이지	이런 상품 어때요?
		카테고리 중간
	장바구니 페이지	같이 보면 좋은 상품
	주문 완료 페이지	이런 상품 어때요?

쿠팡은 노출되는 곳을 임의로 선택할 수 없고 구매 가능성이 높은 곳에 자동으로 노출되는 시스템입니다. 광고 집행 이후 광고 보고서를 통해 검색/비검색 영역으로 구분하여 광고 성과를 확인할 수 있습니다. 쿠팡은 무료로 광고 컨설팅을 받을 수 있습니다. 컨설팅을 받으면 광고비 5만 원을 충전해 줍니다. 아래의 인터넷 주소를 입력한 후에 접속하여 신청할 수 있습니다.

https://ads.coupang.com/Cap.html

한 걸음 더! 운영 Tip

광고 관련 많이 질문하는 내용

❶ 어떤 상품이든 광고 노출이 가능한가요?

불필요한 광고비 지출을 막기 위해 재고가 있는 상품, 그리고 동일 상품의 경우 아이템위너만 광고에 노출됩니다. 아이템위너란, 같은 제품을 판매하는 페이지에서 가격과 고객 후기 등을 참고하여 가장 뛰어난 제품을 대표 상품으로 노출해 주는 기능입니다(동일한 점수를 받은 경우 랜덤으로 노출이 됩니다).

품절 및 아이템위너 미선정으로 인해 광고에 노출되지 않을 경우, 광고 관리 페이지의 캠페인 목록 항목에서 이유와 광고 상태를 바로 확인할 수 있습니다. 이 경우, 광고가 진행되지 않았기 때문에 광고비는 과금되지 않습니다.

❷ 광고 예산이 다 소진되면 어떻게 되나요?

광고 캠페인에 설정한 예산이 모두 소진되면, 해당 캠페인 광고는 중단되고 더 이상 광고비가 지출되지 않습니다. 끊김 없는 광고 노출을 위해서는 충분한 예산을 설정하는 것이 좋습니다.

❸ 목표 광고 수익률이 보장되나요?

입력한 목표 광고 수익률은 보장하지 않으며, 쿠팡 시스템에서 자동 입찰가를 정할 때, 판매자가 입력한 목표 광고 수익률을 참고로 하여 최대한 달성하기 위해 입찰가를 자동으로 조절합니다.

❹ 실제 광고 수익률이 목표 광고 수익률을 초과하면 광고가 중단되나요?

아닙니다. 실제 광고 수익률이 캠페인 설정 시 입력한 목표 광고 수익률보다 높은 경우에도 광고는 중단되지 않습니다.